DOLLARS AND IMPACTED MORE THAN SEVEN

ROT DELIVERED MORE THAN 400,000 VEGAN

CHANGES CORPORATIONS) SELLING CARTOONS

D LEE CO-FOU~~~~~~~~~~~AT'S CHANGING

RS AS WELL~~~~~~~~~~~D MORE THAN

CHAEL FEELE~~~~~~~~~~~GENT ON THE

OR THE RIGHT HOMES. ETSY HAS 2,000,000

MAKE FASHION IN KIGALI, RWANDA, AND SELL

ORLD. DUCKDUCKGO, A SEARCH ENGINE THAT

WTH RECORDS EVERY DAY. ABBEY RYAN HAS

AD BUILT 20,000 SCHOOLS IN VILLAGES THAT

L OF DOZENS OF HIS CLIENTS, NONE OF WHOM

ROTH EISENBERG BUILT CREATIVE MORNINGS

N 100 CITIES. SHAWN ASKINOSIE CHANGED

MERS, PAYING THEM TRIPLE THE PREVAILING

CHAIN OF RESTAURANTS AND CHANGED THE

. BUNGAY STANIER SOLD 150,000 COPIES

ANDA PALMER MADE ART FOR HER 11,000

OO ALUMNI WHO ARE MAKING A RUCKUS...

THIS IS
MARKETING
마케팅이다
SETH GODIN

This is Marketing by Seth Godin

THIS IS
MARKETING
마케팅이다
SETH GODIN

세스 고딘 **지음 | 김태훈 옮김**

레오(Leo), 애나(Anna), 모(Mo), 새미(Sammy),

알렉스(Alex), 버나뎃(Bernadette), 숀(Shawn)에게…

그리고 우리의 삶을 더 나아지게 하는 새로운 목소리에

이 책을 바칩니다.

목차

작가 노트 이제는 다르게 '마케팅'할 때가 되었다 · 9

Chapter 1 대중도 아니고, 스팸도 아니며,
　　　　　　부끄러운 것도 아니다 · 19

Chapter 2 마케터가 보는 법 · 32

Chapter 3 이야기와 유대 그리고 경험 · 38

Chapter 4 나에게 열광할 최소한의 고객을 찾다 · 50

Chapter 5 '더 나은 것'을 찾아서 · 73

Chapter 6 일용품을 넘어서 · 105

Chapter 7 꿈과 욕망의 캔버스 · 122

Chapter 8 최소유효시장을 찾아서 · 138

Chapter 9 "우리 같은 사람들은 이런 일을 한다" · 156

Chapter 10 신뢰와 긴장은 추진력을 창출한다 · 173

Chapter 11 위상, 지배, 연대 · 185

Chapter 12 더 나은 사업 계획 · 209

Chapter 13 기호, 상징, 방언 • 215

Chapter 14 다른 사람들을 다르게 대하라 • 231

Chapter 15 적합한 사람들에게 도달하기 • 242

Chapter 16 가격은 이야기다 • 262

Chapter 17 선순환을 일으키는 승인과 주목성 • 276

Chapter 18 신뢰는 주의를 끄는 것만큼 어렵다 • 290

Chapter 19 깔때기의 진실 • 296

Chapter 20 동류집단을 조직하고 이끌기 • 333

Chapter 21 기법을 이용한 사례들 • 345

Chapter 22 이제 당신 차례다 • 352

Chapter 23 가장 중요한 사람에 대한 마케팅 • 354

부록 1 마케팅할 때 읽어보면 좋을 권장도서 • 362
부록 2 마케팅하기 전, 우리가 생각해봐야 할 질문 • 365

신뢰와 승인

기호학과
세계관

참여

공통의
꿈과 믿음

당신이
바라는 변화

최소유효청중

공감을 불러일으키는
이야기

당신이 자랑스러워
하는 일

동류집단을
위한 변화

연대와 지배

위상을
개선하는 방식

네트워크 효과

정체성과 애정

우리 같은 사람들은
이런 일을 한다

긴장을 창출하고
해소하라

두려움

다이렉트 마케팅
vs 브랜드 마케팅

깔때기

위험과
현상 유지

앞으로 이 책에서 보게 될 주요 키워드

이제는 다르게 '마케팅'할 때가 되었다

사방에서 마케팅이 이뤄지고 있다. 기억 속 최초의 순간부터 지금 이 순간까지 우리는 마케팅에 둘러싸여 있다. 길가에 보이는 로고를 통해 글자를 배울 정도다. 고객은 마케터들이 비용을 들여 보여주는 것에 반응하며 돈과 시간을 쓴다. 이제 마케팅은 연못이나 숲보다 더 많이 삶의 풍경으로 자리하게 되었다.

마케팅은 너무나 오랫동안 이뤄졌다. 그래서 우리는 마케팅을 당연시한다. 물이 무엇인지 모르는 물고기처럼 우리는 실제로 무슨 일이 일어나고 있는지 파악하지 못하고, 우리가 어떻게 바뀌고 있는지도 인지하지 못한다.

이제는 다르게 마케팅을 할 때가 되었다. 앞으로 나아가고, 우리가 원하는 변화를 일으키고, 프로젝트를 성공시키고, 무엇보다 우리가 소중히 여기는 사람들을 섬길 때가 되었다.

사실 마케팅에 대한 거의 모든 질문에 대한 답은 하나로 통한다. 바로 "누구를 도울 것인가?"에서 시작하는 것이다.

이것이 마케팅이다

- 마케팅은 더 많은 것을 추구한다. 더 많은 시장점유율, 더 많은 고객, 더 많은 일을 추구한다.

- 마케팅은 더 나은 것에 이끌린다. 더 나은 서비스, 더 나은 커뮤니티, 더 나은 성과에 이끌린다.

- 마케팅은 문화를 창출한다. 위상, 연대, 우리 같은 사람들을 하나로 연결한다.

- 무엇보다 마케팅은 변화다.

- 문화를 바꾸고, 세상을 바꿔라.

- 마케터는 변화를 일으킨다.

- 우리는 모두 마케터이며, 스스로 상상하는 것보다 더 많은 변화를 일으킬 능력을 갖고 있다. 우리에게 주어진 기회이자 의무는 우리가 자랑스러워할 마케팅을 하는 것이다.

당신의 해바라기는 얼마나 큰가?

대부분의 마케터가 이런 문제를 고민한다. '브랜드를 얼마나 크게 키워야 하지?' '시장점유율은 얼마나 되지?' '온라인 팔로워는 몇 명이나 되지?' 그들은 그저 크기를 좀 더 키우려고 호들갑을 떠는 데 너무 많은 시간을 들인다.

하지만 핵심은 큰 해바라기일수록 깊고 복잡한 뿌리를 가졌다는 것이다. 뿌리가 단단하지 않으면 높이 자랄 수 없으니까.

이 책은 바로 그 뿌리에 대한 이야기다. 꿈과 욕망 그리고 당신이 섬기고자 하는 커뮤니티에 당신이 하는 마케팅을 깊이 뿌리내리게 하는 문제를 다룬다. 사람들을 더 나은 방향으로 나아가게 하고, 당신이 스스로 자랑스러워할 일을 하려면 어떻게 해야 하는지에 대해 이야기한다. 시장에 끌려다니는 것이 아니라 시장을 이끄는 문제를 다룬다.

우리는 우리가 섬기고자 하는 사람들을 위해 더 중요한 일을 할 수 있다. 당신이 내 책을 읽는 대부분의 독자들과 같다면 다른 걸 바라지 않으리라 생각한다.

마케팅은 저절로 이뤄지지 않는다

최고의 아이디어는 당장 받아들여지지 않는다. 아이스크림 선디®나 신호등조차 자리 잡는 데 오랜 시간이 걸렸다.

® 19세기 말 일리노이 주에서 안식일에 알콜이 함유된 소다가 들어간 아이스크림을 팔 수 없게 되자 소다 대신 과일이나 초코 시럽 등의 토핑을 얹어 팔기 시작한 것이 선디 아이스크림이다. 원래 안식일을 뜻하는 '선데이(Sunday) 아이스크림'으로 불렸으나 감리교인들의 비난을 피하기 위해 맨 끝의 알파벳인 y를 e로 바꿔 불렀다고 한다.

왜 그럴까? 상당한 변화를 요구하기 때문이다.

최고의 아이디어는 현상(現狀)을 거스른다.

많은 소음과 불신이 함께 따른다. 그래서 변화는 위험하다.

이때 관성이 강력한 힘을 발휘한다. 우리가 종종 다른 사람들이 앞장서기를 바라는 것도 이에 해당한다.

그러나 이런 관대하고 통찰력이 뛰어난 일(최고의 아이디어를 추구하는 것)이야말로 당신이 섬겨야 할 대상을 찾는 데 도움이 된다. 또한 그렇게 할수록 당신이 하고자 하는 일은 더 성공하게 되고 널리 퍼지게 된다.

마케팅은 비누를 파는 것만이 아니다

테드 강연을 하는 것도 마케팅이다.

직장 상사에게 연봉 인상을 요구하는 것도 마케팅이다.

동네에 놀이터를 만들 기금을 모으는 것도 마케팅이다.

물론, 당신이 소속된 부서를 키우려는 것도 마케팅이다.

광고와 구분되지 않던 오랜 기간 동안 마케팅은 예산을 가진 담당 부사장(COO)들의 몫이었다.

하지만 이제는 당신도 마케팅을 해야 한다.

작가 노트

시장이 결정한다

당신은 멋진 물건을 만들었다. 당신은 생계를 꾸려야 한다. 당신의 상사는 매출이 늘기를 바란다. 당신이 중요하게 생각하는 자선단체는 기금을 모아야 한다. 당신이 지지하는 후보의 지지율이 낮다. 당신이 진행하는 프로젝트에 대해 상사의 승낙을 받고 싶다….

그런데 왜 의견을 관철시키는 이 모든 일이 통하지 않는 걸까? 창작 활동 자체가 핵심이라면, 글을 쓰고 그림을 그리고 조각을 하는 일이 그토록 재미있다면, 왜 발견되거나, 인정받거나, 출판하거나, 방송되거나, 상업화되는 데 연연할까?

마케팅은 변화를 일으키는 행위다. 만드는 것만으로는 충분하지 않다. 누군가를 변화시키기 전에는 영향을 미친 것이 아닐뿐더러 마케팅을 한 것이 아니다.

상사의 마음을 바꾼다.

학교 시스템을 바꾼다.

제품에 대한 수요를 바꾼다.

바꾸고 변화를 일으켜야만 한다. 어떻게 할 수 있을까? 이런 일은 긴장을 창출하고 해소함으로써 이룰 수 있다. 또한 새로운 문화를 자리 잡게 하고 위상의 역할을 인식하고 바꿈으로써

(또는 유지함으로써) 이룰 수 있다.

우선 변화를 일으켜야 한다는 것을 인식해야 한다. 그다음 변화하길 바라는 사람들이 무엇을 원하는지 찾을 수 있게 나서서 도와야 한다.

마케팅에 문제가 생겼는지 파악하는 법

별로 바쁘지 않다.

아이디어가 확산되지 않는다.

당신을 둘러싼 공동체가 잠재력을 발휘하지 못한다.

당신이 소중히 여기는 사람들이 바라는 바를 모두 이루지 못한다.

당신이 지지하는 정치인이 더 많은 표를 얻으려 분발해야 하고, 당신이 하는 일에 보람을 느끼지 못하며, 당신의 고객들이 불만스러워한다….

이런 식으로 현재 상황을 봤을 때 개선의 여지가 보인다면 당신이 하고 있는 마케팅에 문제가 생긴 것이다.

영화에 대한 답

영화감독이자 드라마 제작자인 브라이언 코펠만(Brian Koppelman)은 마치 영화가 문제인 것처럼 '영화에 대한 답'이라는 표현을 쓴다.

물론 영화는 하나의 문제다. 영화는 관객(또는 제작자, 배우, 감독)의 마음을 열어야 하는 문제다. 관객의 참여를 이끌어내고, 감독의 의도나 영화가 추구하는 메시지를 그들이 받아들이도록 만들고, 그들에게 이야기를 들려줄 기회를 얻고, 궁극적으로 그 이야기가 관객에게 영향력을 미치도록 만드는 문제다.

영화가 문제인 것처럼 마케팅을 통해 당신이 들려주는 이야기도 문제다. 그 이야기는 고객의 공감을 불러일으켜야 하고, 그들이 듣고 싶어 하는 것이어야 한다. 당신은 그들이 기꺼이 믿고자 하는 것을 들려줘야 한다. 고객을 변화가 일어나는 여정으로 초대해야 한다. 그렇게 모든 문이 열리고 나면 문제를 풀고, 약속을 실천해야 한다.

마케팅에 문제가 있다면 답도 있다.

다만 그 답은 당신이 찾아야 한다.

마케팅은 곧 개선을 이루기 위한 불평이다

최선의 불평은 개선이라는 말이 있다.

그러나 개선은 허공에서 이뤄지지 않는다.

말을 퍼뜨리지 못하거나, 생각을 나누지 못하거나, 일에 대한 보상을 얻지 못하면 상황을 개선하기 힘들다.

개선을 이루는 첫 단계는 더 나은 것을 만드는 것이다.

물론 이 일은 당신에게만 달려 있지 않다.

개선은 우리가 제공하는 것을 시장이 받아들일 때 드러나는 변화이기 때문이다. 우리가 한 일이 문화가 되고 더 나은 상황을 만들 때 개선이 이뤄진다. 우리가 섬기는 사람들의 꿈이 실현될 때 개선이 이뤄진다.

마케터들은 이런 변화를 일으킴으로써 개선할 수 있다.

더 나아지기 위한 길을 나누는 것이 마케팅이다. 당신은 그렇게 할 수 있다. 우리 모두가 할 수 있다.

대중도 아니고, 스팸도 아니며, 부끄러운 것도 아니다

마케팅은 빠르게 변하고 있지만 우리는 그 변화를 따라잡지 못하고 있다. 확신이 없으면 자기중심적으로 행동하며 고함만 지른다. 코너에 몰리면 시장을 확대하기보다 소심하게 경쟁자의 몫을 훔친다. 압박을 받으면 모두가 우리와 같지만 아직 실상을 모를 뿐이라고 가정한다.

우리는 대중시장에 좌우되는 세상, 텔레비전과 라디오 '톱 40 히트'가 우리를 정의하는 세상에서 자랐던 것을 기억한다. 우리는 마케터로서 더 이상 통하지 않는 낡은 수법을 반복하려 든다.

나침반은 신뢰를 가리킨다

30만 년마다 북극과 남극이 바뀐다. 지구를 둘러싼 자기장이 뒤집힌다.

우리의 문화에서는 이런 일이 더 자주 일어난다.

얼마 전에도 일어났는데, '진북(眞北)', 최고의 효과를 내던 방법이 완전히 뒤집혔다. 이제 효과적인 마케팅은 자기중심적인 대중 대신 공감과 섬김에 의존한다.

지금부터 우리는 일련의 연관된 문제들을 같이 풀어나갈 것이다. 당신의 생각을 멀리 퍼뜨리는 법, 당신이 추구하는 바를 고객에게 전하고 영향을 미치는 법, 더 나은 문화를 만드는 법 같은 문제들 말이다.

명백한 이정표는 없다. 간단한 단계들로 구성된 전술도 없다. 내가 약속할 수 있는 것은 나침반, 바로 진북이다. 이는 많이 활용할수록 더 나아지지만, 계속 반복해야 하는 방법들이다.

이 책은 내가 운영하는 웹사이트인 마케팅 세미나(TheMarket-ingSeminar.com)에서 다룬 내용을 토대로 한다. 그동안 해온 강의 내용뿐 아니라, 100일 동안 수천 명의 마케터들이 모여 이러한 문제들을 함께 고민하고 서로 조언한 내용을 담았다. 그들뿐 아니라 더 많은 마케터들이 이 문제를 더 깊이 파고들고, 그 여정을 공유하며 진정으로 통하는 것이 무엇인지 파악하도록 북돋는다.

이 책을 읽을 때 앞부분으로 돌아가고, 가정을 되짚고, 기존의 관행에 의문을 제기하는 데 주저하지 마라. 얼마든지 조정하고, 검증하고, 측정하고, 반복하라.

마케팅은 우리에게 주어진 최대의 소명 중 하나다. 마케팅은 긍정적인 변화를 일으키는 일이다. 당신이 이 여정에 참여하게 되어서 무척 기쁘다. 여기서 당신에게 필요한 도구를 찾길 바란다.

마케팅은 전투도, 전쟁도, 시합도 아니다

마케팅은 다른 사람들이 자신의 문제를 해결하도록 돕는 관대한 행위다.

마케팅은 더 나은 문화를 만들 수 있는 기회다.

마케팅은 외치거나, 속이거나, 강요하는 일이 아니다.

마케팅은 당신이 소중하게 여기는 고객을 섬기기 위한 기회다.

텔레비전과 라디오는 프로그램 사이에 광고를 내보내기 위해 만들어졌다. 오늘날 최고의 대중매체인 인터넷은 프로그램 사이에 광고를 내보내기 위해 만들어지진 않았지만, 그렇다고 마케터들을 행복하게 해주기 위해 만들어지지도 않았다. 인터넷은 최대 매체이지만 동시에 최소 매체이기도 하다.

인터넷에는 대중이 없으며, 옛날 회사들이 그랬던 것처럼 푼돈으로 사람들의 주의를 끌 수 없다. 명확하게 말하자면 인터넷은 방대하고 자유로운 매체의 놀이터이자 모든 아이디어를 모두에게 드러낼 수 있는 곳이다. 한편으로 인터넷 공간에는 수없이 많은 작은 속삭임, 당신이나 당신이 하는 일은 거의 포함하지 않은 채 끝없이 이어지는 자기중심적인 대화만이 존재할 뿐이다.

광고는 더 이상 마법이 아니다
우리의 유용한 이야기를 막는 덫일 뿐이다

지금까지 기업이 커다란 변화를 일으키기 위해 사용했던 가장 효과적이면서 간단한 방법은 바로 광고를 하는 것이었다. 광고는 효과가 있었다. 저렴했다. 돈값을 했다. 게다가 만드는 재미도 있었다. 무엇보다 광고는 당신(또는 당신의 브랜드)을 조금 더 유명하게 만들었다. 돈만 있으면 한 번에 많은 광고를 살 수 있었고, 돈을 쓴 만큼 매출이 올랐다. 광고는 분명 믿을 만했다.

그러니 마케터들이 광고가 자신이 해야 할 일이라고 생각할 만도 했다. 내가 살아온 대부분의 기간 동안 마케팅은 곧 광고였다.

하지만 이제 더 이상 그렇지 않다.

당신은 진정한 마케터가 되어야 한다.

무슨 말인가 하면, 다른 사람들이 보는 것을 봐야 하고, 긴장을 창출하고, 비슷한 가치관을 지닌 동류집단과 발맞추며, 확산되는 아이디어를 떠올려야 한다는 뜻이다. 부지런히 노력해서 시장을 따르고 시장(에서 당신이 차지할 부분)과 협력해야 한다.

입소문을 일으키는 방법을 묻는 것이
얼마나 잘못되었나?

"어떻게 입소문을 일으키나요?"

검색엔진최적화(Search Engine Optimization, SEO) 전문가는 사람들이 정보를 검색할 때 당신이 눈에 띌 수 있게 해주겠다고 약속한다.

페이스북 광고 컨설턴트는 타깃이 될 만한 사람들에게 끼어드는 방법◉에 대해 말한다.

홍보 전문가는 기사와 메시지에 특정 인물을 지목할 수 있는 멘션과 프로필을 약속한다.

영화 '매드맨(Mad Men)'의 등장인물인 광고 디렉터 돈 드레이

◉ 일방적인 메시지를 보내는 전통적인 마케팅 방식으로, 타깃 대상의 일상에 끼어들거나 방해하는 방식으로 광고하는 간섭 마케팅(interruption marketing)을 뜻한다.

퍼(Don Draper)나 저명한 광고 제작자인 데이비드 오길비(David Ogilvy) 그리고 여러 광고 회사들은 돈을 받고 광고를 만든다. 아름답고, 섹시하고, 효과적인 광고를.

이 모두는 입소문을 일으키기 위한 것이다.

하지만 마케팅이 아니다. 더 이상은. 효과도 없다. 더 이상은.

앞으로 어떻게 해야 사람들의 눈에 잘 띌 수 있는지, 그 방법에 대해 이야기할 것이다. **하지만 그것은 첫 부분이 아니라 마지막 부분이다.**

마케팅은 올바른 방법으로 해야 한다. 이는 매우 중요하다. 그래서 올바르지 못한 다른 부분부터 먼저 살펴보려 한다.

부끄러움을 모르는 마케터들이 모두를 부끄럽게 만든다

단기적으로 이익을 극대화하려는 수완가들은 뻔뻔하다. 부끄러움을 모르는 태도를 쉽게 취하기 때문이다. 너무나 당연하게 사람들에게 스팸을 보내고, 속임수를 쓰고, 강압적으로 요구한다. 이런 일을 자랑스럽게 여기는 다른 직업이 또 있을까?

한밤중에 노인들에게 전화를 걸어서 아무짝에도 쓸모없는 수집용 동전을 팔려는 토목기사는 없다. 허락 없이 고객 정보를 빼내는 회계사나 온라인에 가짜 리뷰를 자랑스레 올리는 오케스트라 지휘자도 없다.

진실을 숨긴 채 뻔뻔하게 사람들의 주의를 끌려는 태도는 도덕적이고 관대한 마케터들이 해왔던 최고의 작업에 먹칠을 하고, 시장을 따르는 일을 부끄럽게 여기도록 만들었다.

이것은 분명 잘못되었다.

효과적인 마케팅은 고객의 세계관과 욕망을 먼저 이해하고 공감을 얻으려 노력한다. 없으면 허전한 존재가 되는 것, 신뢰하는 고객들에게 기대한 것보다 많이 주는 것에 집중한다. 고객을 피해자로 만들지 않고, 마케터가 그들에게 자원봉사자가 될 수 있도록 한다.

좀 더 나아질 수 있다는 사실을 알기에 마케팅을 하려는 사람들이 늘고 있다. 그들은 문화에 기여할 수 있다는 사실을 알기에 시장에 참여할 준비가 되어 있다.

그들이 바로 당신 같은 사람들이다.

자물쇠와 열쇠

열쇠를 만든 다음 그 열쇠로 열 수 있는 자물쇠를 찾아 돌아다니는 것은 말이 되지 않는다.

자물쇠를 찾은 다음 그 자물쇠에 맞는 열쇠를 만드는 것이 좀 더 생산적인 해결책이다.

바꾸어 말하면, 당신의 제품과 서비스에 맞는 고객을 찾기보다 당신이 섬기고자 하는 고객을 먼저 찾고 그들을 위한 제품과 서비스를 만드는 편이 더 쉽다.

마케팅이 이기적일 필요는 없다

사실 최고의 마케팅은 절대 이기적이지 않다.

마케팅은 다른 사람들이 원하는 바를 이루도록 돕는 후한 행위다. 또한 그들의 공감을 불러일으키고 널리 확산되는 솔직한 이야기를 만드는 일이다. 마케터들은 사람들이 당면한 문제를 해결하고 앞으로 나아갈 수 있게 기회를 제공한다.

우리는 아이디어를 확산시킴으로써 문화를 바꾼다. 없으면 사람들이 그리워할 대상, 그들에게 의미와 유대감 그리고 가능성을 부여하는 대상을 만들어낸다.

허풍과 속임수와 압력으로 가득한 마케팅은 이기심을 바탕으로 한다. 이런 마케팅은 장기적으로 봤을 때 통하지 않는다. 당신이 굳이 이런 마케팅에 의존할 필요가 없다. 우리 모두 마찬가지다.

케이스스터디: 펭귄 매직

속임수의 시대는 끝났다.

마술사들을 위한 온라인 쇼핑몰 펭귄 매직(PenguinMagic.com)은 인터넷 마케팅을 잘 활용한 회사다.

당신이 자란 동네에도 어쩌면 마술용품 가게가 있었을지 모르겠다. 우리 동네에는 지금도 한 곳이 있다. 항상 희미한 조명이 켜져 있고, 목재로 벽을 둘렀으며, 거의 대부분 주인이 카운터를 지킨다. 그는 자신의 직업을 사랑했는지 모르지만 분명크게 성공하지는 못했다.

반면 오늘날 마술에 관심 있는 사람들은 펭귄 매직을 안다. 그렇다고 해서 (어떤 부문이든 아마존처럼 되기는 실로 어렵기 때문에) 펭귄 매직을 마술용품계의 아마존으로 부를 수는 없다. 오히려 펭귄 매직은 고객이 원하고, 알고, 믿는 것을 정확하게 이해하면서 아마존과 아주 다른 방식을 취해 상당한 규모로 성장했다. 그렇다면 그들이 취한 방식은 무엇일까.

첫째, 매장에서 판매하는 모든 마술용품을 영상으로 소개한다. 물론 영상에서 마술의 비밀이 공개되지는 않으므로 보는이에게 긴장을 유발시킨다. 결국 비밀을 풀려면 고객은 그 마술용품을 사야 한다. 지금까지 매장이나 유튜브에서 소개된 영상들은 10억 회 이상 시청되었다. 아무런 유통 비용을 들이지 않았는데도 말이다.

둘째, 매장을 운영하는 사람들은 전문 마술사들이 마술용품을 거의 사지 않는다는 사실을 깨달았다. 그들은 10~20가지의 마술만 계속 구사하면 되기 때문이다. 매일 밤 관중이 바뀌므로 같은 마술을 반복해도 문제될 것이 없다. 반면 아마추어 마술사들은 항상 같은 관중(친구나 가족)을 상대로 마술을 보여주기 때문에 계속 다른 마술을 보여줘야 한다.

셋째, 모든 마술용품은 사용자가 자세한 리뷰를 올린다. 평가를 하는 사람들은 평가 서비스 애플리케이션 옐프(Yelp)나 아마존에서 노는 마술 문외한들이 아니라 다른 마술사들이다. 그들은 깐깐하지만 좋은 마술용품의 가치를 알아본다. 그렇게 해서 펭귄 매직의 홈페이지 게시판에는 8만 2,000건이 넘는 제품 평가의 글이 올라와 있다.

그 결과 펭귄 매직의 마술용품은 아주 빠른 주기로 갱신된다. 개발자들은 경쟁 업체의 제품을 바로 확인하고 더 나은 제품을 만들려 노력한다. 그래서 제품 발매 주기가 길지 않으며, 아이디어를 제품화하는 데 한 달밖에 걸리지 않는다. 현재 펭귄 매직의 홈페이지에서는 1만 6,000종이 넘는 제품이 판매된다.

펭귄 매직은 커뮤니티(그들은 수만 명이 넘는 회원들의 이메일 주소록을 가지고 있다)와 유대를 형성할 뿐 아니라 그 커뮤니티를 이루는 구성원들이 서로 유대 관계를 맺을 수 있게 계속 투자한다. 그들은 마술 부문의 테드라 할 수 있는 강연을 300회가량 주최했으며, 약 100회에 이르는 마술 대회를 열었다.

마술 애호가들이 서로에게 더 많이 배울수록 펭귄 매직의 사업 역시 번창할 가능성이 높아진다.

당신은 과거의 마케터가 아니다

당신은 비누 회사를 위해 일하지 않는다. 당신은 한물간 산업 시대의 마케터가 아니다.

그런데 왜 그런 사람처럼 행동하는가?

당신이 킥스타터에 올린 크라우드 펀딩 프로젝트의 마감일이 다가오고 있다. 당신이 아는 모든 '인플루언서'들에게 스팸을 보내서 링크를 걸어달라고 애걸할 좋은 핑계가 있는 셈이다. 그러나 그들은 당신을 무시한다.

콘텐츠 마케팅 회사에서 일하는 당신은 당연히 자신이 인터넷에 올린 글이 몇 번이나 조회됐는지 강박적으로 확인한다. 정작 자신이 쓴 형편없는 글을 부끄럽게 여기면서 말이다.

당신은 인스타그램 팔로워가 얼마나 늘어났는지 그래프를 만든다. 다른 사람들은 팔로워를 그냥 돈으로 산다는 걸 알지만 말이다.

당신은 너무 비싸다는 고객들의 말을 듣고 가격을 내린다. 그러나 별로 도움이 되지 않는다.

이 모두는 산업 시대에 해왔던 자기중심적인 방식을 지금의 세대에게 맞춰서 현대화한 것일 뿐이다.

당신의 상황이 급박하다고 해서 그것이 사람들의 주의를 끌 명분이 되는 것은 아니다. 당신이 불안하다고 해서 나나 내 친구들을 다그칠 자격이 있는 것도 아니다.

하지만 이보다 효과적인 방식이 있다. 당신도 할 수 있다. 쉽지 않지만 그 단계는 아주 명확하다.

이제 때가 되었다

갈수록 빨라지지만 결코 어디로도 나아가지 못하는 소셜 미디어의 회전목마에서 이제 내릴 때가 되었다.

얄팍한 수작과 간섭을 그만둘 때가 되었다.

스팸을 뿌리는 일을 그만둘 때가 되었다.

평범한 물건을 만들면서 일용품보다 비싸게 받으려는 시도를 그만둘 때가 되었다.

지름길을 찾는 일을 그만두고 멀지만 유효한 길을 끈질기게 걸어갈 때가 되었다.

Chapter 2

마케터가 보는 법

1983년, 스피나커 소프트웨어(Spinnaker Software)에서 일할 당시 나는 어리고 미숙한 브랜드 매니저였다. 그곳은 경영대학원을 졸업하고 바로 들어간 신생 소프트웨어 회사였다. 나는 갑자기 수백만 달러의 예산을 운용하고 광고대행사 담당자에게 비싼 점심을 대접받는 사람이 되었다. 그와 동시에 내게는 시급히 해야 할 일이 있었다. 바로 우리 회사의 유능한 개발팀이 만든 소프트웨어를 알리는 일이었다.

나는 많은 예산을 광고비로 모조리 낭비했다. 그러나 광고는 효과가 없었다. 사람들에게 무시당했기 때문이다. 그래도 다행히 소프트웨어는 그럭저럭 팔렸다.

오랫동안 나는 수많은 프로젝트를 진행하면서 기업과 개인들에게 제품과 서비스를 팔았다. 게릴라 마케팅의 아버지인 제이 레빈슨(Jay Levinson), 다이렉트 마케팅의 대부인 레스터 운더맨(Lester Wunderman), 스토리텔링의 원로인 버나뎃 지와(Berna-dette Jiwa)와 같이 일했다. 나의 아이디어는 수십억 달러의 가치를 지닌 회사를 만드는 데 일조했고, 중요한 자선사업에 쓰일 기금을 마련하는 데 쓰였다.

이런 과정을 겪으며 나는 무엇이 통하고 통하지 않는지 파악할 수 있게 되었다. 이는 내가 중시하는 프로젝트와 조직을 대상으로 지속적인 시행착오를 겪는 일종의 실험이었다.

그 덕분에 이제 오늘날 마케팅이 지니는 의미, 타깃 고객을 설정하는 조건, 우리의 문화에 대한 나만의 나침반을 갖고 있다. 이 접근법은 단순하지만 누군가는 받아들이기 쉽지 않다. 끈기와 공감 그리고 존중을 수반하기 때문이다.

지금까지 우리가 접했던 마케팅은 바람직하지 않다. 보통 사람들에게 평범한 물건을 팔기 위해 돈을 들여서 그들의 주의를 끄는 방법은 지금 우리가 사는 시대에 맞는 것이 아니라 구시대의 유물일 뿐이다.

당신은 사람들이 어떻게 꿈꾸고, 결정하고, 행동하는지 그 양상을 보는 법을 배우게 될 것이다. 이를 통해 그들이 더 나은 모습의 자신, 그들이 되고 싶어 하는 모습이 되도록 돕는다면 당신은 진정한 마케터다.

성공적인 마케팅의 5단계

첫 번째 단계는 들려줄 만한 이야기가 있고, 세상에 기여할 만한 가치가 있는 물건을 고안하는 것이다.

두 번째 단계는 그것을 소수의 사람들에게 혜택을 주고 사랑받을 방식으로 설계하고 제작하는 것이다.

세 번째 단계는 이 소수의 집단, 최소유효시장(smallest viable market)에 내재된 내러티브®와 꿈에 맞는 이야기를 들려주는 것이다.

네 번째 단계는 모두가 흥분하는 일, 바로 입소문을 퍼뜨리는 것이다.

다섯 번째 단계는 종종 간과되기도 하지만, 오랫동안 꾸준히, 일관되게, 정성껏 일으키고자 하는 변화를 기획하고, 주도하며, 그에 대한 신뢰를 구축하는 것이다. 그래서 사람들에게 후속 작업에 대한 승낙을 받고 이 변화에 대해 배우겠다는 참여를 이끌어내는 것이다.

마케터로서 우리는 비슷한 생각을 가진 동류집단과 교류하며 변화를 일으키는 가운데 아이디어가 퍼져나가도록 꾸준히 노력해야 한다.

⊙ 여기에서는 그들만의 방식으로 의미를 부여하고 해석하는 것을 말한다.

이것이 마케팅이다

확산되는 아이디어가 승리한다.

마케터는 최소유효시장을 대상으로 사람들이 실제로 원하는 메시지, 그들이 기대하는 개인적이고 의미 있는 메시지를 전달함으로써 변화를 일으킬 수 있다.

마케터는 소비자를 이용하여 회사의 문제를 해결해서는 안 된다. 마케팅을 이용하여 소비자의 문제를 해결해야 한다. 그러려면 자신이 섬기고자 하는 소비자들의 문제에 공감하며 그들을 이해해야 한다. 소비자들은 마케터들이 원하는 것을 원하지 않고, 마케터들이 믿는 것을 믿지 않으며, 마케터들이 중시하는 것을 중시하지 않는다. 아마 앞으로도 그럴 일은 없을 것이다.

이런 마케팅 문화의 핵심은 위상, 고객과의 모든 상호작용에서 마케터로서 우리가 맡는 역할에 대한 이해, 우리가 나아가고자 하는 방향에 대한 믿음이다.

우리는 위상에 따른 역할, 그리고 연대나 지배에 대한 결정을 통해 어디로, 어떻게 나아갈지 결정한다.

적절하게 정렬된 청중에게 줄기차고, 일관되며, 빈번하게 전달되는 이야기는 주의와 신뢰 그리고 행동을 이끌어낸다.

직접 마케팅은 브랜드 마케팅과 다르다. 그러나 둘 다 적절한 사람들을 위해 적절한 일을 한다는 결정을 토대로 삼는다.

'우리 같은 사람들은 이런 일을 한다.'는 우리가 문화를 이해하는 양상을 말해주며, 마케터들은 매일 이 아이디어를 따른다.

아이디어는 천천히 비탈길을 오른다. 그러다 우리의 이야기에 관심을 가지는 조기 수용자, 즉 얼리 어답터들을 지나 일시적 수요 정체 구간인 캐즘(chasm)을 넘으며 힘겹게 대중에게 다가간다. 하지만 이런 일은 가끔씩 일어날 뿐이다.

사람들이 우리에게 주의를 기울여주는 것은 소중한 자원이다. 우리의 뇌는 소음으로 가득하기 때문이다. 똑똑한 마케터는 공감을 불러일으키는 인상적인 방식을 통해 사람들에게 각인되고 자신의 제공물을 쉽게 판매한다.

무엇보다 마케팅은 제품을 설계하고 출시한 다음 뒤따르는 모든 것이 아니라 우리가 처음 하는 일과 그 방식에서 시작된다 (그리고 종종 거기서 끝나버리고 만다).

전술은 변화를 일으킬 수 있다. 그러나 전략, 즉 그 제품만의 존재 방식과 특별한 이야기 그리고 고객에게 지킬 약속에 대한 헌신이 모든 것을 바꾼다.

변화를 일으키고 싶다면 문화를 만드는 일부터 시작하라. 긴밀하게 조직된 집단을 구성하는 데서 시작하라. 사람들을 한데 엮는 데서 시작하라.

문화는 전략을 이긴다. 심지어, 문화가 곧 전략이다.

마케터들이 알아야 할 것

1. 열의와 창의성을 갖춘 사람들이 세상을 바꿀 수 있다(실은 그들만이 가능하다). 당신이야말로 지금 그렇게 할 수 있으며, 스스로 상상하는 것보다 더 많은 변화를 일으킬 수 있다.

2. 모두를 바꿀 수는 없다. 따라서 '누구를 위한 것인가?'라는 질문부터 하라. 이는 당신이 해야 할 행동의 기준이 되며 (내면과 바깥세상에서) 불신자들을 상대하는 데도 도움이 된다.

3. 변화를 일으키고 싶다면 의도를 담아라. 그것이 최선이다. '무엇을 위한 것인가?' 생각하는 것은 일을 할 때 중요한 태도다.

4. 사람은 자신에게 이야기를 한다. 우리 각자가 자신에게 하는 이야기는 완전히 그리고 전적으로 진실이다. 행여 그렇지 않다고 그들(또는 우리)을 설득하려는 것은 어리석은 일이다.

5. 끼리끼리 이야기하는 집단, 사회적 지위 등에 따라 비슷한 결정을 내리는 집단으로 정형화하여 묶을 수 있어야 한다.

6. 당신이 하는 말은 다른 사람들이 당신에 대해 하는 말보다 훨씬 덜 중요하다.

Chapter 3

이야기와 유대
그리고 경험

케이스스터디: 저렴하게 안경을 제공하는 비전스프링

모든 사람은 자신의 머릿속에 하나의 이야기, 세상을 살아가는 데 필요한 내러티브를 갖고 있다. 특이한 점은 그 내러티브가 모두 다르다는 것이다.

몇 년 전에 나는 비전스프링(VisionSpring)이 직면한 난관이 무엇인지 파악하기 위해 소규모로 꾸린 팀과 함께 인도에 있는 한 마을로 갔다. 비전스프링은 돋보기가 필요하지만 갖지 못하는 수많은 사람에게 돋보기를 제공하는 사회적 기업이다.

평균 수명이 30~40세이던 시절, 대다수 사람들에게는 50세부터 돋보기가 필요하다는 사실이 그렇게 중요치 않았다. 그러나 수명이 길어지고, 건강하고 활동적이지만 눈이 잘 보이지 않아 글을 읽지 못하거나 정밀한 작업을 할 수 없어서 일하지 못하는 사람들이 늘면서 이는 중요한 문제가 되었다. 이 중년

기의 방직공이나 세공사 그리고 간호사라면 안경 없이 일하는 것이 힘들다.

비전스프링의 전략은 매력적인 안경을 1개당 2달러 정도의 저렴한 비용으로 대량생산하는 것이다. 그다음 전 세계 곳곳에 있는 현지 인력을 통해 1개당 3달러에 판매한다.

1달러의 마진은 제품을 운송하고, 현지 인력을 고용하고, 조직의 규모를 키우는 비용으로 사용된다.

많은 마을 사람이 우리가 설치한 매대 앞으로 모여들었다. 아주 더운 한낮이어서 특별히 할 일도 없었다.

남자들은 자수가 들어간 전통적인 인도풍의 작업복 상의를 입고 있었는데, 앞에는 호주머니도 달려 있었다. 그런데 천이 얇은 터라 대부분의 사람이 호주머니에 넣어둔 돈이 보였다.

이때 내가 얻은 정보는 3가지였다.

1. 연령대로 보아 많은 사람에게 안경이 필요했다. 이는 단순한 생리적 사실이었다.

2. 그 많은 사람은 안경을 끼거나 지니고 있지 않았다. 즉, 안경이 없을 가능성이 높았다.

3. 그들은 호주머니에 돈을 갖고 있었다. 하루에 3달러를 버는

사람들에게 비싼 안경일지 모르지만 어쨌든 살 돈은 있었다.

　우리는 매대로 오는 마을 사람들에게 코팅을 한 시력검사지를 건넸다. 언어와 상관없이 글을 읽지 못해도 쓸 수 있는 시력검사지였다.

　그다음 그들에게 샘플 안경을 건넸고 다시 시력검사를 받게 했다. 물론 사람들은 안경을 쓰자 바로 모든 것을 뚜렷이 보았다. 그것이 안경의 기능이었다. 안경은 신기술도 아니었고, 의심스러운 물건도 아니었다.

　시력검사가 끝나고 사람들이 샘플 안경을 벗으면, 그다음 거울과 함께 10가지 종류의 안경을 보여주었다. 안경들은 각각 작은 플라스틱 케이스에 들어 있었다. 사람들은 매대가 있는 곳으로 찾아왔고, 안경이 필요한 사람들 중 약 3분의 1만이 실제로 안경을 샀다.

　겨우 3분의 1이 말이다.

　나로서는 도무지 그 이유를 알 수 없었다.

　마을 사람 중 65%는 실제로 안경이 필요했고, 그들 역시 그러한 사실을 알고 있으며, 살 돈이 있는데도 그냥 가버렸다.

　그들의 입장에서 생각해보아도 이해할 수 없는 선택이었다.

이런 경우라면 사실 안경 재고가 1시간 안에 떨어져야 했다. 거기다가 가격까지 엄청나게 저렴했다. 직접 써봤으니 효과가 있다는 사실도 알았다. 도대체 무엇이 잘못된 것일까?

나는 뙤약볕 아래 1시간 동안 앉아서 이 문제를 고민했다. 마케터로서 그동안 해온 모든 일이 이 순간으로 나를 이끌었다는 생각이 들었다.

결국 나는 이 모든 과정 중 단 한 부분만을 바꿨다.

이 하나의 변화는 판매율을 2배로 늘렸다.

내가 한 일은 바로 안경을 매대에서 전부 치운 것이었다.

우리는 마을 사람들에게 샘플 안경을 준 다음 "써보시고 마음에 들면 3달러에 사시고 아니면 돌려주세요."라고 말했다.

그게 다였다.

우리는 "여기 쇼핑을 즐기고, 멋을 내고, 더 잘 보이게 하고, 처음부터 끝까지 주인이 된 기분을 누릴 기회가 있습니다."에서 "당신이 가진 것을 저희가 다시 가져갈까요, 아니면 이미 효과를 확인한 안경을 당신이 계속 가지겠습니까?"로 이야기를 바꿨다.

획득 욕구 대 손실 회피의 구도가 된 것이다.

빈곤하게 사는 사람들은 부유한 사람들이 쇼핑을 하면서 누리는 즐거움을 알지 못한다. 이전에 갖지 못한 물건을 사면서 느끼게 될 흥분도 모른다.

쇼핑에는 위험이 따른다. 새로운 물건, 아주 좋을지도 모를 물건을 사려면 시간과 돈을 낭비할 위험을 감수해야 한다. 물론 치명적인 위험은 아니라서 충분히 감수할 수는 있다. 잘못된 선택을 한다고 저녁을 굶거나 진료를 받아야 할 일은 없다.

설령 그 선택이 틀렸더라도 내일이 있을 뿐 아니라 바로 다시 쇼핑을 할 수 있다.

하지만 마을 사람들이 쇼핑에 대해서 나나 서구의 안경사들처럼 생각하지 않는다면 어떨까. 그럴지도 모른다는 깨달음은 내게 다른 관점을 부여했다. 그것은 어쩌면 우리가 섬기려는 사람들에게 새로운 물건을 사는 일은 즐거운 행위가 아닌 위협일지도 모른다는 것이었다.

보통 교외에 있는 쇼핑몰에서 노는 대다수의 십대들은 다양한 안경을 써보지 못한다는 데, 선택권을 갖지 못한다는 데 발끈할 것이다.

중고 안경을 원하는 사람은 별로 없다. '중고'가 딱 1번 써본 것이라고 해도 말이다. 대부분 예쁜 새 안경을 원한다. 그러나 모든 사람이 당신이 아는 것을 알고, 당신이 원하는 것을 원하며, 당신이 믿는 것을 믿는다고 상상하는 것은 별 도움이 되지 않는다.

안경을 사는 방법과 관련된 나의 내러티브는 매대 앞으로 찾아온 마을 사람의 내러티브보다 더 낫지도, 그렇다고 나쁘지도 않다. 그저 나의 내러티브는 나의 내러티브일 뿐이다. 이는 다른 사람에게 통하지 않는데도 내 방식을 계속 고집하는 것은 무례하다는 의미다.

개선하고 싶다면 우리가 섬기고자 하는 사람들을 소중히 여기며 그들이 들어야 하는 이야기가 무엇인지 상상하는 것이다. 그리고 나서 그들이 스스로 자랑스럽게 여길 행동을 하도록 그 이야기를 정성껏 나눠야 한다.

SUV를 보라

이 책을 읽는 대다수 사람들이 자동차 마케팅을 하진 않을 것이다. 그러나 다들 한 번쯤은 차를 산 적이 있을 것이다.

우리가 생각해야 할 문제는 '그 차를 산 이유가 무엇인가?' 하는 것이다.

왜 비포장길을 달릴 일이 없는 사람들이 9만 달러짜리 토요타 랜드크루저를 사는 걸까?

왜 정지 상태에서 3초 안에 시속 100km까지 달릴 일이 없는 사람들이 추가 비용을 들여가며 초고속 모드 옵션이 들어간 테슬라를 사는 걸까?

왜 집에서는 30달러짜리 싸구려 라디오만 들으면서 자동차에는 3,000달러짜리 스테레오 시스템을 넣는 걸까?

더 혼란스러운 사실은 차종에 따라 가장 인기 있는 색상이 다르다는 것이다.

이렇게 5만 달러짜리 자동차를 살 때조차 실용성이 주된 결정 요소가 아니라면 향수나 껌을 살 때는 어떨까?

마케팅은 누가 더 싼 가격으로 더 많은 기능을 더하느냐를 겨루는 경주가 아니다.

마케팅은 우리가 섬기는 사람들을 대신하여 변화를 일으키기 위한 노력이다. 우리는 사람마다 달리 이끄는 비합리적 힘을 이해함으로써 그 일을 한다.

0.25인치 드릴에 대한 말

하버드 대학 마케팅 교수인 시어도어 레빗(Theodore Levitt)은 "사람들은 0.25인치 드릴을 원하는 게 아니라 0.25인치 구멍을 원하는 것이다."라는 유명한 말을 했다.

이 말의 의미는 드릴이란 결국 하나의 기능, 목적을 이루기 위한 수단일 뿐이며, 사람들이 진정으로 원하는 것은 그 드릴로 뚫는 구멍이라는 것이다.

그러나 이 말 역시 충분히 멀리 내다보지 못했다. 누구도 구멍만을 원하지 않는다.

사람들이 원하는 것은 구멍을 낸 다음 벽에 설치할 선반이다.

모든 것을 정리하고 나서 0.25인치 크기의 구멍을 뚫은 벽에 선반을 설치하고 잡동사니들을 올렸을 때 느낄 기분. 사실 사람들이 원하는 것은 바로 이것이다.

잠깐, 거기서 끝이 아니다.

사람들은 그 작업을 직접 했을 때 얻게 될 만족감을 원한다.

또 아내가 선반을 보고 감탄할 때 자신의 위상이 높아지는 것을 원한다.

침대가 더 이상 난장판이 아니라 안전하고 깔끔하게 보이는 데서 오는 마음의 평화를 원한다.

"사람들은 0.25인치 드릴을 원하는 게 아니라 안전하다는 느낌과 존중받고 있다는 느낌을 원하는 것이다."

빙고!

사람들은 당신이 만든 것을 원하지 않는다

사람들은 그 물건이 자신을 위해 뭔가 해주길 원한다. 그 물건이 자신에게 안길 느낌을 원한다. 우리가 고를 느낌의 종류는 많지 않다.

대다수 마케터는 근본적으로 같은 느낌을 전달한다. 다만 다른 방식, 다른 서비스와 제품 그리고 이야기로 그 일을 할 뿐이다. 또한 다른 순간에 다른 사람들을 위해 그 일을 할 뿐이다.

사람들에게 소속감, 유대감, 평온함, 위상이나 다른 바람직한 감정을 안겼다면 가치 있는 일을 한 셈이다. 당신이 판매하는 대상은 사람들이 이러한 감정을 느끼는 데 필요한 것일 뿐이다. 만약 이런 결과가 아니라 전술에 초점을 맞추면 모두를 실망시키게 된다. '누구를 위한 것인가?'와 '무엇을 위한 것인가?' 이 2가지 질문은 우리가 내리는 모든 결정을 이끈다.

이야기, 유대감, 경험

다행인 점은 요란한 최신 디지털 미디어라는 지름길에 의존할 필요가 없다는 것이다. 우리에게는 더 강력하고, 미묘하며, 시대를 초월한 도구가 있다.

우리는 이야기를 들려준다. 공감을 불러일으키고, 시간의 흐름을 뛰어넘는 진실된 이야기 말이다. 이는 우리가 만든 제품과 서비스, 우리가 행하는 모든 것을 진실해 보이도록 만든다.

우리는 유대감을 형성한다. 사람들은 외롭다. 다른 사람들에게 보이고, 알려지기를 원한다. 때로는 어떤 것에 소속되고 그래야 더 안전하며 때때로 더 재미있다고 느낀다.

우리는 경험을 창출한다. 제품을 사용하고 서비스를 이용하는 것, 자선단체에 기부하는 것, 집회에 참석하는 것, 고객 서비스 센터에 전화하는 것, 이 모든 행동은 이야기의 일부다. 이런 행동들은 일종의 유대감을 형성한다. 마케터로서 우리는 목적을 갖고 의도적으로 이런 경험을 사람들에게 제공할 수 있다.

모든 조직이 마케터와 함께 일한다. 마케팅이 모든 것이기 때문이다. 우리가 만드는 것, 만드는 방식, 만들어서 제공하려는 대상이 모두 마케팅의 영역에 속한다. 마케팅은 효과와 미치는 영향, 가격 설정과 이익을 모두 포함한다.

누가 버스를 모는가?

모든 조직과 프로젝트는 주요 동인의 영향을 받는다.

일부 레스토랑은 셰프가 주도한다. 실리콘밸리는 종종 기술에 이끌린다. 뉴욕의 벤처 캐피탈은 돈에 이끌리고, 주가나 최신 금융 기술에 초점을 맞춘다.

당신이 무엇을 선택하든 주요 동인은 가장 분명하게 들리는 목소리이며, 그 목소리를 내는 사람이 상석에 앉게 된다.

종종 조직은 마케팅에 이끌린다. 하지만 그들이 말하는 마케팅은 겉만 번드르르하다. 제안, 반짝이는 표면, 한 푼이라도 더 짜내는 능력에 집중한다.

나는 당신이 이러한 마케팅에 이끌리는 일을 도울 생각이 없다. 그것은 막다른 길이기 때문이다.

대안은 **시장 자체에 초점을 맞추고**, 시장의 목소리를 듣고, 거기에 귀를 기울이는 것이다. 더 중요한 것은 거기에 영향을 미치고 방향을 바꾸고 개선하는 것이다.

기존 마케팅에 이끌리면 페이스북 최신 데이터 분석, 새 로고의 디자인, 캐나다 시장용 가격 설정 모델에 집중하게 된다. 반면 시장에 이끌리면 고객과 그 친구들의 희망과 꿈에 대해 많이 생각하게 된다. 그들이 왜 짜증이 났는지 귀를 기울이고 문화를 바꾸는 데 투자하게 된다.

시장을 따르면 오래갈 수 있다.

합리적 선택의 속설

미시경제학은 분명히 잘못된 주장이다. 위키피디아에 따르면 '합리적 행위자가 가용한 정보, 사건의 확률, 잠재적 비용이나 편익을 고려하여 선호를 결정하며, 자율적으로 최선의 행동을 일관되게 선택한다.'는 주장에 토대를 둔다.

당연히 그렇지 않다.

충분히 많은 사람을 모아서 평균을 낼 경우 어쩌면 일부에서 이런 행동 경향을 보일 수 있겠지만, 거기에 돈을 걸지는 말아야 한다.

사실 당신이 돈을 걸어야 하는 주장은 이것이다. '사람들은 믿음에 어긋나는 정보를 무시하고, 단기적 편익을 위해 장기적 편익을 희생하며, 무엇보다 자신과 동일시하는 문화의 영향을 받아서 비합리적 욕구에 따라 행동한다.'

이 문제와 관련하여 흔히 저지르는 2가지 실수가 있다.

1. 당신의 잠재 고객들은 충분한 정보를 가졌고, 합리적이고, 독립적이고, 장기적인 선택을 한다고 가정한다.

2. 모두가 당신과 비슷하고, 당신이 아는 것을 알며, 당신이 원하는 것을 원한다고 가정한다.

나는 합리적이지 않으며, 당신도 마찬가지다.

Chapter 4

나에게 열광할 최소한의 고객을 찾다

어떤 변화를 일으키고자 하는가?

이 질문은 단순하지만, 거기에는 은연중에 이것이 당신의 책임이라는 의미가 담겨 있다. 즉, 당신은 의도를 가진 행위자이며 변화를 일으키는 사람, 열심히 노력해서 다른 사람들을 바꿔야 할 사람이라는 뜻이다.

당신이 지금 맡고 있는 일이나, 또는 당신의 열정이 바로 이러한 변화를 일으킨다. 운이 좋다면 둘 다일 수도 있다.

변화는 사소한 것("오조의 세제 시장점유율을 1% 올리기 위해서는 일부 클로락스 사용자를 오조 사용자로 바꿔야 해")일 수도 있고, 중대한 것("내가 담당한 방과 후 프로그램을 듣는 12명의 아이들이 자신의 잠재력을 실현하도록 돕고 싶어")일 수도 있다.

어쩌면 "투표를 하지 않던 사람들이 투표를 하도록 만들고 싶어."라거나 "지배욕이 강한 사람들이 연대 의식을 추구하도록 바꾸고 싶어." 같은 것일 수도 있다.

구체적인 내용이 무엇이든 마케터라면 변화를 일으키는 일을 한다. 이 사실을 부정하는 것은 일종의 회피일 뿐이다. 차라리 적극적으로 받아들이는 것이 더 생산적이다. 이때 2가지를 주의해야 한다.

실수 1:

거창하고 이루기 불가능한 변화를 고를 수 있다. "음악교육에 대한 인식을 바꿔서 전국에 걸쳐 최우선 순위로 만들고 싶어." 같은 것 말이다. 물론 좋은 일이지만 당신과 비슷한 자원을 가진 사람이 이전에 한 번도 이루지 못한 것이다.

나는 경기를 한 방에 뒤집는 홈런을 아주 좋아한다. 온갖 역경을 이겨내고 모든 것을 바꾼 사람들의 감동적인 이야기도 사랑한다.

하지만…

그것은 아주 무거운 부담감을 느끼게 하는 동시에 절망의 순간에는 간편한 핑계가 된다. 그러니 당신이 지지부진할 수밖에 없다. 애초에 불가능한 일을 추구했기 때문이다.

차라리 당신이 이뤄낼 수 있는 것부터 시작하는 것이 더 낫다. 당신이 일으키고자 하는 변화를 구체적으로 정하고 실행에 옮기는 것이 더 낫다. 그다음 그 성공을 토대로 더 큰 과제에 도전하여 같은 과정을 반복하면 된다.

실수 2:

당신이 이미 하고 있는 일을 두둔하고, 원래 팔아야 하는 대상을 계속 팔려고 할 수 있다. 그래서 그 일에 맞는 '변화'를 역으로 꾸며내고, 누구에게도 의미가 없는 그럴듯한 말들을 갖다 붙인다. 얼마 전에 이런 광고 문구를 봤다. '더 높은 차원의 시청자 정체성을 이끌어내는 TNT의 새로운 스릴러에 대한 활성화 및 참여 유도.'

이게 대체 무슨 말일까?

반면 내 아내가 발견한 웨이 베이커리(Way Bakery)의 구호는 다르다. 이곳은 글루텐을 사용하지 않는 세계 최대 규모의 베이커리다. 그들이 추구하는 변화의 내용은 이런 것이다.

'우리는 누구도 (특히 글루텐과 유당이 들어 있는 빵을 먹지 않는 사람) 배제하고 싶지 않습니다. 글루텐과 유당이 없어도, 전통적인 방식으로 구운 맛있는 빵을 제공합니다. 그리하여 모두가 특별한 가족 모임을 열 수 있도록 해줍니다. 우리는 모임을 주

최한 사람을 배제하는 존재에서 포용하는 존재로, 손님을 외부자에서 내부자로 바꿉니다.'

어떤 약속을 하는가?

마케터가 (어떤 매체에서든) 보여주는 메시지는 항상 약속의 형식을 지닌다. 'X를 하면 Y를 얻는다.'는 식이다. 이 약속은 종종 드러나지 않는다. 뜻하지 않게 옆으로 밀려나거나 의도적으로 위장되기도 한다. 그러나 모든 효과적인 마케팅은 약속을 한다.

약속은 보증과 다르다. 그래서 "만약 당신에게 효과가 있다면 이것을 발견하게 될 것."이라고 말한다.

사람들에게 우리의 재즈 클럽으로 오면 즐거운 저녁 시간을 보낼 수 있다고 약속한다. 또 우리의 테이프를 들으면 특별한 영적 여정을 하게 될 것이라고 약속한다. 또 우리가 만든 특별한 치즈를 맛보면 옛 이탈리아를 여행하는 기분이 들 것이라고 약속한다. 여기서 다루는 주제는 구호가 아니다. 그러나 이런 구호는 내가 이야기하는 약속에 대한 통찰을 제공한다.

"사람들은 내가 피아노 앞에 앉았을 때 웃음을 터트렸다. 그러나 연주를 시작하자…."◉ 이것은 위상에 대한 약속이다.

"몰아쳐라 파도여(Roll Tide)!"◉◉는 지배에 대한 약속이다.

"까다로운 엄마는 지프(Jif)를 고릅니다."는 위상과 존중에 대한 약속이다.

"충성을 맹세합니다."는 소속에 대한 약속이다.

"지구에는 뛰어난 변호사가 필요합니다."는 연대와 정의에 대한 약속이다.

약속은 당신이 일으키고자 하는 변화와 직접 연관되며, 당신이 바꾸고자 하는 사람들에게 전달된다.

누구를 바꾸려 하는가?

당신이 어떤 변화를 일으키고자 하는지 자문하는 순간 모두를 바꿀 수 없다는 사실이 명확해진다. 모두는 엄청나게 많다. 모두를 바꾸기에는 그 대상이 너무 다양하고, 거대하고, 당신에게 무관심하다.

따라서 **특정한** 사람들을 바꿔야 한다. 또는 특정한 집단을 바꿔야 한다.

그들은 어떤 사람들인가?

⊙ 유명한 음악학원 광고 카피.
⊙⊙ 앨라배마 대학의 미식축구팀 '크림슨 타이드(Crimson Tide)'의 응원 구호.

그들이 모두 같은 모습일 필요는 없지만 한데 묶는 기준이 있다면 큰 도움이 될 것이다. 가령 같은 신념을 지녔는가? 같은 지역에 사는가? 같은 인구집단(demographic)이거나 더 그럴듯하게는 같은 심리집단(psychographic)에 속하는가?

수많은 사람들 가운데 그들을 골라낼 수 있는가? 그들을 다른 사람들과 다르게 또는 서로 비슷하게 만드는 것은 무엇인가?

이 책에서는 '누구를 위한 것인가?'라는 근본적인 질문을 다룰 것이다. 이 질문은 당신이 만드는 제품, 당신이 들려주는 이야기, 그 이야기를 들려주는 곳을 바꿀 미묘한 마력을 지녔다. 이 질문에 대한 답을 구하면 문들이 열리기 시작한다.

간단한 예를 들어보자. 던킨 도너츠와 스타벅스 모두 커피를 판다. 그러나 스타벅스는 사업을 시작하고 20년 동안 던킨 도너츠에서 커피를 사는 사람들에게 커피를 팔려고 애쓰지 않았다. 던킨 도너츠도 마찬가지였다.

겉으로 봤을 때 두 집단(보스턴에서는 스타벅스보다 던킨 도너츠에서 택시기사와 건설노동자들을 더 많이 볼 수 있다)을 구별하는 힌트는 있다. 그러나 진정한 차이는 외적인 것이 아니라 내적인 것에 있다.

스타벅스는 커피, 시간, 돈, 공동체, 기회, 자주 누릴 수 없는 기쁨이나 어떤 혜택에 대해 분명한 신념을 가진 사람들에 집중했다. 그들은 오랜 세월에 걸쳐 이 집단의 사람들을 사로잡으며 브랜드를 구축했다.

세계관과 페르소나

그렇다면 어느 시장이어야 할까?

어떤 사람들이어야 할까?

당신의 진정한 팬이 될 1,000명을 골라야 한다면 누구를 선택해야 할까?

우선 그들의 겉모습이 아니라 그들이 꿈꾸는 것, 믿는 것, 원하는 것을 토대로 선택하라. 다시 말해서 인구집단이 아니라 심리집단을 기준으로 삼아라.

눈의 색깔이나 약지의 길이를 기준 삼아 사람들을 한데 묶을 수 있듯이 그들이 하는 이야기를 기준으로도 묶을 수 있다. 인지언어학자인 조지 레이코프(George Lakoff)는 이 기준을 **세계관** (worldview)이라 부른다.

세계관은 하나의 지름길이자 우리가 저마다 세상을 볼 때 활용하는 렌즈다. 세계관은 세상에 대한 자기 나름의 가정이자 편향이며, 고정관념이다.

케이블 뉴스 채널인 폭스 뉴스(Fox News)의 애청자들은 나름의 세계관을 지닌다. 여우 사냥꾼들도, 심야 영화 문화를 만들어낸 '록키 호러 픽쳐 쇼(The Rocky Horror Picture Show)'를 보는 사람들도 마찬가지다. 모두가 대우받고, 위엄을 인정받으며, 자신의 선택을 존중받을 자격이 있다.

마케터로서 우리는 세계관에서 출발해야 하며, 그 세계관을 지닌 사람들에게 동참하도록 권유해야 한다. "내가 이걸 만들었어요."라는 말은 "무엇을 원하나요?"와 아주 다른 말이다.

만약 그들의 세계관이 무엇인지 밝혀낼 수 있다면, 그 사람이 뉴스나 미술 작품을 보고 어떤 반응을 보일지도 상당히 그럴듯하게 추정할 수 있다.

2011년에 JC페니(J.C. Penny)의 CEO로 취임한 론 존슨(Ron Johnson)이 처음 취한 조치는 매장에서 고객들에게 항상 홍보하던 할인 행사와 반짝 세일을 중단한 것이었다.

그는 **자신**의 세계관, 쇼핑하는 방식에 대한 자신의 편향을 토대로 이러한 조치를 취했다. 그는 자신이 쇼핑을 하고 싶은 고급 매장에서 계속 재고 처리, 쿠폰, 할인을 홍보할 것이라고 생각하지 않았다. 그래서 이런 생각을 가지고 JC페니를 **자신**에게 맞는 매장으로 바꾸려 했다. 그 결과 매출이 50% 넘게 급락했다.

애플에서 소매 부문 수석 부사장을 지낸 존슨의 세계관, 즉 그가 세상을 바라볼 때 활용하는 렌즈에는 우아함과 조용함 그리고 상호 존중 등이 중요하게 비춰졌다. 그는 고급 제품을 사는 사람이었으며, 고급 제품을 팔고 싶어 했다.

그러나 이런 세계관 때문에 그는 JC페니의 진정한 팬들을 잃었다. 할인 상품을 찾아다니는 사람들, 잠깐 세일하는 순간의 그 긴박함을 즐기는 사람들, 자신과 다른 세계관을 가진 사람들을 말이다. JC페니의 고객들에게 쇼핑은 하나의 게임, 자신이 이기고 있다는 느낌을 받는 게임이었다.

그렇다. 이것은 사람을 유형화(typecasting)하는 것이다. 더 나은 서비스를 제공하기 위해 사람들의 태도와 신념을 의도적으로 과장하는 것이다. 따라서 이 일을 편하게 하는 지름길은 우리가 접하는 여러 페르소나를 파악하는 것이다.

가령 빌, 헨리, 칼라라는 인물이 있다고 해보자. 빌은 돈에 대한 내러티브와 씨름하면서 스포츠를 하듯 쇼핑한다. 이때 그는 싼 것만 찾는 바겐 빌(Bargain Bill)이 된다. 또 헨리는 항상 서두르는 편이다. 늘 지름길을 찾으며, 적어도 출장을 갔을 때는 줄을 서거나 약도를 보거나 고민을 하지 않으려고 한다. 이때 그는 허리드 헨리(Hurried Henry)가 된다. 그리고 칼라는 신중한 편이다. 택시를 타면 기사를 의심하고, 호텔 객실 직원이 자신에게 바가지를 씌울 것이라고 확신하며, 호텔 미니바를 절대 사용하지 않으려고 한다. 이때 그는 케어풀 칼라(Careful Karla)가 된다.

모두가 나름의 문제, 욕구, 내러티브를 갖고 있다.

누구를 섬길 것인가?

초점의 강요

계속 다수를 쫓아다니면 고루해진다. 다수는 평균이자 그래프로 치면 곡선의 중심이다. 다수를 쫓으려면 누구도 불쾌하게 만들지 않고 모두를 만족시켜야 한다. 결국 타협과 일반화로 이어질 수밖에 없다. 그럴 바에는 차라리 **최소유효시장**에서 출발하라. 노력할 만한 가치가 있으려면 최소 몇 명에게 영향을 미쳐야 하는가?

30명 또는 300명만 바꿀 수 있다면 대상을 까다롭게 골라야 한다. 규모에 한계가 있다면 시장을 구성하는 데 집중해야 한다.

뉴욕에 유니온 스퀘어 카페(Union Square Cafe)를 열 때 창립자인 대니 메이어(Danny Meyer)는 하루에 600명만 수용할 수 있다는 사실을 알았다. 식당의 규모로 볼 때 그 정도가 한계였다. 600명에게만 기쁨을 줄 수 있다면 최선의 시작은 그 600명을 어떤 사람들로 할지 선택하는 것이다.

당신이 서비스를 제공하길 원하는 사람들을 골라라. 당신의 메시지를 가장 열린 마음으로 들어줄 사람들을 골라라. 또 이에 알맞은 다른 사람들에게 입소문을 내줄 만한 사람들을 골라라.

유니온 스퀘어 카페의 마법은 입지(처음 열 때는 입지가 나빴다)나 유명 셰프(유명 셰프도 없었다)가 아니라 세심하게 고객을 선별한 배짱에서 나온 것이었다. 당신이 서비스를 제공할 사람들을 골라라. 당신의 미래를 골라라.

최소유효시장은 아이러니하게도 당신의 성장을 이끌 초점이다.

구체성은 용기에서 나온다

구체성은 책임을 뜻한다.

구체적인 것은 통하거나 통하지 않는다.

잘 맞거나 맞지 않는다.

널리 퍼지거나 퍼지지 않는다.

당신은 아무나 또는 모든 사람의 뒤에 숨어 있지 않은가?

하지만 절대 모든 사람을 만족시킬 수는 없다. 이는 오히려 다행이다. 그렇게 하지 못해도 실망할 일이 없기 때문이다.

반면 최소유효청중에게 헌신한다면 어떨까? 누구를 대상으로 어떤 변화를 일으킬지 구체적으로 정했다면 어떨까?

최소한의 규모로 당신의 프로젝트, 삶, 조직을 구성하라. 당신이 생존할 수 있는 최소시장은 어느 정도인가?

규모를 파악한 다음에는 당신의 관심을 간절히 기다리는 시장의 모퉁이를 찾아라. 극단으로 가라. 당신이 제시하는 것이 완벽한 답이라고 여기는 곳을 지도에서 찾아라. 해당 집단의 바람과 꿈과 욕구를 당신의 보살핌, 관심, 집중력으로 압도하라. 변화를 일으켜라. 너무나 크고 깊어서 사람들이 이야기할 수밖에 없는 그런 변화 말이다.

린(lean) 경영은 최소유효제품이라는 개념을 중심으로 구축된다. 가장 단순하고 유용한 형태의 제품을 만들었다면 일단 시장에 뛰어든 다음 계속 개선하라.

최소유효제품에서 사람들이 잘 놓치는 부분은 '유효'다. 쓰레기를 팔면 안 된다. 아직 효과가 없는 물건이라면 시장에 내놓지 말아야 한다.

이런 개념들을 통합하면 작은 범주에서 신속하게 생각할 수 있다. 시장에 기민하게 접근하면서 섬기고자 하는 대상에게 끈질기게 집중하면 실제로 도움이 될 가능성이 높아진다.

실리콘밸리의 개척자이자 린스타트업의 기반이 되는 고객 개발 방법론의 창시자이기도 한 스티브 블랭크(Steve Blank)는 고객에게 집중하는 것이 스타트업의 유일한 프로젝트라고 말했다. 고객 개발은 고객을 통해 추진력을 얻고, 그 과정에서 자신이 만드는 것과 고객이 원하는 것 사이에 접점을 찾는 것이다.

이 추진력은 화려한 기술이나 돈이 많이 드는 마케팅보다 훨씬 큰 가치를 지닌다. 오직 그것만이 프로젝트의 성패를 가른다. 당신이 성공하기를 너무나 간절히 바라는 나머지 당신이 변화를 일으키는 데 필요한 돈을 기꺼이 대줄 사람들이 있는가?

모든 사람을 대상으로 삼겠다는 오만에서 벗어나면 모든 일이 수월해진다. 당신의 일은 모두를 위한 것이 아니다. 당신의 여정에 동참하려는 사람들만을 위한 것이다.

불신자들을 버려라!

필터 버블(filter bubble)이라는 것이 있다. 이용자에게 맞는 정보만 필터링하여 제공하는 이러한 현상처럼, 우리는 마음에 드는 뉴스에 둘러싸이기 쉽다. 모두가 우리의 세계관을 공유하고, 우리가 믿는 것을 믿으며, 우리가 원하는 것을 원한다고 착각할 수 있다.

대중을 상대로 마케팅을 하기 전까지는.

가능한 많은 고객(최다가능청중)을 대상으로 삼으면 거절당하기 십상이다. "싫어요."라는 합창에 귀가 멍해질 것이다. 이런 피드백은 직접적이고, 감정적이며, 구체적일 것이다.

수많은 거절을 당하다 보면 억지로 끼워 맞추려고 모서리를 깎아내게 된다. 끝까지, 누구보다 잘 맞추려고 노력하게 된다.

하지만 저항해야 한다.

당신의 제품은 거절하는 사람들을 위한 것이 아니다.

적지만 당신의 세계관에 동조하고 열광하는 고객(최소유효청중), 애초에 당신이 섬기려고 했던 사람들을 위한 것이다.

애정은 어디에 깃드는가?

기술 부문의 선구적인 저널리스트인 클레이 셔키(Clay Shirky)는 공동체가 주도하는 소프트웨어가 모든 것을 바꾸는 양상을 바라보며 이렇게 썼다. "우리는 애정(대단히 좋아하는 일)을 위해 작은 일들을 하고, 돈을 위해 큰일들을 하던 세상에서 살았다. 그러나 이제는 위키피디아가 생겼다. 갑자기 애정을 위해 큰일들이 이뤄지고 있다."

소프트웨어만 그런 것이 아니다.

최소유효청중과 관련된 목표는 당신을 이해하고, 당신이 이야기하는 목적지를 사랑해주고 같이 가려는 사람들을 찾는 것이다.

당신에게 애정을 보이는 것은 사람들이 자신을 표현하는 방식이다. 당신이 이끄는 운동에 동참하는 것은 자신이 어떤 사람인지 표현하는 것이다. 이 애정은 추진력, 참여, 입소문으로 이어진다. 이 애정은 그들의 정체성의 일부가 되며, 옳은 일을 할 기회를 준다. 그럼으로써 기여와 행동, 배지(증표)를 통해 자신을 표현한다. 그러나 모두가 이럴 것이라고 기대해서는 안 된다. 다만 거기에 해당하는 사람들을 위해 당신이 할 수 있는 일을 하면 된다.

'승자 독식'은 드물다

민주주의 사회에서조차 2등은 보상을 얻기 힘들다. 그런 세상에서 '모든 사람'이 따르길 바라는 것은 실수다.

나는 2명의 총선 책임자와 이야기를 나눈 적이 있다. 그들은 모든 사람에게 메시지를 전달하고, 모든 사람과 연대하고, 모든 사람을 투표소로 불러내야 한다고 계속 말했다.

조사를 좀 해보니 최근 해당 지역구에서 진행된 예비선거에 참여해 투표한 사람이 2만 명밖에 되지 않았다. 그 말은 5,000명을 투표소로 불러내는 것이 당락을 결정지을 수 있다는 뜻이었다.

해당 지역구의 주민 수는 72만 4,000명이었으며, 5,000명은 1%도 되지 않았다.

5,000명과 '모든 사람' 사이에는 큰 차이가 있다. 총선 책임자와 뜻을 함께하겠다고 모인 5,000명의 사람들은 충분하고도 남을 수 있기 때문이다.

간단한 표현 바꾸기

이제 당신은 변화를 일으키는 것이 당신이 할 일이라는 것을 안다. 그러려면 누구를 바꾸고 싶은지 그 대상을 정하고, 그들의 참여를 유도하고, 그들을 변화시키기 위해 교육해야 한다는 사실을 안다. 자, 먼저 당신이 바꾸고자 하는 사람들을 표현하는 방식부터 바꿔보자.

가망 고객이나 고객이라는 표현 대신 '학생'이라는 표현을 써보자.

당신의 학생은 어디에 있는가?

그들은 학습을 통해 무엇을 배우는가?

그들은 당신의 가르침에 열려 있는가?

그들은 다른 사람들에게 어떤 말을 할까?

이는 시험과 순종으로 맺은 학생과 교사의 관계와는 다르다.

성이나 인종에 따른 역학 관계와도 거리가 멀다. 이는 참여와 선택과 보살핌에 따른 학생과 멘토의 관계에 가깝다.

당신에게 가르칠 기회가 있다면 무엇을 가르치겠는가?

당신에게 배울 기회가 있다면 무엇을 배우고 싶을까?

보랏빛 바다 대신 보랏빛 수영장을 물들이는 일

도난 방지용 염색약을 가지고 하는 위험한 장난이 있다. 이 염색약은 가루 형태로 팔리는데, 소량으로도 효과가 강력해서 피부에 닿으면 밝은 보라색으로 변하며, 쉽게 지워지지 않는다. 수영장에 한 스푼만 넣어도 온통 진한 보라색으로 물든다. 하지만 이 염색약을 바다에 넣으면 별로 티가 나지 않는다.

최고의 일, 최고의 이야기를 나누고 변화를 위한 시도를 할 때는 널리 확산되고 지속적인 효과를 볼 수 있도록 가능성을 높여야 한다. 아무리 탁월하다 해도 바다에서 시도하면 그다지 효과를 보지 못하기 때문이다.

그렇다고 희망을 버리라는 말은 아니다.

바다 대신 큰 수영장을 찾으면 된다.

그 정도만 해도 차이를 만들기에 충분하다. 거기서 시작하여 철저하게 집중하라. 한 수영장에서 효과를 봤다면 그다음 다른 수영장을 찾아라. 더 좋은 방법은 최고의 고객들이 소문을 퍼뜨리게 만드는 것이다.

"당신을 위한 것이 아닙니다"

우리는 이 말을 해서는 안 된다고 생각한다. 아니, 이 말을 하고 싶어 해서는 안 된다고 생각한다.

하지만 해야 한다.

"당신을 위한 것이 아닙니다."라는 말은 우리의 이야기에 관심 갖지 않을 사람들에게 당신을 존중하니 당신이 시간을 낭비하거나, 신념을 바꾸도록 강요하지 않겠다, 당신을 꼬드기지 않겠다고 이야기하는 것이다. 동시에 원래 서비스를 제공하려고 했던 사람들에게 "이것은 다른 사람들이 아닌 오직 당신을 위한 것입니다."라고 말하는 것과 같다.

동전의 양면인 셈이다.

이 말을 통해 우리는 농담을 이해하지 못하는 비판론자들은 무시하고, 이야기를 들어야 할 사람들에게 맞춰서 이야기를 다듬을 수 있게 된다. 또한 그래야 우리가 자랑스럽게 여길 일을 찾을 수 있다.

우리가 섬길 의도가 없는 사람들이 어떻게 생각하는지는 중요치 않다. 중요한 것은 우리의 이야기가 우리가 신뢰하는 사람들, 우리와 이어진 사람들, 우리가 섬기고자 하는 사람들을 바꿀 수 있는지의 여부다.

아마존 베스트셀러들도 별 1개짜리 리뷰가 몇 개씩은 있다. 변화를 일으키면서 동시에 모두를 즐겁게 만드는 일을 하기란 불가능하다.

잘못된 번지수

요즘 가장 주목받는 코미디언 중 1명이 뉴욕에서 공연을 하기로 했다. 소속사에서는 평소 그가 자주 하던 공연이라 별로 관심을 기울이지 않았다.

그는 평소와 다름없이 컨디션이 좋은 상태로 공연에 임했고, 비장의 무기를 꺼내 들었다. 그러나 최선을 다해 분위기를 휘어잡는데도 웃는 사람이 별로 없었다.

오히려 쥐 죽은 듯 조용했다.

'뭔가 일이 잘못된 게 아닐까.'

공연이 끝나자 그는 자책하며 아예 코미디를 그만둬야 하나 고민했다.

나중에 알고 보니 그날 그의 공연을 본 관람객들은 이탈리아에서 온 단체 여행객으로, 영어를 전혀 모르는 사람들이었다.

그의 공연은 '그들을 위한 것이 아니었던' 것이다.

물론 당신이 한 일이 충분히 뛰어나지 않아 결과가 안 좋았던 것일 수 있다. 그러나 어쩌면 애초에 누구를 위한 것인지 명확하게 정하지 않아서 그랬던 것일 수도 있다.

간단한 약속

다음은 당신이 마케팅을 할 때 내걸 수 있는 약속을 3문장으로 정리한 것이다.

1. 나의 제품은 _____ (을/를) 믿는 사람들을 위한 것이다.
2. 나는 _____ (을/를) 원하는 사람들에게 집중할 것이다.
3. 내가 만드는 제품을 쓰면 _____ 에 도움이 될 것이다.

이는 비누를 파는 데만 적용되는 것이 아니다.

케이스스터디: 오픈 하트 프로젝트

〈뉴욕 타임스〉가 선정한 베스트셀러를 쓴 작가, 수잔 피버 (Susan Piver)는 존경받는 명상 선생님이었다. 그녀의 명상 수업은 늘 인기가 많았다. 그녀는 다른 명상가들처럼 명상원을 운영했으며, 소수의 추종자도 거느렸다.

문제는 외지에서 온 사람들이 명상 훈련을 마친 후에도 자신이 사는 곳에서 계속 명상 수련을 하고 싶어 한다는 것이었다.

그래서 그녀는 이들을 위해 상가(sangha)라는 온라인 명상 센터를 만들기로 결정했다.

몇 년 후 회원은 2만 명으로 늘었다. 대다수는 정기적으로 올라오는 새로운 무료 콘텐츠와 동영상 강의를 즐기기 위해 모였다. 그러나 일부 회원은 상가와 깊은 유대 관계를 맺었다. 그들은 구독료를 냈고, 거의 매일 강사(및 서로)와 교류했다.

그녀는 어떻게 2만 명의 회원을 모았을까? 단번에 이룬 일은 아니었다. 수천 명씩 나눠 모은 결과였다.

소규모로 시작된 일명 오픈 하트 프로젝트(Open Heart Project)는 몇 년 만에 세계 최대의 온라인 명상 커뮤니티를 만들어냈다. 상가의 정직원은 1명이지만, 상가는 수천 명의 회원을 이어주고 북돋는다.

미국에는 수없이 많은 명상가들이 있다. 또한 그들은 모두 그녀처럼 노트북을 활용하여 세상과 이어질 수 있다. 그렇다면 오픈 하트 프로젝트는 어떻게 그토록 강한 영향력을 미칠 수 있었을까?

1. 공감에서 출발하여 그들이 진정으로 원하는 것이 무엇인지 파악하라. 억지로 꾸며내지 마라. '어떻게 사업을 시작하지?'라는 질문이 아니라 '여기서 중요한 건 무엇일까?'라는 질문을 던져라.

2. 최소유효시장에 집중하라. '이 일을 반드시 필요하다고 여기며, 시도할 가치가 있는 것으로 만들어줄 최소 인원은 몇명이나 될까?'

3. 도우려는 사람들의 세계관을 연결하라. 세상에 나서서 그들이 듣고 싶어 하는 이야기를 그들이 이해할 수 있는 언어로 전달하라.

4. 입소문이 나도록 만들어라. 당신에게 공감한 사람들이 1명씩만 데려와도 몇 년 안에 엄청난 수가 모일 것이다.

5. 섬기는 사람들의 주의를 끌어 신뢰를 얻어내고 이를 유지하라.

6. 더 깊이 교류할 수 있는 길을 제공하라. 당신이 하는 일에 맞는 사람을 찾지 말고 당신이 섬기고자 하는 사람들을 위해 할 수 있는 일을 찾아라.

7. 사람들과 함께 목표를 향해 나아가는 모든 순간마다, 긴장을 만들어내고 해소하라.

8. 자주 모습을 보여라. 또한 겸손하게 행동하며 그들이 관심 있어 하는 부분에 집중하라.

Chapter 5

'더 나은 것'을 찾아서

비어 애드보킷(Beer Advocate) 웹사이트에는 각각 3,400개가 넘는 리뷰가 달린 250종의 맥주가 올라와 있다. 이 각각의 맥주는 누군가가 가장 좋아하는 맥주일 것이다. 사람들이 가장 좋아하는 맥주가 이렇게 다양하다니.

어떻게 그럴 수 있을까? 사람마다 가장 좋아하는 맛이 다 다르기 때문이다. 누군가 좋아하는 것을 다른 사람들은 원하지 않을 뿐이다. 따라서 "이게 더 나아요."라는 마케터의 말은 틀렸다. "이건 어떤 사람들에게는 더 나으며, 당신이 거기에 해당될 수 있습니다."라고 말하는 것이 맞다.

공감은 마케팅의 핵심

사람들은 당신이 믿는 것을 믿지 않는다.

그들은 당신이 아는 것을 알지 못한다.

그들은 당신이 원하는 것을 원치 않는다.

이 사실을 우리는 받아들이려 하지 않는다.

손더(Sonder)라는 신조어는 다른 사람들도 나만큼 풍부하고 복잡한 삶을 살아간다는 깨달음을 의미한다.

모두의 머릿속에는 소음이 울린다.

모두 자신이 옳으며, 다른 사람들에게 모욕과 무시를 당한다고 생각한다.

모두가 두려움을 느낀다. 동시에 운이 좋다고 깨닫는다.

모두 세상을 더 낫게 만들고, 세상과 연결되며, 세상에 기여하고 싶어 한다.

모두가 가질 수 없는 것을 원한다. 그러나 막상 그것을 갖게 되면 정말로 원한 것이 아님을 깨닫는다.

모두 외롭고, 불안하며, 가끔 속임수도 쓴다. 그리고 모두에게는 각자 소중히 여기는 것이 있다.

그렇다면 마케터로서 우리는 다른 사람들을 상대로 마케팅을 할 여지가 없다. 우리가 맡은 프로그램에 참여해야 한다고 주장할 수 없다. 우리가 얼마나 열심히 일했는지, 우리 머릿속의 소음이 얼마나 큰지, 우리의 명분이 얼마나 중요한지 깨달아야 한다고 주장할 수 없다.

차라리 사람들과 같이 춤추는 것이 훨씬 생산적이다.

저렴한 100만 달러

어느 대학의 모금 담당자가 캠퍼스에 새 건물을 짓기 위해 100만 달러를 모으려 애쓴다. 그녀는 자선재단이나 자선단체를 찾아갔다가 거절당하자 속으로 이런 생각을 한다. '맞아, 엄청나게 큰돈이야. 나라면 절대 100만 달러를 기부하지 않을 거야. 월세 내기도 힘든 판국에.'

결국 그녀는 기부금을 받지 못했다.

이때 공감은 이러한 판도를 바꾼다. 공감은 기부를 그녀를 위한 것이 아니라 기부자를 위한 것으로 만든다.

기부자가 의도에 공감하면 '적어도 200만 달러만큼의 기쁨과 위상 그리고 만족감을 얻을 수 있으니 100만 달러는 저렴한 편이지.' 얼마든지 이렇게 생각할 수 있다. 선택은 이런 식으로 이루어진다.

우리가 사는 모든 것, 모든 투자, 모든 장신구, 모든 경험은 저렴하다. 지불하는 돈보다 그것들이 더 가치 있다고, 싸다고 느끼기 때문에 산다는 말이다. 그렇지 않다면 사지 않았을 것이다.

모금 담당자의 사정은 안타깝지만, 이런 식으로 당신이 섬기고자 하는 사람의 내러티브에 공감할 의지가 없는 마케팅은 도둑질인 셈이다.

가치 있는 대안을 숨기면 도둑질이 된다. 당신이 만든 것 덕분에 비용이 훨씬 저렴해지고, 더 큰 혜택을 누릴 수 있다는 것을 이야기하지 않으면 도둑질이 된다.

물론 모든 혜택을 알고도 사지 않는다면 그것은 단지 그들에게 맞지 않아서이다. 지금, 이 가격, 이런 구조로는 맞지 않는 것이다.

그렇다면 괜찮다.

'더 나은 것'에 대한 생각

흔히 어떤 대상을 놓고 생각할 때 A와 B, 그리고 C가 순차적 관계를 맺고 있다고 판단하기 쉽다. 가령 3가지 대상의 길이를 비교할 때 이런 식으로 판단하는 것이다. 자는 엄지보다 길고, 엄지는 후추보다 길다. 따라서 자는 후추보다 길다.

그러나 사람을 대상으로 이야기와 기회를 만들 때는 이런 단순한 비교 판단이 통하지 않는다.

에르메스 가방은 루이비통 가방보다 비싸고, 루이비통 가방은 코치 가방보다 비싸다. 그렇다고 해서 사람들이 에르메스 가방이 '더 낫다'고 생각할까? 아니다. 그저 어떤 브랜드의 가방이 더 비쌀 뿐이다.

가격은 사람들이 중시하는 여러 요소 중 하나일 뿐이다. 물론 가격이 비교하기 쉬운 기준이기는 하지만 가격이 더 높다고 해서 무조건 더 나은 것은 아니란 소리다.

게다가 '스타일이 좋다'거나, '멋있다'거나, '위상' 같은 주관적 요소를 가지고 판단한다면 어떻게 될까? 이런 기준으로는 단순히 비교 판단을 하기 어렵다. 측정하기도 쉽지 않으며, 더 나은 것이 무엇을 뜻하는지 명확하지 않다.

'더 나은 것'에 대한 판단

클리블랜드(cleveland)에서 팔리는 오토바이는 250가지가 넘는다. 그 오토바이 모델의 이름을 전부 다 댈 수 있는가? 아마 오토바이 수집가라도 못할 것이다.

케첩, 보험중개인, 교회의 경우도 마찬가지다.

그렇다면 어떻게 이런 정보를 처리하고, 기억하며, 제품을 선택할까?

사람들은 최고를 기억한다.

누구를 위한 최고일까?

바로 이것이 핵심적인 질문이며, 그 답은 바로 **나 자신을 위한 최고**이다.

만약 내가 친환경 제품이나 가격을 중시한다면 뇌는 머릿속에 내가 좋아하는 브랜드의 자리를 따로 마련해둔다. 물론 그 브랜드는 친환경성과 가격을 고려했을 때 최고다.

반면 위상과 생소한 기쁨을 누리는 일을 훨씬 중시하는 사람이라면 다른 브랜드를 염두에 둔다.

이는 놀라운 일이 아니다. 그것은 사람들이 기계가 아니라 인간이기 때문이다.

마케터로서 당신이 할 일은 지도에서 (일부) 사람들이 찾고 싶어 하는 특징이 있는 자리를 찾는 것이다. 이는 시장점유율을 극대화하기 위한 자기중심적이고 일방적인 판매 제안이 아니라 일종의 너그러운 표지◉, 당신을 찾는 사람들이 쉽게 찾을 수 있도록 쏘아 올리는 신호탄이다.

'우리는 저것이 아니라 이것입니다.'라는 메시지다.

◉ 여기에서 말하는 '너그러운 표지'란 사람들이 찾는 특징이 있는 자리가 어디인지 신호를 보내주는 일종의 도구를 말한다.

개 사료를 위한 마케팅

개 사료의 질은 반드시 더 나아져야 한다. 더 영양가 있고, 물론 더 맛있어야 한다.

2017년, 미국인들은 개 사료를 사는 데 240억 달러가 넘는 돈을 썼다. 개 사료의 평균 가격은 급등했다. 재료도 고구마, 사슴고기, 들소고기 등 고급스러워졌다.

하지만 나는 아직 개 사료를 직접 사는 개는 보지 못했다.

당신은 봤는가?

개 사료는 더 비싸진 만큼 더 맛있어져야 하지만 사실 우리는 실제로 비싼 사료가 더 맛있는 건지 알 수 없다. 개들이 더 비싼 사료를 더 맛있게 먹는지 알 길이 없다. 개가 아니기 때문이다.

하지만 적어도 반려견의 주인들이 비싼 사료를 더 좋아한다는 사실은 분명하게 알 수 있다.

결국 개 사료는 반려견 주인들을 위한 것이다. 고급 개 사료는 주인이 충성심과 애정으로 보답하는 반려견을 잘 돌본다는 만족감을 느끼게 한다. 그것을 구입하는 위상과 자신의 반려견에게 먹인다는 너그러움을 느끼게 하는 수단이다.

일부 반려견 주인들은 개 사료에 더 많은 돈을 쓰고 싶어 한다. 그래서 효능은 딱히 검증되지 않았지만 비싼 재료들이 많이 들어가 있고 글루텐이 없는 사료를 산다.

마케터인 우리는 개 사료의 질을 높이는 일이 누구를 위한 혁신인지 혼동하면 안 된다. 이것은 개들을 위한 것이 아니라 그들의 주인을 위한 것이다.

개 사료를 파는 회사의 마케터는 매출을 늘리려면 맛을 개선해야 한다고 판단할 수 있다. 그러나 그러려면 개들이 어떤 맛을 좋아하는지 알아야 한다. 이는 아주 어려운 일이다.

그보다 사실 정답은 반려견의 주인들이 사고 싶어 하는 사료를 만드는 것이다.

이 사례를 드는 목적은 개 사료를 더 잘 팔려면 어떻게 해야 하는지 알려주기 위해서가 아니라 언제나 성능과 매력 사이에 단절이 존재한다는 사실을 알려주고 싶어서다. 성능 대비 가격을 따지는 엔지니어의 선택이 시장에서도 통하는 경우는 드물다.

개 사료를 팔아야 하는 마케터의 머릿속에는 2가지 목소리가 들릴 것이다. 하나는 개의 목소리다. 이 목소리는 많은 단어를 쓰지 않지만 원하는 것이 무엇인지 안다. 다른 하나는 반려견 주인의 목소리다. 이 목소리는 미묘하고, 모순되며, 복잡하다. 또한 수없이 많은 정보를 다루며, 쉽게 한눈을 판다.

100가지 요소(단, 맛은 아님)를 토대로 개 사료를 선택하는 반려견 주인처럼 당신이 섬기고자 하는 사람들도 단지 가장 저렴하다고 물건을 사는 게 아니라 다양한 정보와 감정도 중요하게 생각한다는 것을 알아야 한다.

당신이 나아갈 극단을 선택하면 당신이 고려해야 할 시장이 어디인지 알게 된다. 물론 그 반대의 경우도 마찬가지다.

새로운 것에 매달리는 얼리 어답터는 우리의 고객이 아니다

얼리 어답터들은 마케터들이 지나는 여정의 초반에 나타난다. 하지만 그들을 어댑터(다른 사람들과 연결시켜주는 다리)라고 생각해서는 안 된다. 그들은 세상이 바뀔 때 적응하는 방법을 찾아낸다. 좋아하지 않아도 말이다.

얼리 어답터들은 다르다. 그들은 새로운 것에 중독된 새것 애호가들(neophiliacs)이다. 그들은 새로운 것을 발견하면 흥분하고, '효과가 없을지 모른다.'는 긴장감을 즐기며, 자신이 발견한 것을 자랑하는 데서 즐거움을 느낀다. 그들은 혁신을 도모하는 사람들의 실수를 쉽게 용서하지만 자신들이 처음 발견했다는 데서 느낀 흥분이 사라지고 나면 대단히 가혹하다.

그들이 항상 새로운 것을 찾는 이유는 더 나은 것에 대한 끝 없는 욕구 때문이다. 얼리 어답터의 눈에 완벽한 것은 없다. 기껏해야 흥미로운 것이 최선이다.

마케터로서 당신은 두 극단 사이를 오간다. 쉽게 지루해하는 사람들을 위해 새롭고 흥미로운 것을 급히 만들 때도 있고, 소수의 새것 애호가뿐만 아니라 나머지 소비자들도 좋아할 만한 오래가는 제품과 서비스를 만들 때도 있다.

이 차이를 먼저 다루지 않고 마케터가 할 수 있는 일은 거의 없다. 이때 아주 특별한 질문은 '**누구를 위한 것인가?**'이다.

당신이 섬기고자 하는 사람들은 무엇을 믿는가? 무엇을 원하는가?

음모론자들에 대한 여담

독일 마인츠에 있는 요하네스 구텐베르크 대학(Johannes Gutenberg University)의 롤랜드 임호프(Roland Imhoff) 교수는 일부 사람들이 독특한 신념을 선택하는 양상을 이해하고 싶어 했다.

그는 특별한 범주에 속하는 사람들, 바로 음모론 신봉자들을 집중적으로 연구했다. 음모론은 사실과 거리가 멀다. 그런데 왜 몇몇 사람들은 매력을 느끼는 것일까? 그들은 어떤 사람들일까?

그가 인용한 한 연구 결과를 보면 다이애나 왕세자비가 실은 죽음을 가장했을 뿐 아직 살아 있다고 믿는 많은 사람이 **동시에** 그녀가 살해당했다는 믿음도 갖고 있다고 한다. 비슷한 다른 연구에서는 미 해군 특수부대 네이비 실이 은신처에 도착하기 전에 오사마 빈 라덴이 죽었다고 믿는 사람들은 동시에 그가 아직도 살아 있다고 믿는다는 사실이 드러났다.

여기서 무엇이 사실인지는 의미가 없다. 아니, 따질 필요가 없다. 음모론자들은 자신이 특별한 범주에 속한다는 사실에 위안을 얻는다. 즉, 그들은 **논리적 진실이 아니라 감정을 추구**한다. 임호프 교수는 "그들이 음모론을 고수하는 것은 절제력이 부족해서가 아니라 깊이 자리 잡은 특이성에 대한 욕구 때문"이라고 말한다.

그는 미국의 음모론자들을 대상으로 1가지 실험을 진행했다. 실험 내용은 독일의 연기 감지기를 둘러싼 음모론에 대해 꾸며낸 '사실'을 말해주는 것이었다. 꾸며낸 사실이란, 이 음모론을 독일인들이 얼마나 믿고 있을까에 관한 것이었다. 그 결과 그들은 독일인 중 19%만 이 음모론을 믿는다고 말했을 때보다 81% 이상이 믿는다고 말했을 때 훨씬 적은 관심과 열의를 보였다.

음모론자들은 대다수 사람들이 무시하는 음모론을 신봉함으로써 자신이 바라는 감정, 즉 자신이 특이한 사람이자 용감하게 진실을 말하는 사람이며 아웃사이더라고 느낀다.

그들은 자신을 괴짜로 여기지 않는다. 그렇다고 혼자서 고유한 음모론을 따르는 것도 아니다. 그보다 다수가 존재하는 바깥세상에서 무시당해도 안에서 동질감을 느낄 만한 서로에게 위안을 얻는 작은 집단, 할 말은 하는 집단의 일원이 되고 싶어 한다. 그리고 다른 음모론자들과 어울릴 때마다 그런 느낌을 받는다.

이는 수많은 얼리 어답터들이 속한 여러 작은 동류집단과 크게 다르지 않다.

그들은 조만간 (한동안) 파충류 인간이 세상을 지배한다고 믿을지도 모른다. 이런 식으로 (누구나 한때 엉뚱한 음모론을 믿듯이) 그들은 나름의 소박한 특이성을 원한다.

겸손 대 호기심

마케터는 사람들이 무엇과 씨름하는지, 무엇에 움직이는지 알고 싶어 한다. 때로 그들의 꿈과 신념에 매혹되기도 한다.

또한 그들이 매일 시간에 쫓기며 주의력 결핍에 시달린다는 사실을 겸손하게 받아들인다.

사람들은 마케터에게 주의를 기울일 마음이 없다. 마케터가 광고 시간을 샀다고 해서 그토록 귀중한 자원(그들의 귀한 시간)을 저절로 얻을 수 있는 것은 아니다.

마케터가 사람들에게 바랄 수 있는 건 그들이 자발적으로 자신의 주의를 다른 것과 **교환**하는 것이다. 교환의 대상은 그들이 필요로 하거나 원하는 것이다. 사람들은 진정으로 관심 있어 하는 것과 자신의 주의를 교환한다. 또 마케터가 약속을 지킬 것이라고 믿기 때문에 주의를 교환한다.

물론 모두가 관심을 보이지 않는다. 하지만 일을 제대로 하면 그들 중 어떤 이는 충분히 관심을 보인다.

이는 자물쇠, 열쇠의 관계와 같다. 당신은 열쇠를 들고 뛰어다니며 모든 자물쇠를 열어보지 않는다. 대신 그 열쇠에 맞는 자물쇠(올바른 사람)를 찾아야 한다. 당신은 그들의 꿈과 욕구에 관심이 있기에 그들에게 맞는 열쇠를 만들 수 있다. 그들이 기꺼이 주의를 교환할 열쇠 말이다.

구급대원은 물에 빠진 사람들에게 말을 많이 하지 않는다. 대신 구명부표를 들고 나타나면 물에 빠진 사람이 알아서 상황을 이해한다. 굳이 구명부표를 붙잡으라고 광고할 필요가 없다.

케이스스터디: 십대가 열광한 '조금 더 느긋하게'

'조금 더 느긋하게(Be More Chill)'◉라는 뮤지컬을 뉴저지에서 처음 선보였을 때, 평가가 그리 좋지 않았다. 당연히 이 뮤지컬을 보러 가는 사람도 거의 없었다.

그러나 2년 후 이 뮤지컬의 사운드트랙이 빌보드 톱 10 오리지널 캐스트 앨범 차트에 오르면서 관심을 끌게 되었고, 지금은 1억 회 이상 스트리밍될 정도로 큰 인기를 얻고 있다.

이 작품은 '해밀턴(Hamilton)'◉◉을 제외하고 당대의 가장 사랑받는 뮤지컬로서 또 다른 팬 픽션과 애니메이션으로도 만들어졌으며, 고등학교에서도 재연되고 있다.

브로드웨이에 올라간 작품도 아닌데, 어떻게 이런 일이 벌어졌을까. 아무런 위험 요소도, 시간 투자도, 관계자 회의도 없었다. 물론 초연 후 좋은 평가도 나오지 않았다. 연극 평론가인 찰스 아이셔우드(Charles Isherwood)는 〈뉴욕 타임스〉에 "전개가

◉ 네드 비지니(Ned Vizzini)가 2004년에 발표한 소설을 원작으로 한 뮤지컬. 학교에서 괴롭힘을 당하던 찌질한 소년인 주인공이 슈퍼컴퓨터처럼 뇌를 조종할 수 있는 신비의 알약을 먹고 달라지는 내용이 담겨 있다.

◉◉ '린 마누엘 미란다(Lin-Manuel Miranda)'가 작사, 작곡, 극본까지 맡은 작품으로, 미국 건국의 주역인 알렉산더 해밀턴의 일생을 다뤘다. 2015년 8월 브로드웨이에 오른 이래 퓰리처상을 수상한 9편의 뮤지컬 중 하나이며, 화제성만큼은 역대 최고의 뮤지컬로 평가받는다.

뻔하고 진부하며 판에 박혀 있다."라고 평가한 글을 썼다.

사실 이 작품은 아이셔우드나 다른 비평가들이 좋아할 만한 뮤지컬은 아니었다. 왜냐하면 전적으로 신세대를 겨냥했기 때문이다. 그들은 '조금 더 느긋하게'를 받아들이고 이야기하고 의견을 나눴다.

나폴리에 사는 클로디아 카카세(Claudia Cacace)라는 팬은 이 뮤지컬을 토대로 애니메이션을 만들었다. 아이다호 폴스(Idaho Falls)에 사는 도브 캘더우드(Dove Calderwood)는 그 애니메이션을 보고 투자하여 더 많은 애니메이션을 만들게 했다. 그렇게 작품은 다양한 방식으로 확산되었다.

얼마 전에는 뉴욕의 한 카페에서 팬 미팅이 열렸는데, 제작진을 만나려고, 또 이 작품을 본 관객들이 서로를 만나려고 전 세계에서 모여들었다(팬 미팅은 몇 시간 동안 진행되었다).

그러니 이 뮤지컬이 다시 인기를 끌며 재연되고 있는 것도 놀랄 일은 아니다.

차는 무엇을 위한 것인가?

구체적으로 십대들이 타는 첫 차는 무엇을 위한 것일까?

단지 이동하기 위한 것은 아니다. 어차피 15세 아이들이 돌아다니는 데 큰 어려움은 없으니까. 더군다나 많은 십대들이 대학을 졸업할 때까지 차 없이 지낸다. 사실 차는 필요의 대상이 아니라 욕구의 대상에 가깝다.

차보다 많은 변화를 일으키는 것은 드물다. 또 차는 사람마다 다른 변화를 일으킨다.

십대들에게는 부모에게 의존하던 아이에서 독립적인 성인으로 변신하도록 해준다. 이는 위상, 인식, 권한의 변화다. 단지 바퀴 달린 이동 수단을 얻는 것보다 훨씬 큰 변화다.

또한 부모들에게는 자녀들을 지배하는 것에서 아이에게 자유와 책임을 부여하는 것으로 나아가는 변화를 일으킨다. 그것은 다시 안전, 절제, 위상에 대한 중요한 대화로 이어진다.

이웃들은 뭐라고 말할까? 안전에 대해서는 뭐라고 말해야 할까? 독립, 기회, 관리에 대해서는?

이 모든 변화들이 차와 관련된 결정의 핵심이다. 디자이너, 마케터, 영업 담당자들이 이런 변화가 일어나는 양상을 파악한다면 더 많은 가치를 제공할 수 있다. 해당 사안들을 염두에 두고 일할 수 있기 때문이다.

너무 많은 선택지들

산업 시대의 낡은 마케팅은 광고비를 대는 사람을 중심으로 이뤄졌다. 또한 고객을 **위해서**가 아니라 고객을 **상대로** 전개되었다. 이런 구시대적 마케팅은 압박이나 유인 또는 팔기 위해 온갖 강압적 수단을 활용했다. 그 목적은 고객을 확보하거나, 돈을 벌거나, 서명을 받아내는 것이었다.

고객이 선택권이 없어 당신에게 귀를 기울이고 당신과 교류할 수밖에 없었을 때, 텔레비전 채널이 3개뿐이고, 동네에 매장이 1곳뿐이며, 선택지가 소수일 때는 이런 최악의 마케팅도 해볼 만한 가치가 있었다.

그러나 이제 소비자들은 새롭게 힘을 얻었다. 마케터들에게는 어수선하게 보이는 것들이 소비자들에게는 선택지가 되었다. 소비자들은 무한한 선택지, 끝없는 대안이 있다는 사실을 깨달았다. 마케터들에게 이런 상황은 사막에서 모래를 팔아야 하는 것과 같다.

해마다 100만 권의 책이 출간된다.

아마존 사이트에는 500종이 넘는 배터리 충전기 제품이 올라와 있다.

채용 광고나 가입 광고는 말할 것도 없고 온갖 코치, 코스,

클럽에 대한 광고가 난무한다.

일방적으로 마케팅하려는 사람들이 제공하는 이런 선택지의 쓰나미에 둘러싸인 소비자들의 선택은 명백하다. 바로 그냥 돌아서는 것이다.

어디에 자리매김할 것인가?

선택지로 가득한 세상, 시간과 공간은 부족한데 대안은 너무 많은 세상에서 어떻게 선택을 해야 할까?

이럴 때는 그냥 눈과 귀를 닫고 문제를 해결하려는 노력조차 하지 않는 편이 더 쉽다. 모든 선택이 잘못될 것처럼 느껴질 때는 아무 선택도 하지 않는 것이 낫기 때문이다. 세상에 호들갑을 떠는 주장들이 넘쳐나면 사람들은 아무것도 믿지 않는다.

이때 마케터들은 **어떤 것**을 대표하는 방식을 선택하면 된다. "당신은 아무나 선택할 수 있는데 우리가 바로 그 아무개입니다."라고 말하는 대신 섬길 가치가 있는 청중, 그들의 필요와 욕구와 꿈에서 출발하여 그들을 위한 것을 만들면 된다.

그러려면 극단으로 나아가야 한다.

독보적 입지를 찾아야 한다.

모든 것이 아니라 특정한 것을 대표해야 한다.

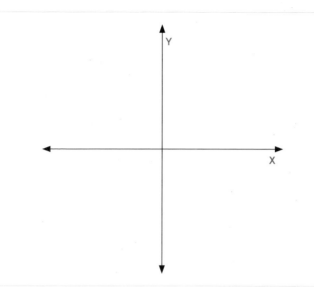

그 방법은 X축과 Y축으로 된 도표를 간단히 그려보는 것이다.

그리고 여기에 하나의 대상을 정해 모든 대안을 표시해본다. (아직은 경쟁자라고 부르지 않겠다. 그 이유는 곧 알게 될 것이다.) 가령 어떤 슈퍼마켓에서 팔리는 모든 종류의 감자칩, 허리 통증에 관한 모든 치료법, 소도시에서 활동하는 모든 수련 단체 같은 것들 말이다.

자, 먼저 2개의 축을 그려라. 하나는 가로축(X)이고, 다른 하나는 세로축(Y)이다.

각 축에 사람들이 중요하게 생각하는 속성을 지정하라. 예를 들면 편의성, 가격, 건강, 성능, 인기, 기술 수준, 효능 같은 것들 말이다.

다이아몬드를 배송하는 일을 예로 들어보자. 이 경우 한 축은 속도, 다른 축은 안전성이 될 수 있다. 전문 택배 회사와 우체국은 모두 다이아몬드를 운송하는 데 만족스러운 서비스를 제공한다. 다만 택배 회사는 두어 시간이 걸리고, 우체국은 한나절이 걸린다.

안전성을 신경 쓰지 않는다면 퀵서비스가 빠르다. 속도나 안전성 모두 신경 쓰지 않는다면 보통 우편으로 보내도 된다.

이렇게 X축과 Y축을 그려놓고 각각의 대안이 위치하게 될 지점을 찍어보면, 우리가 무엇을 추구하느냐에 따라, 이 두 축의 속성을 어떻게 지정하느냐에 따라 각 대안의 적절한 위치를 한눈에 파악할 수 있게 된다. 이는 큰 장점이다. 만약 두 축을 편의성, 비용, 친환경성, 확장성과 같은 속성으로 지정한다면 이 표가 완전히 달라진다는 것을 알겠는가?

감자칩(가격, 저칼로리, 에어 프라이 방식, 가미(加味), 두께 등)이나 월마트, 제일(Zales), 티파니(가격, 편의성, 위상, 희소성)를 비교할 때도 이와 같은 접근법을 쓸 수 있다. 크루즈선과 개인 비행기 그리

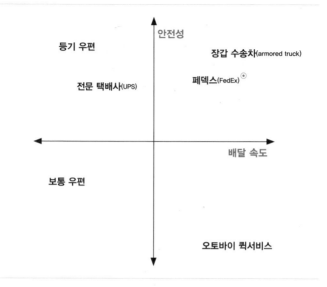

고 포드, 테슬라, 맥라렌(McLaren)과 같은 기업을 비교할 때도 마찬가지다. 우리는 기능보다 그 기능이 불러일으키는 감정에 더 관심이 있다.

다음은 당신이 선택할 수 있는 속성들이다. 당신은 나보다 당신이 활동하는 분야를 더 잘 알기 때문에 더 많은 속성을 떠

◉ 페덱스는 UPS와 같은 전문 택배사지만 특급 배송에 특화되어 있고 우편 사서함으로는 배송하지 않는다. 따라서 안전성과 배달 속도를 기준으로 봤을 때 UPS보다 높은 위치의 지표를 갖는 것이다.

올릴 수 있다.

속도	위급함
가격	가시성
성능	유행
성분(구성 요소)	프라이버시
순도	전문성
친환경성(지속 가능성)	난이도
명확성	엘리트 의식
관리비용	위험도
안전성	실험성
예민한 정도	한정성
분포도	불완전성
네트워크 효과	

X축에 지정할 속성을 고른 다음에는 Y축에 지정할 속성을 골라라. 그리고 해당 도표에서 당신의 고객들이 선택할 수 있는 대안들을 넣어봐라.

이제 당신은 각 대안들이 자리 잡은 지도를 확보했다. 바쁜 사람들이 문제에 대한 해결책을 찾기 위해 활용할 수 있는 지도 말이다.

어떤 감자칩은 몸에 좋은 유기농 감자로 만들었다는 점을 이점으로 내세운다. 다른 감자칩은 전통적인 맛을 유지하여 만족감을 안긴다는 점을 내세운다. 또 다른 감자칩은 저렴하고 널리 소비된다는 점을 내세운다.

마케터들은 오랫동안 이런 일을 해왔다. 광고 제작자인 데이비드 오길비와 로저 리브스(그리고 아마도 돈 드레이퍼)는 1950년대에 광고를 만들 때 시장에 존재하는 간극을 찾아낸 다음 그 간극을 메우는 주장과 기능을 고안했다.

어떤 비누는 저자극의 천연 제품을 원하는 사람들을 위한 것이었고, 다른 비누는 건조한 피부를 가진 사람들을 위한 것이었다. 물론 두 비누가 같은 것이어도 상관없었다. 나름대로 포지셔닝이 되었기 때문이다. 이후 마케팅 선구자인 잭 트라우트(Jack Trout)와 알 리스(Al Ries)가 이러한 방식을 더 밀어붙였다. 그들은 마케터들에게 경쟁자를 구석으로 몰아넣고 자신의 자리를 확보하라고 촉구했다.

이는 훌륭한 전략이었다. 그러나 시간이 지나고 경쟁이 심화되면서 효력을 잃었다. 이제 우리는 우리만의 독보적인 입지를 찾기 위해 이러한 것들을 보여줘야 한다.

- 진실하고 지속적인 행동으로 약속 지키기
- 너그럽고 아낌없는 고객 서비스

가령 동네 음악학원 선생은 자신이 '동네'에서 활동한다는 사실만 내세워서는 안 된다. 그 동네에 다른 음악학원 선생들도 있기 때문이다. 또한 '잘 가르친다.'거나 '아이들한테 소리치지 않는다.'는 내세울 만한 가치 있는 속성도 아니다.

반면 '진지한 자세로 엄격하게 가르친다.'를 한 축으로 삼고, '내 학생들이 대회에서 우승했다.'를 다른 축으로 삼으면? 부모들이 자녀를 맡기고 싶은 가치가 있는 선생, 학원비를 더 낼 가치가 있는 선생이 된다.

물론 나는 절대로 이런 선생에게 배우고 싶지 않다. 내게 맞는 선생은 아니다. 하지만 음악교육을 인격 형성 수단으로 보는 부모들에게 그리고 연주를 경쟁으로 보는 아이들에게는 그 욕구에 정확히 부합하는 선생임은 분명하다.

이제 이 선생은 힘든 일을 해야 한다. 실제로 다른 이들보다 더 엄격하고 전문적으로 가르쳐야 하기 때문이다. 가령 진지하게 임하지 않는 아이들은 내보내야 하는 어려운 결정을 내려야 할 수도 있다. 또한 아이들을 끈기 있게 가르쳐서 대회에서 우승하게 만들어야 한다.

한편 멀지 않은 곳에 있는 다른 음악학원 선생은 완전히 다른 입지를 확보할 수 있다. 연주 실력이 아니라 경험에 초점을 맞춰서 모든 아이들을 가르친다는 것을 내세우는 것이다. 또한 아이들이 대회에 나가는 것만 초점을 두기보다는 유대감과 너그러움을 가지고 연습시키겠다고 할 수도 있다.

두 선생은 다른 사람들을 다르게 상대한다. 그들은 경쟁하지 않는다. 그저 같은 분야에 있을 뿐이다.

당신의 축, 당신의 미래를 선택하라

여러 속성의 목록을 놓고 보면 많은 사람이 중시하는 것을 고르고 싶어진다. '어차피 독보적 입지를 확보하는 일은 힘들지 않나.' '소수의 사람들만 중시하는 속성을 고르는 것은 멍청해 보이는데.' 그래서 대중적인 걸 고르는 게 낫다고 생각한다.

이 경우 사람들이 많이 몰린 붐비는 구역을 고르게 된다. 광고의 마법 없이는 붐비는 구역에서 성장하기 어렵다. 당신의 고객은 뭘 해야 할지 모르기 때문에 아무것도 하지 않는다.

결국 대안은 고유한 구역을 구축하는 것이다. 간과된 두 축을 찾는 것이다. 고객과 한 약속을 지키고, 당신을 분명하고 명백한 선택지로 자리 잡게 해줄 진실한 이야기를 만드는 것이다.

대중적인 속성을 축으로 삼은 다른 모든 브랜드들, 평범한 브랜드, 열심히 하는 브랜드들은 한데 뒤엉킨다. 그들은 자동차 산업 브랜드로 치면 올즈모빌(Oldsmobile), 플리머스(Plymouth), 쉐보레(Chevrolet)이며, 나머지는 룸펜프롤레타리아트(최하층)이다.

반면 당신은 당신이 차지할 자리를 찾아 멀리 나아갔다. 어쩌면 거기에 당신과 교류하며 소문을 퍼뜨려줄 고객들이 있을지 모른다.

너무 많은 선택지들

소프트웨어, 향수, 보험, 선거 후보자, 작가, 기계, 코치, 자선단체, 소매업체 등 당신이 바라보는 모든 곳에 브랜드가 있다. 만약 이 단어들이 가리키는 감정에 해당하는 브랜드, 특정한 감정을 느끼는 데 도움이 되는 브랜드를 하나 고른다면 어떤 브랜드일까?

안전함	강력함
아름다움	가치성
책임감	유대감
똑똑함	멋있음

마케터들이 일을 잘했다면 고르기가 쉬울 것이다.

사람들은 당신을 기다린다

사람들은 아직 모른다.

그들은 당신이 지도상에 표시할 독보적 입지, 상상은 해도 기대하진 못했던 독보적 입지를 기다린다.

그들은 당신이 제공할 특별한 유대감을 기다린다. 보고, 보일 수 있는 능력을 기다린다.

그들은 가능성에 따른 긴장감을 기다린다. 세상을 더 낫게 만들 수 있는 능력을 기다린다.

당신의 자유

당신은 자신의 이야기를 바꿀 자유를 갖고 있다. 당신은 다른 이야기, 당신이 섬기고자 하는 사람들을 중심에 둔 이야기를 만들 수 있다.

당신은 하루를 보내는 방법을 바꿀 자유를 갖고 있다. 평범한 일은 다른 사람들에게 맡기고 대신 과감하게 감정노동을 할수 있다. 멀리까지 나아가 다른 사람들이 하지 않는 일을 할 수도 있다.

어떤 마케터들은 자신이 특정 산업에 속해 있어서 별다른 자유가 없다고 생각해 좌절감에 휩싸인다.

부동산 중개인들은 매물을 찾아 바삐 돌아다니며, 다른 중개인들이 하는 일을 한다.

실제로 자신에게 주어진 대안이 얼마나 많은지 깨닫지 못한채 식상한 광고를 만들고 편법으로 의사들을 매수하려는 제약회사의 마케터들도 마찬가지다.

우리는 '페이스북'이라는 회전목마에 올라타 광고를 퍼뜨리고, 팔로워 수를 세고, 눈에 띄기를 바라며 더 많은 콘텐츠를 제작한다. 그러나 영향력과 신뢰를 얻을 수 있는 다른 많은 방식이 있다.

우리가 마케팅을 할 때 당연시하던 많은 방법은 몇 세대 전만 해도 위험한 혁신으로 여겨졌다. 하지만 이제는 그 낡은 방식을 버리고 더 다양한 방식으로 교체해야 한다.

더 나은 것의 자유

냉장고가 보편화되자 더 이상 얼음 배달꾼은 쓸모가 없어졌다. 그에게 월급을 줄 가치가 사라진 것이다.

슈퍼마켓이 널리 생겨난 다음에는 우유 배달부가 굳이 필요하지 않게 되었다.

이제 우리는 지금까지 하던 일에서 생긴 거대한 변화(이제는 손가락만 움직이면 모든 일을 할 수 있지 않은가)를 활용하고, 이 지렛대를 통해 더 나은 것을 재정의할 때가 되었다.

시장이 더 나은 것을 기다리고 있기 때문이다.

부동산 중개인을 예로 들어보자. 그들은 지금까지 데이터를 독점하고 있었다. 구매자들은 중개인을 통하지 않으면 매물 정보를 구할 길이 없었다. 그러나 온라인을 통해 부동산 정보를 제공하는 회사인 질로우(Zillow)에 1억 1,000만 채의 매물이 올라와 있는 지금, 구매자들은 중개인들만큼 많은 정보를 얻을 수 있다.

목표가 현재 상태를 유지하고자 방어하고 병목을 만드는 것이라면 갈수록 빨라지는 기술과 정보의 흐름을 계속 앞질러야 하는, 힘든 질주를 해야 한다.

그렇다면 더 나은 것은 어떤 것일까? **당신에게 더 나은 것이**

아니라 고객에게 더 나은 것은 무엇일까?

이 변화는 많은 사람에게 해당된다. 이제 대부분의 일은 네트워크화, 자동화, 안정화되어 있다. 1994년에 100만 명에게 이메일을 보내려면 8명의 엔지니어와 수백만 달러의 예산이 필요했다. 그러나 지금은 누구나 전자우편 서비스인 피드블리츠(Feedblitz)를 이용하면 한 달에 9달러만 써도 이 일들을 해낼 수 있다.

10년 전에는 책을 출판해 전국에 유통하려면 출판사, 인쇄 대행사, 유통사로 구성된 전담 팀이 필요했다. 하지만 이제는 한 사람이 디지털 파일만 있으면 킨들을 이용해 전자책으로 출판하면 된다.

이제 우리는 더 쉽게 '실행'할 수 있게 됐다. 일상에서 단순한 일, 쉽게 실행할 수 있는 일은 외주로 돌리고 변화를 일으키는 힘든 일에 전력을 기울여야 하는 이유가 여기에 있다.

꾸며내지 말고 믿음을 더하라

우리는 우리의 관점, 꿈, 두려움을 꾸며내지 않는다. 당신도 마찬가지다.

정치계에는 '다른 편'에 있는 사람들은 진실을 말하지 않는다고 믿는 오랜 역사가 있다. 사람들은 배리 골드워터(Barry Gold-water)◉와 제인 폰다(Jane Fonda)◉◉가 그저 쇼를 할 뿐이라고 믿었다. 무신론자들도 실은 가슴 깊은 곳에서는 신을 믿으며, 복음주의자들은 신앙심을 표현하는 것이 아니라 대개 주장을 내세우는 것이라고 믿었다.

맥 사용자 대 리눅스 명령어 인터페이스를 선호하는 사람 또는 수학 영재 대 수학을 원래 못한다고 주장하는 사람들의 경우도 마찬가지다.

우리는 수학을 원래 못한다고 믿는 것이 잘못되었다고 가정한다. 또 말도 안 되는 정책을 지지하는 것, 형편없는 음식을 일부러 먹는 것이 잘못되었다고 가정한다.

우리는 꾸며내지 않는다. 당신의 고객은 꾸며내지 않는다. 당신의 경쟁자를 선호하는 사람들도 마찬가지다.

사람들을 있는 그대로 받아들이면 그들과 같이 어울리기가 한결 쉬워진다. 그들을 바꾸려 하거나 그들이 틀렸음을 인정하

◉ 1964년 미국 공화당 대선 후보로 나섰으나 강경한 보수주의 정견으로 민주당 린든 존슨 후보에 크게 패했다. 보수적 공화주의의 상징적 인물로 평가받는다.
◉◉ 영화배우이지만 수많은 정치적 활동을 벌인 것으로도 유명하다. 특히 베트남 전쟁 중 베트남을 돌아다니며 미군을 비하하는 연설을 하는 등 진보적 색깔이 뚜렷한 배우다.

도록 만들려 하지 마라. 그냥 같이 어울리고, 교류할 기회를 만들고, 그들이 보는 것에 우리의 이야기를 더하고 그들이 듣는 것에 우리의 믿음을 더하라.

Chapter 6

일용품을 넘어서

문제가 먼저다

유능한 마케터는 해결책부터 제시하거나 자신이 누구보다 똑똑해 보이기 위해 일하지 않는다. 그 대신 자신이 섬기고자 하는 집단, 해결하고자 하는 문제, 일으키고자 하는 변화에 먼저 주목한다.

시장에는 틈이 있고, 당신이 만든 더 나은 것은 그 틈을 비집고 들어가 반가운 변화를 일으킬 수 있다. 이는 전술적 변화가 아니다. 0.25인치 크기의 구멍이나 0.25인치짜리 드릴도 아니다. 우리는 감정적인 차원에서 사람들을 바꿀 수 있다.

우리의 소명은 변화를 일으키는 것이다. 이는 우리가 섬기고자 하는 사람들을 위해 세상을 더 낫게 만들 기회다.

그렇다. 우리에게는 소명이 있다. 사람들이 필요로 하는 (또는 원하는) 방식으로 그들을 섬길 소명 말이다. 우리에게는 자신의 이익을 위해서가 아니라 다른 사람들의 이익을 위해 앞으로 나아갈 길을 선택하고 따를 기회가 있다.

품질 문제

1906년, 위험한 제품들이 유통되는 것을 막기 위해 식약청(Food and Drug Adminstration, FDA)의 전신이 설립되었다. 당시 피부 질환을 일으키는 베리스의 주근깨 제거 연고(Dr. Berry's Freckle Cream)나 궤양, 흉터, 실명 등 다양한 질환을 일으켜 시력을 잃게 만드는 래시 루어(Lash Lure) 같은 제품에 대한 사회적 분노가 일어났는데, 이에 대해 정부가 규제에 나섰다.

그러나 그로부터 무려 50년이 지난 후에도 품질 수준은 형편없었다. 하물며 자동차가 갑자기 고장 나지 않을 것이라 안심할 수 있었을까?

하지만 이제 우리는 이런 것들을 당연하게 여긴다. 페덱스는 실제로 99%의 물건을 제때 배송한다. 차가 갑자기 고장 나는 일은 드물다. 화장품이 시력을 해칠 위험은 낮다. 인터넷 브라우저가 멈출 일은 드물고, 전기가 끊어지는 일은 거의 없으며, 비행기로 여행하는 일은 그 어느 때보다 안전하다.

그런데도 마케터로서 우리는 마치 이런 일이 예외인 것처럼,

특별한 것처럼 자신이 일을 잘한다고 이야기한다.

물론 많은 사람들이 자기 일을 잘 해낸다. 그것도 아주 잘 해낸다. 그리고 아마도 당신만큼 잘 해낼 것이다.

당신이 지닌 능력과 그동안 한 일은 얼마든지 인정한다. 하지만 이제 그것만으로는 충분치 않다.

일정한 수준의 품질을 만족시키는 일은 필요조건이지 더 이상 충분조건이 아니다.

만약 아직도 일정한 수준의 일을 하지 못한다면 이 책은 별로 도움이 되지 않을 것이다. 하지만 그런 일 정도는 잘 해낸다면, 축하한다. 이제 그 점은 잠시 접어두고 다른 사람들도 대부분 그 정도는 할 수 있다는 점을 상기하도록 하자.

일용품 문제

만약 당신이 다른 사람들도 만드는 물건을 만든다면(서비스를 제공한다면), 그 물건이 업워크(Upwork)나 아마존이나 알리바바에서 찾을 수 있는 것이라면 문제가 있다.

당신이 노력을 기울인 만큼 충분한 보상을 받으려 가격을 올린다면, 사람들은 그냥 다른 곳으로 가서 비슷하지만 더 싼 물건을 사버릴 테니 말이다.

이제 클릭만 하면 모든 물건의 가격을 알 수 있는 시대다. 그리고 사람들은 그런 간단한 수고로움을 마다하지 않는다.

여름에 해변에서 아이스크림을 팔기는 쉽다. 그러나 사람들의 기대치를 높이고, 그들의 희망과 꿈에 동참하고, 그들이 더 멀리 보도록 돕는 일은 힘들다. 그리고 그것이 우리가 하려는 일이다.

고객들은 이제 당신의 경쟁자에 대해 당신보다 더 잘 안다. 따라서 당신이 아무리 많은 노력을 기울였더라도 그것이 흔한 일용품을 파는 수준의 일이라면, 그들의 관심을 끌기가 어렵다.

"당신은 아무나 선택할 수 있고, 우리가 그 아무개입니다"

당신이 시내에 구둣방을 차리려 한다고 가정해보자.

당신은 형편이 되는 한 최고의 장소를 찾아서 구두를 닦을 만한 모든 사람에게 서비스를 제공하려고 한다.

하지만 이 접근법에는 여러 가지 문제가 있다.

첫째, 맞은편 가게에 있는 경쟁 가게가 당신만큼 구두를 잘 닦는다면 손님의 반을 빼앗아갈 것이고, 당신보다 가격을 내려서 손님을 더 모으려 할 것이다.

둘째, 더 중요한 것은 모든 사람이 당신에게 구두를 닦을 필요가 없다. 그것은 필요가 아니라 욕구의 문제다.

왜 사람들은 구두를 닦는 일에 신경을 쓸까?

좋은 모습을 보이고 싶어서다. 아버지처럼 보이거나 마이클 잭슨처럼 보이고 싶어서. 그러면 기분이 좋아지고, 자신감이 생긴다. 기여할 가능성이 높아지고, 활력이 솟아난다.

또 다른 이유는 위상을 즐기기 위해서다. 1주일에 1번 잘 차려입고 왕좌에 앉아 공손한 장인의 서비스를 받으며 일종의 만족감을 느끼는 것이다.

그렇게 보면 구두를 닦는 것은 어떤 기표라고 볼 수 있다. 당신에게 구두를 닦으려 한 사람은 자신과 비슷한 사람들이 의례적으로 하는 일이었다면 구두를 닦지 않았을 것이다. 하지만 아무나가 아니라 존경받는 장인이 해준다면 **구두를 닦는 일**은 그 사람에게 '특별한' 일이 된다.

따라서 구두를 잘 닦는 사람이 변화를 일으키기로 마음먹었다면 이 모든 독보적 입지와 이야기 그리고 변신을 활용할 수 있어야 한다.

당신의 고객이 자신에게 이런 이야기를 할 것이라고 아는 것만으로는 부족하다. 당신이 이야기를 몸소 실천하고, 가능성에 문을 열고, 이야기를 중심으로 모든 경험을 구성해야 한다.

이런 일은 당신이 특별하다는 사실을 사람들에게 알려줄 뿐만 아니라 상황을 나아지게 한다.

당신이 무엇을 대표하는지 알면
경쟁할 필요가 없다

최고의 브랜딩 전문가 버나뎃 지와는 종종 산업화되는 마케팅에 인간적인 요소를 불어넣는 탁월한 책들을 썼다.

그녀는 《이야기에 이끌리다(Story Driven)》에서 그저 시장의 간극을 메우려고만 하면 자꾸만 뒤를 돌아봐야 하는(rearview-mirror behavior) 악순환에서 벗어날 수 없다고 명확하게 말한다. 항상 경쟁자를 경계하는 데 신경 쓴다는 것이다. 그러다 보면 당신의 일은 일용품을 만드는 수준으로 떨어지게 된다. 또한 희소성에 이끌릴 수밖에 없으며, 시장점유율을 유지하거나 조금 늘리는 데 집중하게 된다.

이런 상황에서 벗어나려면 당신의 이야기, 당신이 일으키고자 하는 변화의 흐름을 찾고, 구축하고, 확보해야 한다. 이는 희소성이 아니라 가능성에 기반을 둔 생산적인 자세다.

당신의 이야기를 들어줄 청중을 골랐다면 그들을 어디로 데

려가고 싶은가?

버나뎃 지와는 이 책에서 좋은 이야기가 하는 10가지 일을 제시한다. 당신이 자신(그리고 다른 사람들)에게 들려주는 이야기가 이런 일들을 하지 않는다면 더 깊이 파고들어서 더 나은 이야기, 더 진실하고 효과적인 이야기를 찾아야 한다. 좋은 이야기는 이런 일들을 한다.

1. 우리를 경력이나 사업의 목적, 비전과 이어준다.

2. 지난 여정을 상기하여 우리의 강점을 드러내고 칭찬한다.

3. 우리의 고유한 가치와 시장에서 우리를 차별화시키는 것에 대한 이해가 깊어진다.

4. 핵심 가치를 강화한다.

5. 일관되게 행동하고 가치에 기초한 결정을 내리도록 돕는다.

6. 시장에 반응하기보다 고객에게 화답하도록 북돋는다.

7. 자신의 가치관을 반영하거나 대변하는 회사를 지지하는 고객을 끌어모은다.

8. 브랜드 충성도를 구축하고 고객에게 이야기를 제공한다.

9. 우리가 원하는 비슷한 태도를 가진 직원들을 불러 모은다.

10. 의욕을 잃지 않고 계속 자긍심을 갖고 일하도록 돕는다.

당신의 이야기는 빚이다

당신은 빚을 안고 있다.

일단 이야기를 내세우고 나면, 사람들이 여기에서 저기까지 가는 여정에 나서 변하도록 돕기로 작정하고 나면 빚이 생긴다.

약속을 지켜야 할 빚.

다음에 일어날 일에 대한 빚.

만약 보통 사람들을 위해 평범한 물건을 만드는 일이라면, 해결책을 제시하기만 하는 일이라면 놀랄 필요가 없다. 그런 일은 위험이 적으니까. 싫으면 사지 말라는 식이니까.

반면 뛰어난 마케팅은 통 크고 과감한 자세로 "더 나은 대안을 알고 있으니 같이 갑시다."라고 말한다.

케이스 스터디: 더 나은 스택 오버플로우

당신이 프로그래머라면 스택 오버플로우(Stack Overflow)를 방문한 적이 있을 것이다. 스택 오버플로우는 컴퓨터 프로그래밍에 관한 다양한 주제의 질문과 답변을 주고받는 웹사이트다. 이 사이트를 운영하기 위해 250여 명의 직원을 두고 있으며, 매주 수백만 명이 이 웹사이트를 방문한다. 질문이 있으면 여러 게시판 중 1곳에 이미 그에 관한 답변이 있을 가능성이 높다.

스택 오버플로우는 프로그래머들의 시간과 노력을 아껴준다. 또한 자발적으로 콘텐츠를 올리는 수많은 사람들의 열정이 담긴 프로젝트이기도 하다.

설립자인 조엘 스폴스키(Joel Spolsky)는 어떻게 해서 이렇듯 더 나은 일이 일어나게 만들었을까?

2000년대 초반, 엑스퍼츠 익스체인지(Experts Exchange)라는 프로그래밍 커뮤니티가 있었다. 운영 방식은 단순하고 명확했다. 프로그래밍과 관련된 일반적인 질문들에 대한 답변을 모아두고 그 내용을 보고 싶어 하는 사람들에게 대가를 받는 것이었다. 구독료는 연간 300달러였다.

그들은 사업을 구축하기 위해 희소성을 토대로 삼았다. 질문은 무료로 읽을 수 있었지만 답을 보려면 돈을 내야 했다.

그들은 트래픽을 확보하기 위해 인터넷을 검색하는 초기 단계의 구글 로봇(Google robots)을 속였다. 즉, 구글 검색에서는 답의 일부가 나오지만 (덕분에 구글을 통한 트래픽이 많이 늘었다) 정작 사이트로 들어오면 구독을 하기 전까지 답을 보여주지 않았다.

엑스퍼츠 익스체인지는 사람들을 짜증 나게 하여 수익을 창출했다.

그러나 조엘은 공동 설립자이자 프로그래머인 제프 앳우드

(Jeff Atwood)와 함께 다른 접근법을 구상했다. 질문과 답변을 모두 보여주되, 구인 광고로 운영비를 확보하는 것이었다. 어차피 뛰어난 프로그래머들이 와서 문제와 답을 나누는 곳으로 이만한 곳도 없었다.

조엘은 창업을 하면서 더 나은 제품을 만들려면 다른 사람들을 다르게 대하고, 각 집단의 세계관과 필요에 맞는 이야기를 들려줘야 한다는 사실을 깨달았다.

그는 시간이 없는 프로그래머들을 위해 그들이 질문과 답을 찾기 쉽도록 웹사이트를 만들었다. 답은 시간을 낭비하지 않도록 내용의 질에 따라 분류하였다.

그는 답을 하는 사람이 1명이라면 질문을 하는 사람은 1,000명이라는 사실을 깨달았다. 그는 답을 찾는 사람들을 짜증 나게 하기보다 그들에게 필요한 것을 적극적으로 제공했다.

하지만 답을 하는 사람들의 경우는 달랐다. 그는 그들을 위해 별도의 커뮤니티, 순위 체계, 그들이 명성을 쌓고 영향력을 행사할 수 있도록 일련의 레벨을 만들었다.

구인 광고를 올리는 사람들의 경우도 달랐다. 그들은 최고의 인재를 빠르게, 효율적으로, 직접 찾을 수 있는 수단을 원했다. 강제적이거나 산만한 요소는 원치 않았다.

조엘은 이 웹사이트에 개인적인 인장을 찍고 싶어 하지 않았다. 대신 사람들이 일을 더 효율적으로 하기 위해, 그들이 듣고 싶어 하고 들어야 하는 이야기를 들려주기 위해 서비스를 제공했다.

그렇게 그는 더 나은 것을 제공하여 핵심 청중들이 소문을 퍼뜨리게 했으며, 이용자가 아닌 사람(외부자)들이 보기에 일로 생각할 만한 활동을 그 핵심 청중들이 직접 하도록 만들었다.

더 나은 것은 당신이 아니라 사용자가 판단한다

구글은 더 낫다.

빙(Bing)이나 야후보다 더 낫다.

어떤 점이 더 나을까?

검색 결과가 명백히 더 나은 것은 아니었다.

검색 속도가 훨씬 빠른 것도 아니었다.

더 나은 것은 사용자에게 멍청한 사람이 된 기분을 안기지 않는다는 것이었다.

야후 홈페이지에는 183개의 링크가 있었다. 구글은 단 2개뿐이었다.

그래서 명료했고, 사람들에게 신뢰감을 주었다. 그것을 무너뜨릴 수는 없었다.

그래서 더 나았다. 어떤 사람들에게는.

지금은 덕덕고(DuckDuckGo)[⊙]가 더 낫다. 대기업의 일부가 아니기 때문이다. 당신을 추적하지 않기 때문이다. 다르기 때문이다.

그래서 더 낫다. 어떤 사람들에게는.

"우리는 커피를 제공합니다"

보스턴에 있는 트라이던트 북셀러즈 앤드 카페(Trident Book-sellers and Cafe)는 화재로 잠시 문을 닫기 전까지 (화재는 커피메이커가 아니라 스프링클러 때문에 일어났다) 미국에서 가장 활기차고 성공적으로 운영되던 서점이었다.

아마존이 아무리 크고 저렴해도 트라이던트는 사업을 아주 잘 해냈다. 아마존이 할 수 없는 일을 했기 때문이다. 바로 **커피를 제공하는 일**이었다.

온라인 기업과 경쟁하며 매장을 운영하려면 "…그리고 우리

⊙ 구글과 달리 사용자의 개인 정보를 수집하지 않는 검색 서비스를 제공하는 것으로 유명하다.

는 커피를 제공합니다."라는 홍보 문구가 나쁘지 않다.

커피는 사람들과 같이 마시면 더 낫기 때문이다.

커피는 사람들과 만나고, 교류하며, 그들이 꿈꿀 수 있도록 제3의 공간을 만들어낸다.

그래서 트라이던트는 서점보다 책을 파는 커피숍이라고 봐야 한다.

사람들이 사는 책은 거기서 나눈 인간적 교류에 대한 기념품일 뿐이다.

진실하고 연약한 주인공

이런 전형적인 인물상이 있다. 완전한 자아, 자신의 내면을 있는 그대로 다 내보이는 사람. 자신을 이해하지 못하는 세상의 공격을 견뎌내는 사람. 그러나 마침내 인정받는 사람.

이는 신화일 뿐이다.

그것도 위험한 신화.

물론 몇몇 예외가 있지만 대체로 사람들은 기꺼이 봉사하려는 사람을 필요로 한다.

그들이 일으키고자 하는 변화를 위해 봉사하는 사람 말이다.

봉사자는 그들이 섬기고자 하는 집단에 공감을 불러일으키는 이야기를 들려주는 사람이다.

겹치는 부분이 있을 수 있다. 일시적으로 옳게 느껴지던 방식이 그렇지 않을 수도 있다. 당신은 여러 가지 면모를 지니고 있고, 그것을 사람들에게 제공하지만 그것이 언제나 당신의 진짜 모습은 아니다.

프로는 날짜나 환자, 고객과 무관하게 최선을 다하여 자신의 역할을 수행한다.

싱어송라이터 제임스 브라운(James Brown)이 무대에서 지친 모습으로 무릎을 꿇고 조수의 부축을 받은 것은 실제 상황이 아니라 뛰어난 연출이었다. 매일 저녁 그런 일이 일어났기 때문이다.

종일 참을성 있게 귀 기울이며 환자의 삶을 바꾸는 심리상담사는 실제로 참을성이 뛰어날 수도 있지만 그저 자기 일을 잘 수행하기 위해 그럴 가능성이 더 높다.

당신에게 미소를 지으며 좋은 하루를 보내라고 인사하는 스타벅스의 바리스타 역시 본인의 실제 성격을 드러낸다기보다 직무를 잘 수행하고 있을 뿐이다.

그리고 때로는 그런 편이 더 낫다. 성격을 드러내는 것이 더 나은 것은 아니기 때문이다. 성격을 드러내는 것은 손님이 아니라 가족이나 친구들에게 하면 된다.

자신을 보호하라. 내일도 당신이 필요하니까.

서비스

마케팅은 다른 사람을 소중히 여기는 관대한 행위다. 제임스 브라운과 심리상담사는 사람들이 자신의 진짜 모습을 보길 원하는 건 근거 없는 믿음일 뿐이라는 것을 알고 있다. 오히려 사람들이 원하는 것은 주어진 순간에 자신이 하고 싶어 하는 행동을 보는 것이 아니라 그들이 이해와 좋은 서비스를 받는 것이라는 것도 안다.

최고 수준의 일을 할 때 우리에게 주어진 책임은 그 일을 자신을 위해 하는 것이 아니라 우리가 섬기고자 하는 사람들을 위해 하는 것이다. 우리는 자신을 위해서가 아니라 그들을 위해 최고 수준의 일을 아껴둔다. 최고의 레스토랑에서 일하는 셰프가 자신을 위해 12가지 코스 요리를 만들지 않듯이 당신은 자신의 불안, 가장 깊은 두려움, 시급한 요구를 사람들에게 떠넘겨서는 안 된다.

당신은 사람들을 섬기기 위해 이 자리에 있다.

진실성 대 감정노동

감정노동을 원하는 사람은 없다. 마음이 불편한데 웃어야 하고, 욕을 퍼붓고 싶어도 그 충동을 억눌러야 하기 때문이다. 그래도 세상을 더 좋은 곳으로 만들려면 어쩔 수 없다.

진실해 보이려면 약간의 기운과 담력이 필요하다.

반발을 불러올 수 있다는 사실을 알면서도 진짜 감정을 노출하려면 자신감이 있어야 한다.

다른 한편 숨는 일도 많다. 변화를 일으키는 중요한 일로부터 숨는 일 말이다. 그저 (꾸며낸) 자아를 따르기만 한다면 그 자아가 겁쟁이임을 발견하게 될 수도 있다. 그 자아는 중요한 일에서 당신을 멀어지게 만든다. 진실한 당신의 모습이 이기적인 멍청이라면 제발 집에 두고 오기 바란다.

진실한 모습이어야만 최선의 일을 할 수 있다면 당신은 프로가 아니라 운 좋은 아마추어일 뿐이다. 운이 좋은 이유는 매 순간 그냥 하고 싶은 대로 했을 뿐인데 앞으로 나아가는 데 도움이 되는 곳에서 일했기 때문이다.

하지만 당신에게도 프로가 될 기회가 있다. 공감을 통해 다른 사람들이 무엇을 원하고, 무엇을 믿으며, 어떤 이야기가 공감을 불러일으킬지 상상하는, 감정노동을 하는 프로 말이다.

우리가 이 일을 하지 않는 이유는 마음이 내키지 않아서다.

하지만 우리가 피곤함에도 불구하고 감정노동을 하는 이유는 우리가 프로이고, 변화를 일으키고 싶기 때문이다.

감정노동은 좋은 서비스를 제공하기 위해 하는 일이다.

누가 이야기하는가?

얼굴 없는 기업이 보내는 2인칭 이메일 뒤에는 누군가가 숨어 있다. 깔끔하지만 진짜가 아니다. 전혀 공감할 수 없고 관료적 조직의 그림자만 느껴질 뿐이다.

반면 감정노동을 하고 책임을 다하면 ("여기, 이런 걸 만들었습니다") 유대와 성장을 향한 문이 열린다.

효율적인 조직이라고 해서 항상 유명한 리더가 있는 것이 아니고 모든 이메일에 서명이 들어 있는 것도 아니다. 그러나 그들은 그런 것처럼 행동한다.

"여기, 이런 걸 만들었습니다."

목표는 일을 개인화하는 것이 아니다. 일에 마음을 담는 것이다.

Chapter 7

꿈과 욕망의 캔버스

학교와 직장에서 가르치는 일은 모두 어떤 요건을 충족한다. 과제를 수행하고, 만점을 받는 일은 산업적 목적을 위해 특정한 작업을 하는 것이다. '직무'는 측정할 수 있고 돈을 들여서 해결할 수 있는 과제다.

다음은 미국 정부에서 제시한 직무 내용이다.

재봉틀 운용 기사: 6급

다양한 가정용, 산업용 전동 재봉틀 및 단춧구멍 천공기, 가봉기 같은 특수 기계를 설정하고 운용함. 구두 및 서면 지시, 정해진 방법, 기술, 절차의 틀 안에서 독립적으로 판단하고 결정함. 보통은 5kg, 가끔은 최대 9kg 정도 되는 물건을 취급함. 적절한 조명, 온기, 신선한 공기가 있는 실내에서 작업함. 자상 및 타박상을 입을 가능성이 있음.

이는 직무에 대한 설명이지 꿈이나 욕망에 대한 설명이 아니다. 구체적이지만 전달하는 내용을 바꾸지 않고도 쉽게 고칠 수 있다.

돈도 같은 방식으로 기능한다. 20달러짜리 지폐 그 자체는 무의미하다. 우리가 원하는 것은 그것으로 살 수 있는 물건이다.

당신의 제품이나 서비스도 마찬가지다. 당신은 도구를 제공한다고 말하고 싶겠지만 그렇다고 믿지 마라. 시장에서 변화를 일으키려면 도구를 제공하는 것이 아니라 고객의 꿈과 욕망에 한 걸음 더 가까이 다가가는 수단을 제공해야 한다.

우리는 과제나 물건이 아니라 감정, 위상, 유대감을 판다.

사람들은 무엇을 원하는가?

사람들에게 물어봐도 아마 당신이 원하는 답이나 돌파구를 찾지 못할 것이다. 사람들을 관찰하고, 그들이 무엇을 꿈꾸는지 파악한 다음, 그들이 원하는 감정을 제공하는 것이 우리의 일이다.

대중은 모델 T⊙, 스마트폰, 랩(rap)을 발명하지 않았다. 제트

⊙ 1908년, 포드 자동차 회사가 내놓은 모델명이다. "미국의 자동차 시대를 열다."라는 말이 있을 정도로 자동차의 대중화를 이끄는 데 큰 역할을 했다.

블루(JetBlue)⊙, 시티 베이커리(City Bakery)⊙⊙, 자선단체를 만들지 않았다. 물도 마찬가지다.

크라우드 펀딩 역시 나름의 의미가 있지만 대중은 돌파구를 고안하는 데 뛰어나지 않다.

많은 사람들이 빠지는 3가지 착각이 있다.

첫 번째는 **욕구와 필요를 혼동하는 것**이다. 공기, 물, 건강, 집은 반드시 필요하다. 나머지는 대부분 욕구의 대상이다. 하지만 많은 혜택을 누리는 사람들은 우리가 원하는 다른 것들도 필요의 대상으로 본다.

두 번째는 사람들이 자신의 욕구(스스로는 필요라고 생각함)를 잘 안다고 생각하는 것이다. 그러나 그들은 그 **욕구를 충족할 만한 새로운 방법을 찾아내는 능력이 거의 없다.** 그래서 그다지 효과가 없는데도 익숙한 해결책을 선호하는 경우가 많다. 혁신을 이루지 못하고 정체되어 있는 것이다.

세 번째는 **모두가 같은 것을 원한다고 믿는 것**이다. 사실 그

⊙ 미국의 저가 항공으로, 비행기 안에서 고속 인터넷을 사용할 수 있게 서비스를 제공하는 미국 최초의 항공사 중 하나이다.
⊙⊙ 미국뿐 아니라 일본에도 지점을 둔 글로벌 빵집. 식사, 카페, 초콜릿 구매를 한 공간에서 즐기는, 새로운 형태의 빵집을 도입한 곳으로도 유명하다.

렇지 않다. 얼리 어답터들은 새로운 것을 원한다. 하지만 그들 중 몇몇은 여전히 초콜릿을 원하고, 바닐라를 원한다. 절대로 바뀌지 않는 것을 원한다.

혁신적인 마케터는 오랜 감정을 살리는 새로운 해결책을 고안한다

지구에 사는 70억 인구는 모두 고유하다. 따라서 다른 욕구, 필요, 고통, 기쁨을 원한다. 그러나 어떤 측면에서 보면 모두 같은 사람이기도 하다. 사람들은 정도가 다를 뿐, 몇몇 공통된 꿈과 욕망을 품는다.

다음은 기본적으로 우리가 꿈과 두려움을 표현할 때 쓰는 공통의 어휘들이다.

모험	소속
애정	공동체
새로운 것 피하기	통제
창의성	신체 활동
기쁨	권력
표현의 자유	안심

이동의 자유	안정성
우정	존경
뛰어난 외모	복수
건강	로맨스
새로운 것 배우기	안전
호사	보안
향수	섹스
복종	힘
참여	연민
평온	긴장

여기에 10가지를 더할 수도 있다. 그러나 50가지를 더하기는 힘들다. 결국 핵심은 이것이다. 화가들이 독창적인 대작을 그리는 데 많은 색깔을 쓰지 않는 것처럼 마케터들이 사람들의 꿈과 욕망을 표현하는 데도 마찬가지다.

우리의 일은 여기에서 시작된다. 그것은 우리가 섬겨야 하는 청중들의 욕구와 필요에 대한 것이다. 그들이 아침에 깨어나서 하는 생각, 주위에 듣는 사람이 없을 때 하는 말, 하루를 마칠 때 기억하는 일 같은 것 말이다.

또한 우리는 우리가 한 이야기와 약속이 그들의 꿈과 욕망에 어떻게 대응하는지, 그 양상에 대해서도 생각해보아야 한다. 그들은 우리가 제시한 것을 접할 때 우리와 같은 것들을 볼까? 그들은 우리가 생각하는 것을 원할까? 행동을 취할까?

기계나 재고, 전술에서 출발하지 마라. 방법론이나 사명에 대한 곁가지에서 출발하지 마라. 대신 서비스하려는 고객의 꿈과 두려움, 감성, 그들이 추구하는 변화에서 출발하라.

누구도 당신의 제품을 필요로 하지 않는다

"사람들에게는 흰 가죽 지갑이 필요하다."라는 말은 잘못되었다. 그 이유는 다음과 같다.

1. 사람들에게는 지갑이 필요하지 않다. **원할** 수는 있지만 그것은 다른 이야기다.

2. 사람들이 흰 가죽 지갑을 갖고 싶어 할 수도 있다. 하지만 그것이 흰색이거나 가죽이어서가 아니다. 그것이 안길 감정 때문이다. 그들은 지갑이 아니라 감정을 산다. 지갑을 만드는 데 시간을 들이기 전에 그들이 원하는 감정을 파악하라.

마케터들은 변화를 일으킨다. 어떤 한 감정을 느끼던 사람들을 다른 감정을 느끼는 사람들로 바꾼다. 사람들을 그 여정에 데려간다. 한 번에 조금씩, 그들이 되고 싶어 하는 사람이 되도록 돕는다.

누구도 부동산 중개인에게
연락하고 싶어 하지 않는다

정말이다. 부동산 중개인의 바람과 달리 부동산 거래는 그다지 즐거운 경험이 아닌 경우가 많다.

사람들은 두려워한다.

긴장한다.

안심한다.

이사를 하고 싶어 한다.

한편으로 이사를 불안해한다.

돈에 대한 스트레스를 받는다.

얻거나 잃는 위상에 대해 생각한다.

미래를 염려한다.

아이들을 걱정한다.

부동산 중개인은 미래로 가는 길에 놓인 과속방지턱 같은 존재다. 그들이 하는 말은 대부분 소음이거나 일시적인 처방에 불과하다. 어차피 들어가는 돈은 같기 때문이다.

전국부동산중개인협회(National Association of Realtors)의 통계에 따르면 사람들이 가장 먼저 연락하는 부동산 중개인과 거래할 확률이 80% 이상이다.

이 점을 감안할 때 **더 나은 것**을 추구하는 부동산 중개인에게 묻고 싶은 것이 있다. 어떤 모습으로 임할 것인가? 어떻게 그들을 안심시키고 다독일 것인가? 캐내고 파헤칠 것인가? 어떻게 다른 사람보다 당신이 더 낫고, 빠르고, 사려 깊다고 주장할 것인가?

누구에게도 드릴이 필요하지 않듯이 누구에게도 부동산 중개인이 필요하지 않다. 사람들이 필요로 하고 원하는 것은 부동산 중개인을 통해 얻는 감정이다(웨이터, 리무진 기사, 당신의 경우도 마찬가지다).

그들이 원하는 감정을 느끼게 해주는 부동산 중개인처럼 우리도 일용품이 아니라 감정을 거래할 때 가장 중요한 일을 하게 된다.

화난 곰은 어디에 있는가?

당신이 예상한 대로 사람들이 행동하지 않는다면 그들이 어떤 두려움을 가졌는지 살펴라.

불곰에게 잡아먹힐 것이라고 생각하는 동안에는 꿈을 품기 어렵다. 심지어 모두 머릿속에서 일어나는 상상이라고 해도 말이다.

무엇을 원하는가?

추측하건대 당신은 존중받고, 성공하고, 독립적이고, 적절하게 바쁘고, 약간 유명하기를 원한다. 당신이 소중하게 여기는 사람들을 위하면서 스스로 자랑스럽게 여길 수 있는 일을 하기 원한다.

이 목록에 없는 것은 무엇인가? 특정한 색상의 차를 가져야 한다거나, 포장의 넓이를 18cm가 아니라 15cm로 줄여야 한다거나, 모든 고객의 이름이 6자 이상이기를 바란다는 내용은 없다.

세부 사항은 크게 중요하지 않다. 고객이 두려움에서 소속감으로 감정 상태가 바뀌길 바라듯 당신도 마찬가지다.

이는 커다란 여지를 남긴다. 상당한 자유를 안긴다.

상업계의 특정한 진리를 따르는 것은 도움이 된다. 만약 당신이 독립적이고 싶다면 자산이나 명성을 보유할 필요가 있다. 재정적으로 넉넉하기를 원한다면 적절한 사람들에게 충분한 가치를 제공하여 그들이 기꺼이 돈을 지불하게 만들어야 한다. 일에 자긍심을 느끼고 싶다면 저급한 수단을 쓰면서 문화를 오염시키는 일은 피해야 한다.

이러한 틀 안에도 충분한 여지가 있다. 깊이 파고들어서 어떤 변화를 일으킬지, 어떻게 (누구를) 섬길지 결정할 여지 말이다.

여기서 독보적 입지를 확인하는 작업으로 돌아가는 것이 좋다. 다시 도표(91쪽 표 참조)를 살펴서 새로운 축을 설정하고, 새롭게 드러낼 것을 찾고, 새로운 약속을 하라. 섬길 가치가 있는 사람들을 찾은 다음 일으킬 가치가 있는 변화를 찾아라.

항상 실험하라

모두를 대상으로 삼고 싶어서 재미없는 제품이나 서비스를 만들고 싶을 수도 있다.

그렇게 하면 일단 크게 욕먹을 일이 없다. 기준에 맞고, 긴장을 유발하지 않으니까.

모두가 만족하면 누구도 불만을 갖지 않으니까 모두를 대상으로 삼으려고 한다.

문제는 그런 재미없는 제품에 만족하는 사람들로 구성된 시장은 정체되어 있다는 것이다. 그들은 더 나은 것을 찾지 않는다.

새로운 것과 재미없는 것은 쉽게 공존하지 않는다. 그래서 재미없는 것에 만족하는 사람들은 당신을 찾지 않는다. 오히려 적극적으로 피한다.

사람들이 반응하는 주기는 갈수록 빨라진다. 이는 우리가 항상 시험하고, 재미없는 것을 만들려는 욕구에 저항할 것을 요구한다. 또한 이 주기는 우리가 서비스를 제공하는 유일한 사람들이 호기심이 많고, 만족하지 못하며, 또는 따분함을 느낀다는 사실에 더욱 짧아진다. 반면 다른 사람들은 거부권을 행사하고 관심을 기울이지 않는다.

다행인 점은 모든 물건이 모든 사람에게 팔리는 방식에서 2가지 거대한 변화가 일어났다는 것이다.

1. 시제품을 만들거나 시험 운영을 하는 일이 그 어느 때보다 저렴하고 빨라졌다. 이 점은 제조업체나 서비스업체는 물론이고 비영리단체에도 해당된다.

2. 얼리 어답터를 찾고 당신의 이야기를 듣고 싶어 하는 사람들과 교류하는 일이 그 어느 때보다 저렴하고 빨라졌다.

이 사실은 우리가 그들에게 주장을 제시해야 한다는 것을 말해준다. 약속의 내용을 정리하라. 당신이 나아갈 극단을 선택하고, 당신이 바꾸고자 하는 사람들을 찾고, 당신이 제공하고자 하는 것을 드러내 보여라.

원한다면 이를 시험이라 불러도 좋다.

그러나 현실이다.

가능한 일을 시도하고, 변화를 일으키고자 하는 사람들과 협력하는 현실 말이다.

항상 찾고, 소통하고, 해결하고, 주장하고, 믿고, 보고, 시험하라.

이 말을 다르게 해석하면 **항상 틀리라는 것이다.**

물론 그렇다고 해서 항상 틀리지는 않는다. 가끔은 맞을 때도 있다. 대부분의 경우는 틀리겠지만, 그래도 괜찮다.

스크랩북을 만들어라

백지상태에서 틀리기는 힘들다. 획기적인 독창성은 투자 대비 수익이 높지 않으며, 당신을 지치게 만든다.

이때 스크랩북을 만드는 것이 효율적인 대안이 될 수 있다.

웹사이트나 이메일 캠페인, 신제품을 기획할 때 스크랩북을 만들어라.

당신이 상대할 사람들이 관심을 보이고 신뢰할 만한 것들을 찾아라. 서체, 가격, 제안, 이미지, 인터페이스 같은 것들을 잘라내라. 그리고 거기에 내재된, 더는 나누어지지 않는 본래의 밈(meme)◉으로 분해하라. 그다음에 이 조각들을 새로운 것으로 재조립하라.

웹사이트, 팟캐스트, 신제품을 구성할 때도 같은 일을 할 수 있다. 당신과 당신의 청중에게 중요한 근원적인 표지(극단)를 찾아서 새로운 것으로 엮어내라.

10배나 높은 가격을 매겨야 한다면

30달러짜리 마사지와 300달러짜리 마사지는 어떻게 다른 걸까? 책을 200달러짜리로 만드는 것, 호텔 객실을 1박에 1,500달러짜리로 만드는 것은 무엇일까? 자선단체에 50달러가 아니라 500달러를 기부하게 만드는 것은 무엇일까?

'같은 것을 더 많이' 제공하는 것은 오답이다.

◉ 모방에 의해 전파되는 문화 정보의 최소 단위. 리처드 도킨스가 《이기적 유전자》에서 유전자(gene)와 비슷하게 문화에도 존재한다고 가정해 명명했다.

청중을 더 많이 불러 모으고, 가격을 크게 높이려면 단지 더 오래 일하거나 더 많은 사람에게 접근하는 것 이상의 일을 해야 한다.

사람들은 더 많은 단어, 더 큰 감자튀김, 더 요란한 스테레오에 10배나 많은 돈을 지불하지 않는다.

그들이 그만큼의 가격을 지불할 때에는 다른 극단, 다른 이야기, 다른 종류의 희소성이 있을 때다.

저항할 수 없는 것은 쉽거나
합리적인 경우가 드물다

피오나(Fiona)의 가게 밖에는 사람들이 종종 줄을 서 있다.

놀랄 일은 아니었다. 아이스크림은 맛있었고, 양은 엄청났으며, 와플 콘은 대략 2달러 정도밖에 하지 않았다. 게다가 함박웃음에 가까운 미소까지.

그래서 저항할 수 없었다.

물론 아이스크림콘을 다 먹고 나면 주위를 산책하고, 물가에서 시간을 보내며, 내년 휴가를 어디서 보낼지 계획을 세우기 시작할 테지만.

캐나다 오타와 근처에 있는 작고 사랑스런 리조트인 오피니

콘(Opinicon)은 아이스크림콘을 훨씬 비싸게 팔 수 있었다. 시장 조사 및 손익 분석을 하는 MBA팀이라면 아마 아이스크림콘의 가격을 대략 8달러 정도로 매겼을 것이다. 투자 대비 수익을 극대화할 수 있는 가격이기 때문이다.

하지만 오피니콘에서는 아이스크림콘을 팔지 않는다. 아이스크림콘은 **하나의 상징, 표지, 교류할 기회다.**

모든 것을 스프레드시트로 운영하면 합리적인 계획을 세울 수 있을지 모른다. 그러나 합리적인 계획이 활기나 마법, 특별한 기억을 만드는 것은 아니다.

스튜 레너즈(Stew Leonard's)는 작은 슈퍼마켓이지만 큰 족적을 남겼다. 경영관리 전문가인 톰 피터스(Tom Peters)가 소개한 이 슈퍼마켓은 동종 매장 중에서 단위 면적당 가장 높은 매출을 올린다. 이 슈퍼마켓은 인상적인 고객 서비스, 명민한 상품 구비, 흥미로운 제품들을 통해 고객이 거의 놀이공원에 온 것 같은 기분을 느끼게 했다.

그러나 회사가 커지고 매장이 늘어나면서 단기적인 이익을 노리는 젊은 점주들이 등장했다. 그 때문에 '놀이공원에 온 듯한' 마법 같은 경험을 고객에게 제공하는 일은 점점 줄어들었다. 한동안은 이익이 늘었지만 해가 갈수록 매장이 덜 붐비고,

덜 활기차며, 덜 흥미로워졌다. 근처에 다른 슈퍼마켓이 생기면 계속 고객을 빼앗겼다. 결국에는 고객들이 '애초에 여길 왜 왔지?'라고 생각하는 지경에 이르렀다.

더 싼 것은 핵심이 아니다. 더 나은 것은 정의하기 까다롭다. 그러나 번성하는 기업은 거부할 수 없는 존재가 되기 위해 비논리적인 노력을 한다. 이는 의심할 여지가 없다.

최소유효시장을 찾아서

선순환과 네트워크 효과

좋은 고객은 다른 고객을 데려온다.

막다른 골목 같은 고객에게는 노력을 기울일 가치가 없다. 질투심이 많은 고객, 좋은 것을 혼자만 가지려는 고객 그래서 침묵하는 고객들 말이다. 막다른 골목에서는 일을 키울 수 없다.

최고의 고객은 최고의 세일즈맨이 된다.

문화를 바꾸려는 당신의 일은 입소문이 퍼질 때 성공한다. 입소문을 퍼뜨리려면 널리 퍼질수록 좋은 것을 만들어야 한다.

이는 당신이 추구하는 선순환을 만들어낸다. 변화를 일으키는 선순환 말이다.

가장 효과적인 비범함은 설계에서 나온다

팩스기는 놀라웠다. 그것은 기발한 광고 캠페인 때문이 아니라 사용자들이 이야기를 해서 확산되었다.

그 이유는 무엇일까?

상대도 팩스기를 가지고 있으면 더 좋기 때문이다.

인터넷 개척자로도 유명한 수학자이자 엔지니어인 밥 멧칼프(Bob Metcalfe)는 컴퓨터 네트워크 기술인 이더넷(Ethernet)을 발명했을 때 이 현상을 직접 확인했다.

디지털 전자 제조업체인 쓰리콤(3Com)의 초기 제품이 나왔을 때만 해도 기기들을 유선으로 연결해서 쓸 때라 3명의 사용자가 컴퓨터를 쓰리콤의 허브 장치에 직접 연결해야 프린터를 공유할 수 있었다. 이는 크게 이야기할 거리가 못 되는 작은 편익이었다.

그러나 사용자들이 데이터를 공유하기 시작하면서 모든 것이 바뀌었다. 이제 사람들은 2가지 상태 중 하나, 즉 네트워크에 접속하거나 접속하지 않은 상태에 속하게 되었다. 네트워크를 벗어나 고립되는 것은 고통스러운 일이 되었다. 네트워크에 합류하는 사람들이 늘어날수록 네트워크에 대해 이야기하는 사람들이 늘었다. 이는 고립되는 것이 고통스러운 일임을 더욱 깨닫게 해주었다.

멧캘프의 법칙[◉]을 나타내는 초기 그래프(141쪽)에는 2개의 선밖에 없었다. 직선 ①은 네트워크를 사용하는 사람(통신망에 접속한 단말기)이 1명씩 늘어날 때마다 추가되는 비용을 뜻하며, 이는 사용자의 수에 비례하여 서서히 상승한다. 반면 곡선 ②는 네트워크 통신망의 가치를 나타내는 것으로, 이는 이용자 수에 따라 그 효율이 기하급수적으로 증가하기 때문에 가파른 상승 곡선의 형태가 된다.

이 간단한 네트워크 효과는 모든 집단의 이동과 성공적인 문화적 변화의 핵심이다. 변화에 대한 당신의 이야기가 탁월하게 기획되고, 더 중요하게는 다른 사람들과 같이 사용할수록 제품이나 서비스의 효과가 더 뛰어날 때 이런 일이 일어난다.

사용자가 주위 사람들에게 이야기를 하고 싶게 만들어야 성장의 동력이 된다. 성장은 더 많은 가치를 창출하고, 가치는 더 큰 성장으로 이어진다.

◉ 네트워크 통신망의 가치를 나타내는 법칙이다. 네트워크를 사용할 때의 가격(비용)은 사용자 수에 따라 일정한 비율로 늘어나지만, 그 효율은 더 큰 상승 폭으로 늘어난다.

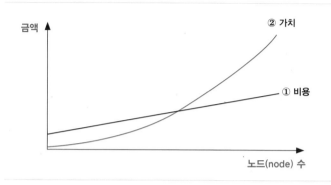

"그리고 기적이 일어난다"

고객을 이끄는 일에는 이런 진실이 있다. 기적은 일어나지 않는다는 것이다.

구시대 마케터의 꿈은 평범하고, 평균적이다. '양호한' 제품이나 서비스를 바꾸는 일을 중심으로 이뤄진다. 별다른 반향을 일으키지 못하는 제품이나 서비스를 히트 상품으로 바꾸는 일 말이다.

이 꿈을 이루기 위해 마케터는 언론 홍보, 호들갑, 판촉, 유통, 광고, 인플루언서 마케팅, 콘텐츠 마케팅, 약간의 스팸을 사용한다. 그러다 보면 '필수 구매(it)' 상품이 되어 모두가 원하게 되고, 인기를 끌어 대중화될 것이라 기대한다.

그러나 사람들은 이런 것에 속지 않는다.

물론 가끔 슈퍼스타가 탄생한다. 하지만 대개 이런 접근법은 실패로 이어질 뿐이다. 그것도 값비싼 실패로.

이제는 기적이 아니라 경로를 찾아야 한다.

이 경로는 고객을 이끄는 일에서 시작된다.

벤처 캐피털의 지원을 받는 실리콘밸리 스타트업에 대해 내가 알고 싶은 내용은 이것이다. 매일 그 회사의 제품을 쓰는 사람이 얼마나 되는가? 사람들이 제품 개선을 위한 제안을 얼마나 자주 하는가?

또 친구나 동료들에게 그 회사의 제품을 써보라고 권하는 사람들이 얼마나 되는가? 바로 지금 말이다.

그들은 그 회사의 제품을 사랑하는가? 그 제품 덕분에 자신을 더 사랑하게 되었는가?

최근에 문을 연 식당의 경우, 매일 밤 다른 친구를 데리고 다시 찾아오는 사람들이 얼마나 되는가?

이 질문은 농산물 직판장의 판매 부스나 비영리단체, 아이돌봄 서비스에도 적용된다.

제품이 사라진다면 아쉬워할 사람들이 있는가?

작은 규모에서도 성공할 수 없는데 왜 큰 규모에서 성공할 것이라고 생각하는가?

1,000명의 진정한 팬들

2008년에 〈와이어드〉의 창립자인 케빈 켈리(Kevin Kelly)는 최소유효시장에 대한 간단한 진실을 설명하는 글을 썼다.

핵심은 혼자 저작물을 창작하는 사람들(가수나 작가)은 1,000명의 진정한 팬만 있어도 먹고살기에 충분하다는 내용이었다.

케빈의 글을 인용하자면 1,000명의 팬들이란 이런 사람들이다. "진정한 팬은 당신이 만드는 모든 것을 사는 사람을 말한다. 이 열성 팬들은 당신이 노래하는 모습을 보려고 300km를 운전해 달려온다. 당신이 쓴 책의 양장본과 페이퍼백, 오디오북 버전을 모두 산다. 아직 출시되지 않은 피규어를 미리 산다. 당신의 유튜브 방송을 편집해 베스트 영상만 모아놓은 DVD에 돈을 지불한다. 한 달에 1번 열리는 셰프의 특별 요리 행사에 참석한다. 당신에게 이런 진정한 팬(열성 팬)이 1,000명 정도만 있다면 먹고살 수 있다. 큰돈을 벌지 못해도 만족한다면 말이다."

이 1,000명은 파트레온(Patreon)⊙에서 당신을 후원하고, 킥스

⊙ 예술 작품부터 앱 프로그램까지 다양한 영역의 크리에이터를 후원하는 크라우드 펀딩 사이트.

타터에 당신이 새로운 크라우드 펀딩 프로젝트를 올린 첫날 제품을 구매할 것이다. 그들은 당신의 작업을 소중히 여길 뿐 아니라 주위 사람들에게 소개도 할 것이다.

세상에 영향력을 미치고 싶어 하는 대다수 사람들에게 주어진 과제는 대량 판매 중심의 매스 마켓(mass market)이 아니라 소매, 무인 결제가 주를 이루는 마이크로 마켓(micro market)에서 성공하는 것이다. 그러나 자신이 사라지면 아쉬워할 50명이나 100명을 확보하기 전에 익명의 대중을 기쁘게 하려고 무리수를 두는 경우가 많다.

할리우드가 열광하는 스타인 킴 카다시안과 그 자매들처럼 되는 꿈을 꾸는 것도 좋지만 소수에게 중요한 존재가 되는 것이 훨씬 생산적이다.

하지만 '해밀턴'의 경우는 어떤가?

미국인들 사이에서 가장 뜨거운 반응을 얻은 뮤지컬 '해밀턴'은 이 이론을 증명하는 히트작이다. 한 창작자가 기존의 판도를 뒤엎었을 뿐 아니라 노력과 기술이 결합된 마술적인 이야기가 모든 것을 바꿀 수 있음을 보여준 작품이다.

다만.

다만, 그럼에도 불구하고 1년이 넘도록 관객은 수백 명에 그쳤다.

다만, 브로드웨이 기록을 깨면서 뉴욕에서 가장 큰 규모로 공연할 때도 관객 수는 수천 명에 불과했다.

다만, 시카고 같은 도시에서 문화의 작은 부분을 바꿀 때도 이에 참여하는 사람은 미국 인구의 1% 미만이다. 인기 있는 사운드트랙 앨범도 잘 팔려봤자 수십만 장밖에 팔리지 않는다. 여기에서 파생된 도서가 깜짝 베스트셀러에 오르지만, 역시 비슷한 수준으로 팔린다.

이제는 인기를 끌어도 과거만큼 큰 인기를 끌지 못한다. 소수에게만 의미를 지닐 뿐 나머지 사람들의 눈에 띄지는 않는다.

제리라면 어떻게 했을까?

나는 종종 전설적인 록밴드인 '그레이트풀 데드(Grateful Dead)' 이야기를 하고는 한다. 아직도 그들 같은 섬김, 유대를 강조한 리더십을 보이며 팬들에게 헌신할 배짱을 지닌 밴드는 보지 못했다. 나는 10년 전, 그들에 대한 글을 처음 썼다. 그러나 여전히 많은 사람들이 착각에 빠져 빌보드 차트 톱 40 순위권에 든 음악만 찾는다.

지금까지 나는 233장의 '그레이트풀 데드'의 앨범을 샀다. 수록된 곡들의 재생 시간만 해도 500시간이 넘는다.

'그레이트풀 데드'는 최소유효시장을 겨냥한 마케팅의 힘이 얼마나 위대한지 보여주는 가장 완벽한 사례다. 그래서 그들이 어떤 일을 어떻게 했는지 분석할 가치가 있다. 우리가 가야 할 길고도 낯선 여행에 도움이 되기 때문이다.

물론 이제는 익숙한 사례라고 생각할 수도 있다. 하지만 음악가, 출판인, 헬스장 운영자, 컨설턴트, 셰프, 교사들은 '그레이트풀 데드'가 히트곡을 내는 데는 실패했지만 그에 따른 핵심적인 교훈이 있다는 사실을 잊은 듯하다.

그도 그럴 것이 우선 '그레이트풀 데드' 같은 밴드가 되고 싶은 아이들이 드물다. 빌보드 차트 톱 40위권에 오른 '그레이트풀 데드'의 히트곡은 총 하나다. 하나.

또한 그들은 특이한 히피 밴드로 쉽게 치부되었다. 덩달아 그들의 진정한 팬들도 특이한 히피들로 쉽게 치부되었다.

그러나….

그러나 '그레이트풀 데드'는 밴드의 창립 멤버이자 기타리스트인 제리 가르시아(Jerry Garcia)가 살아 있는 동안 3억 5,000만 달러를 벌었으며, 그가 죽은 이후에도 1억 달러를 벌어들였다.

음반 매출을 제외하고 콘서트 매출만 따진 것이 이 정도다. 또한 이것은 콘서트 티켓 가격이 평균 23달러에 불과할 때 올린 수익이다.

어떻게 이런 일이 가능했을까? 진정한 팬들이 모여들었기 때문이다. 진정한 팬들은 입소문을 퍼뜨리기 때문이다. 진정한 팬들은 계속 교류하고 싶어 하기 때문이다.

다음은 '그레이트풀 데드'의 마케팅이 성공하게 된 핵심 요소다.

- 그들은 비교적 적은 청중들에게 온 힘을 기울였으며 모든 노력을 집중했다.
- 그들은 라디오를 이용하여 대중에게 아이디어를 전파하지 않았다. 대신 관객들에게 공연을 녹음하도록 권하면서 팬들이 직접 입소문을 퍼뜨리게 만들었다.
- 그들은 다수의 사람들에게 적은 지지를 받기보다 소수의 사람들에게 열렬한 지지를 받고자 했다.
- 그들은 X축과 Y축에서 나름의 극단을 정하고 (라이브 콘서트 대 스튜디오 녹음, 팬들을 위한 긴 노래 대 라디오 방송에 맞는 짧은 노래) 확실하게 장악했다.

- 그들은 팬들에게 이야기하고 대변할 거리를 충분히 제공했다. 팬들은 내부자가 되었다.

그들이 성공하는 데는 3가지 요소가 필요했다.

- 탁월한 재능: 실력 없이 연간 146회의 공연을 소화할 수 없다.
- 엄청난 끈기: '그레이트풀 데드'의 전성기로 간주되는 1972년에도 공연장을 찾은 관객의 수는 5,000명 정도에 불과했다. 그들이 '벼락' 성공을 거두기까지는 10년이 넘는 시간이 걸렸다.
- 강한 뚝심: 좀비(Zombies), 도어스(Doors), 심지어 터틀즈(Turtles) 같은 밴드가 자신들보다 훨씬 많은 음반을 파는 것을 지켜보기는 쉽지 않다. 잠시라도 말이다.

1972년에 고집 세고, 통 크고, 운 좋은 밴드가 깜짝 성공을 거둔 것은 어쩌면 우연이었다. 그러나 지금 (음반 산업을 비롯한) 대부분의 산업에서 이런 성공은 우연이 아니다. 오히려 성공에 이르는 가장 좋은 경로이며, 여러 가지 측면에서 가장 많은 수익을 낼 수 있는 경로이기도 하다.

테일러 스위프트는 당신의 본보기가 아니다

컨트리 음반 가수를 전문적으로 맡는 음반사 빅 머신(Big Machine)의 대표인 스콧 보체타(Scott Borchetta)의 사례를 보자. 그는 200개가 넘는 1위곡을 만들어냈다. 놀라운 숫자다. 그는 그야말로 세계적인 마케터다.

그는 컨트리 팝 싱어송라이터인 테일러 스위프트(Taylor Swift)의 음반도 3,000만 장 넘게 팔았다. 공연 수익도 '그레이트풀 데드'의 공연 수익과 맞먹는다.

스콧 보체타와 테일러 스위프트는 히트곡 제조기다.

대다수 시장에는 히트 상품 제조기가 필요하다. 현재 음반 시장에는 두 사람이 그런 존재다. 앞으로 자세히 다루겠지만 모든 롱테일(long tail)⊙에는 숏헤드(short head)⊙⊙, 바로 인기를 끄는 지점이 있다. 인기는 우리 문화에 유용한 역할을 한다. 그러나 여기에서 근본적인 교훈은 누군가가 인기를 끌겠지만 아

⊙ 수요 곡선에서 다수이지만 비중이 작은 낮고 긴 구간.
⊙⊙ 수요 곡선에서 소수이지만 비중이 많은 높고 짧은 구간.

마도 그 사람이 당신은 아니라는 것이다.

당신이 히트 상품 제조기가 되는 비결을 알아낼 수 있다면, 시장의 중심부에 해당하는 집단을 바꾸고 꾸준히 이동시킬 수 있다면 한 번 해보라!

하지만 그렇지 않다면 우리는 다른 길을 걸어야 한다. 유대와 공감, 변화의 길 말이다.

모든 평론가는 옳다(모든 평론가는 틀렸다)

당신이 한 작업을 좋아하지 않는다는 평론가의 말은 옳다. 그는 당신의 작업을 좋아하지 않는다. 이는 논쟁할 거리가 아니다.

그러나 누구도 당신의 작업을 좋아하지 않을 것이라는 평론가의 말은 틀렸다. 최소한 당신은 자신이 한 작업을 좋아한다. 또 다른 사람들도 좋아할지 모른다.

이는 아마존의 모든 베스트셀러들이 별 1개짜리 평가와 별 5개짜리 평가를 받을 때 그러한 양상을 이해하는 방식이기도 하다. 어떻게 같은 책이 상반된 평가를 받을 수 있을까? 좋든지 싫든지 하나만 해야 하는 것 아닌가?

그렇지 않다.

《해리 포터와 마법사의 돌》도 2만 1,000개의 리뷰 중에서 12%는 별 1개나 2개짜리 평가를 받았다. 단적으로 말하자면 100명의 독자 중 12명은 최악의 평가를 한 셈이다.

이런 양가적 분포가 말해주는 사실은 모든 베스트셀러에는 최소한 두 부류의 독자가 있다는 것이다. 하나는 이 책을 희망하던 독자로, 책의 내용과 잘 맞는 꿈과 신념, 욕구를 가졌다. 다른 하나는 돌발적인 독자로, 이 책을 싫어하며, 다른 사람들과 이 책에 대한 반감을 나누는 데서 더 큰 만족감을 얻는다.

둘 다 옳다.

그러나 둘 다 그렇게 유용하지는 않다.

의견을 물어보는 것은 용감하면서도 멍청하다. 어떻게 보면 자신이 틀렸음을 증명해달라고 요청하는 꼴이기 때문이다. 상대가 "훌륭한 것을 만들었다고 생각하는 모양인데 그렇지 않아요."라는 말을 하게 만드는 꼴이기 때문이다.

그런 말을 들으면 마음이 아프다.

차라리 조언을 구하면 어떨까?

이런 식으로 말하는 것이다. "내가 좋아하고, 당신도 좋아할 만한 것을 만들었어요. 어떻습니까? 당신의 세계관과 더 잘 맞도록 만들려면 어떻게 해야 할지, 조언해줄 말이 있나요?"

이는 비평도, 의견도 아니다. 유익한 조언은 상대에 대해 많은 것을 알게 해준다. 상대의 두려움과 꿈과 욕구를 알도록 도와준다. 다음에 상대에게 더 가까이 다가가게 만드는 단서가 된다.

많은 사람이 당신의 작업에서 어떤 느낌을 받았는지 말해줄 수 있다. 우리는 머릿속의 소음과 친숙하다. 이 소음은 종종 개인적이고 구체적인 비평으로 표현된다.

그러나 그것은 당신 자체를 비판하는 것이 아니며 때로는 유용하지 않을 수도 있다.

그보다는 다른 사람들이 가진 두려움이나 부적절성, 부당함에 대한 그들의 내러티브를 드러낸 것일 수도 있다.

사람들은 부정적인 이야기를 할 때 종종 그것이 보편적인 반응인 것처럼 말한다. 그래서 '누구도'나 '모두가' 같은 표현을 쓴다. 그러나 그들이 하는 말은 특정한 순간에 특정한 작업에 대해 느낀 특정한 불만일 뿐이다.

부정적인 이야기를 하는 사람들은 책이 늦게 배달되었다는 이유로 별 하나짜리 평가를 한다. 예산보다 많은 돈을 썼다는 이유로 점원한테 화풀이를 한다. 그들은 앞으로 어떤 방향으로 나아가는 것이 좋을지 유용한 조언을 해주는 사람들과 사뭇 다르다.

사나운 감정적 반응으로부터 자신을 보호하고 앞으로 나아가는 데 도움이 되는 유용한 조언을 구하는 편이 낫다.

사람들은 왜 당신을 선택하지 않을까?

마케터에겐 또 다른 힘든 과제가 있다. 바로 공감 능력을 키우는 것이다.

당신의 제품을 사지 않는 사람들, 당신의 전화를 받지 않는 사람들, 당신의 혁신을 조롱하는 사람들, 당신의 존재를 알면서도 경쟁자에게 구매하는 사람들. 그런 사람들….

그들이 옳다고 생각하는 이유는 무엇일까?

어째서 당신을 선택하지 않는 것이 옳은 결정일까?

열심히 노력한 당신의 입장에서는 그들의 판단력을 깎아내리고, 그들의 가치관에 의문을 제기하며, 그들이 뭘 모르거나, 이기적이거나, 그냥 옹고집이라고 가정하고 싶을 것이다.

이런 마음을 잠시 접어두고 공감 능력을 발휘하여 다음 문장을 채워보라.

"당신이 원하는 (_____)을 원하고, 당신이 믿는 (_____)을 믿는 사람들에게 (＿＿＿＿)에 대한 당신의 선택은 옳다."

사람들은 대개 그들이 보는 것, 믿는 것, 원하는 것을 토대로 합리적인 결정을 내린다.

당신이 경력 코치라면 코치를 고용하지 않는 것이 현명한 결정인 이유를 설명하라. 또 다른 코치를 고용한 것이 타당한 결정인 이유를 설명하라.

몇 년 전에 나는 친구가 선물로 보내주어 요리 교실에 참석할 기회가 있었다. 셰프는 송아지 고기를 갈아서 만드는 요리를 가르쳐주었다. 그는 시연을 마친 다음 질문이 있는지 물었다. 한 수강생이 무모하게 손을 들어서 "칠면조 고기로 이 요리를 만들어도 되나요?"라고 물었다.

셰프는 강한 억양으로 조롱하듯 말했다. "가능하죠. 맛이 **형편없어도** 괜찮다면요."

물론 두 사람 다 옳았다.

수강생은 재료 구입의 편리함이나 건강상의 이점, 도덕적 의미를 맛보다 더 중시할 수 있다. 셰프는 송아지 고기 요리에 대한 기억이 너무나 소중해서 다른 재료로 대체하는 것을 자신의 노력에 대한 무시로 받아들일 수 있다.

그것이 여기서 "옳다."는 말이 지니는 뜻이다. 나름의 정체성, 욕구, 지식을 토대로 각자가 내린 결정을 본다면 모두가 옳다. 항상.

하지만 마케터는 공감 능력을 발휘하여 "죄송하지만 이건 당신에게 맞지 않아요! 여기로 가보세요."라고 말할 수 있어야 한다. 그때 중요한 작업에 전념할 자유도 얻는 법이다.

"우리 같은 사람들은 이런 일을 한다"

깊은 변화는 어렵지만 가치 있다

지금까지 말한 대로 모든 조직, 모든 프로젝트, 모든 상호작용은 1가지 일을 하기 위해 존재한다. 바로 변화를 일으키는 일이다.

제품을 판매하고, 정책을 바꾸고, 세상을 치유하는 변화.

마케터이자 변화의 수행자로서 우리는 거의 대부분 변화를 일으키는 자신의 능력을 과대평가한다. 그 이유는 간단하다.

모두가 언제나 내면의 내러티브에 따라 행동하기 때문이다.

사람들이 스스로 원하지 않는 일을 하게 만들 수는 없다. 사람들이 원하는 일은 내면의 내러티브를 강화하는 행동이다.

그렇다면 진정한 질문은 이것이다. "내면의 내러티브는 어디에서 나오며, 이것을 어떻게 바꾸는가?" 더 정확하게는 "어떻게 내면의 내러티브를 활용해 사람들의 행동을 바꿀 것인가?"

어떤 사람들은 행동을 바꾸는 데 개방적인 내면의 내러티브를 지니고 있다(가령, 프로듀서이자 가수인 퀸시 존스는 다양한 종류의 음악을 좋아한다). 반면 변화에 강하게 저항하는 사람들도 있다.

그러나 대다수 사람들은 **동화되려는 욕구**(우리 같은 사람들은 이런 일을 한다)와 **위상에 대한 인식**(연대와 지배)에 이끌려 행동을 바꾼다. 2가지 힘은 종종 현재 상태를 유지하게 만들기 때문에 바꾸려면 긴장이 생긴다.

이런 힘들이 작용하는 양상을 알면 완전히 새로운 방식으로 문화를 파악할 수 있다. 마치 누가 불을 켜고 지도를 준 것처럼 말이다.

우리 같은 사람들

귀뚜라미를 먹어본 적이 있는가? 통째로 말고 귀뚜라미 가루라도 먹어본 적이 있는가? 여러 지역에서 귀뚜라미는 뛰어난 단백질 공급원으로 소비되고 있다.

소고기는 어떤가? 목축은 가장 쉽게 언급되는 지구온난화의 원인 중 하나이고, 사실상 음식을 확보하는 데 비효율적인 수단 중 하나이다. 그러나 이 책을 읽는 대다수 사람들이 지난주에 점심이나 저녁으로 소고기를 먹었을지도 모른다.

유전적인 것이 아니라면, 우리가 귀뚜라미와 소고기에 대해 어떤 정해진 감정을 가지고 태어나는 것이 아니라면, 이것은 먹고 저것은 먹지 말아야 할 명확하고 합리적 이유가 없다면, 왜 우리는 소고기는 좋아하면서 귀뚜라미는 꺼리는 것일까(아니면 그 반대일까)?

우리 같은 사람들이 그렇기 때문이다.

대다수 사람들의 경우 기억나는 가장 오래된 순간부터 마지막 숨을 쉬는 순간까지 하나의 질문이 행동을 좌우한다. 바로 "우리 같은 사람들은 이런 일을 할까?"이다.

나와 같은 사람들은 소득을 속이지 않는다.

나와 같은 사람들은 차를 몰고 다니며, 버스를 타고 다니지 않는다.

나와 같은 사람들은 직장이 있다.

나와 같은 사람들은 새 제임스 본드 영화를 보고 싶어 한다.

특이한 사람들의 행동을 따라 할 때도, 일반인은 자주 하지 않는 일을 할 때도, 우리는 그 질문에 자신을 맞춘다.

주위에서 일어나는 일을 인식하지 못하거나 신경 쓰지 않는 사람은 없다. 완벽히 독창적이고, 독자적으로 움직이며, 완벽히 고립된 채 살아가는 사람은 없다. 소시오패스는 반사회적 행동을 할지 모르지만 대중을 인식하지 않는 것은 아니다.

우리는 문화 그 자체를 바꿀 수 없다. 그러나 문화의 일부, 우리에게 주어진 세상에서 어떤 작은 구석을 바꿀 수는 있다.

최소유효시장이 타당한 이유는 그런 문화를 바꿀 가능성을 극대화하기 때문이다. 시장은 당신이 일으키려는 변화로 풍요로워지고, 연결되며, 시장의 다음 층위와 유기적으로 이야기를 공유한다. 그런 식으로 확산이 이뤄진다. 우리 같은 사람들이 늘어나는 것이다.

케이스스터디: 블루 리본

우리 도시에 문제가 생겼다. 그곳에는 아주 좋은 학교들이 있는데 (초등학교는 블루 리본 학교°로 지정되었다) 학교 지원 안건으로 곧 치러질 예산 투표를 두고 대립이 벌어졌다.

많은 주민들, 특히 오랫동안 거주했던 주민들과 2세대, 3세대 가족들은 세비가 오르는 데 화를 냈다. 그중 일부는 반대 운

◉ 블루 리본(The National Blue Ribbon School Program)은 미국 교육부에서 공립 및 사립 초·중·고교 가운데 학생들의 수준 높은 성취도를 이끌어낸 우수한 학교에 주는 상이다. 매년 7,500개 이상의 학교 중에서 선정하며, 교육계의 오스카상으로 불릴 정도로 명예로운 상이다.

동을 벌였고, 내가 기억하는 한 최초로 예산안이 통과되지 않았다.

이런 경우 뉴욕 주에서는 2차 투표가 진행된다. 2차 투표에서도 예산안이 통과되지 않으면 의무적으로 상당히 엄격한 예산 삭감이 이뤄진다. 그러면 우선순위를 꼼꼼하게 정하지도 못한 상황에서 필수로 진행해야 하는 프로그램이 취소될 수 있다. 2차 투표를 8일 앞둔 상황에서 어떻게 문제를 해결했을까?

소수의 찬성파 주민들은 새로운 접근법을 취하기로 결정했다. 그들은 반대파와 말다툼을 벌이거나, 전단지를 돌리거나, 시위를 여는 대신 도시 중심부의 중학교 앞에 있는 커다란 나무에 100개의 파란 리본을 달았다.

이 아이디어는 며칠 만에 퍼졌다. 2차 투표가 열리는 주가 되자 도시 전체에 걸쳐 수십 개의 나무에 파란 리본이 달렸다. 수십 가구의 가족들이 단 수천 개의 리본이.

그것이 주는 메시지는 단순했다. 우리 같은 사람들, 우리 도시에 사는 사람들, 이 블루 리본 학교가 지정된 지역에 사는 사람들은 우리의 학교를 지원한다는 것이었다.

예산안은 2 대 1의 비율로 통과되었다.

내면의 내러티브

우리는 외부와 단절된 상태에서 결정을 내리지 않는다. 우리와 비슷한 부류가 인식하는 바를 토대로 결정을 내린다. 그래서 700달러짜리 유모차를 산다. 똑똑하기 (사실은 멍청하기) 때문이다.

또 지역 농산물 직판장에서 먹거리를 산다(또는 비가 오거나, 치토스 과자를 팔지 않아서 그렇게 하지 않는다).

축구장 밖에서 여성 리포터를 희롱하기도 한다(그리고 직장을 잃는다). 우리 같은 사람들은 그렇게 한다고 생각하기 때문이다.

또는 진분홍색 셔츠에 노란 바지를 입고 양말을 신지 않는다. 그래야 편하다고 스스로 말한다(그러나 사실은 그게 자신을 가장 멋져 보이게 한다고 생각한다).

이 모든 것은 단순한 질문을 중심으로 이뤄진다. "나와 같은 사람들은 이런 일을 할까?"라는 질문 말이다.

일반화는 문화를 형성하고, 문화는 우리의 선택을 이끌며, 우리의 선택은 더 큰 일반화로 이어진다.

마케터는 평범한 사람을 위해 평범한 물건을 만들지 않는다. 마케터는 변화를 일으킨다. 그 방법은 새로운 행동을 일반화하는 것이다.

'우리'에 대한 정의

과거에 대중매체는 '우리'를 '우리 모두'로, 군중으로, 미국인 전체로, 전 세계인으로 규정하려고 애썼다. 그러나 이 시도는 한 번도 완벽하게 성공한 적이 없었다. 인종주의자, 외국인을 혐오하는 사람, 고립주의자들이 '우리' 사이에 선을 그었기 때문이다.

그래도 '우리 모두'에 아주 가까워지기는 했다. '온 세상이 노래하도록 가르치고 싶어(I'd like to teach the world to sing)'◉라는 노래에서 말하는 변화와 세계적인 상업화는 대다수 사람들이 예상하던 것보다 더 빠르고 깊이 진행되었다. 우리는 (대부분) 조니 카슨(Johnny Carson)◉◉이 진행하는 방송을 시청했고, 청바지를 입었으며, 학교에 다녔다. 적어도 우리가 **모두**의 범위에 넣고자 하는 사람들은 그랬다.

그러나 현재의 대중문화는 과거만큼 대중적이지 않다. 〈뉴욕타임스〉가 한 시즌 동안 무려 10여 차례나 기사로 극찬한 드라마 시리즈 '매드맨'을 본 사람은 미국 전체 인구의 1%밖에 되지

◉ 영국의 팝 그룹인 더 뉴 시커즈(The New Seekers)의 노래 제목이다.
◉◉ 미국의 유명한 희극배우로 1962년부터 1992년까지 30년 동안 자신의 이름을 내건 텔레비전 쇼를 진행했다.

않았다. 크로넛(Cronut) 도넛이나 지방 축제에서 팔리는 바싹 튀긴 오레오, 독특한 레스토랑에서 천연 재료로 만들어 파는 문 파이(Moon pie)⊙처럼 대중문화에서 새롭게 일어나는 현상들은 크게 보면 사실상 파급력이 미미하다.

이제 우리는 더 이상 **모든** 사람이 아니다.

그래도 괜찮다. 문화와 미디어 그리고 변화를 일으킬 때 롱테일은 더 이상 모든 사람을 필요로 하지 않기 때문이다. 그저 **충분한** 사람이면 된다.

어떤 우리인가?

"우리 같은 사람들은 이런 일을 한다."에서 중요한 부분은 '우리'다. '우리'가 구체적이고, 많이 연결되고, 긴밀할수록 좋다.

마케터, 리더, 주최자가 처음 해야 할 일은 바로 '우리'를 정의하는 것이다.

"우리 같은 사람들은 이런 자선단체에 기부한다."는 말은 명백히 말하면 모든 사람을 대상으로 삼지 않는다. 모든 사람이 이 자선단체에 기부하지는 않을 것이다. 그렇다면 누가 기부할까?

⊙ 한국의 초코파이처럼 대중화된 파이다.

'기부하는 사람은 우리 같은 사람이다.'가 정답이 아니다. 이는 거꾸로 된 것이다. 우리는 이보다 더 과감하고 상세해야 한다. 또한 적극적으로 우리의 시장에 도달해야 할 뿐만 아니라 그들을, 그들의 기대를, 그리고 무엇보다 그들이 서로에게 말하고 보여주는 것을 바꿔야 한다.

회사에서 새로 구상한 것을 발표하거나, 다른 회사를 상대하는 영업용 전화를 걸거나, 당신이 지도하는 축구팀의 문화를 바꾸려 할 때도 같은 방식이 적용된다.

'우리'를 정의하고 거기에서 시작하라.

그냥 '문화'라고 불러서는 안 된다

'하나의 문화' 또는 '이 문화'라고 불러야 한다. 보편적인 문화, 우리 모두를 규정하는 '우리'는 없기 때문이다.

우리의 일이 '문화'를 바꾸는 일이라는 것을 깨달았다면 이제 2가지 힘든 일을 시작해야 한다.

1. 우리가 바꾸고자 하는 문화의 세계관을 파악하고 이해한다.

2. 모든 노력을 해당 집단에 집중한다. 다른 사람들은 모두 무시하라. 대신 우리가 바꾸고자 하는 문화에 맞는 공감되는

이야기를 구축하고 실천하는 데 집중하라.

변화는 이렇게 이뤄진다. 문화를 바꾸고자 하는 의지를 품고 과감하게 하나를 고르는 데서 변화가 이뤄진다.

딱 충분한 정도

기업인인 알렉스 새뮤얼(Alex Samuel)은 제트블루 항공사가 처음 만들어질 때 아메리칸 항공이나 델타보다 힙(hip)하기만 하면 충분했다는 점을 지적한다.

그러나 6년이 지나고 새로 생긴 버진 아메리카는 제트블루 항공사보다 더 힙해야 했다. 이는 뛰어넘기 힘든 난관이었다. 제트블루가 힙해지기 위해 열심히 노력했기 때문이다. 그 결과 상대적으로 기준이 높아졌다.

문화에 속한 모든 것은 어제와 오늘 그리고 내일 사이에 형성된 위계의 일부다. 단번에 가장 앞으로 건너뛸 수 없다.

가령 사진도 마찬가지다. 과거에 사진을 찍던 방식을 배우기는 쉽다. 과거의 스타일을 기술적으로 모방하는 것은 어렵지 않다. 단선적이기 때문이다. 하지만 다음 단계로 나아가려면 도약이 필요하다. 어떤 일을 약간 더 낫게, 더 신선하게 하는 새로운 방식으로의 도약 말이다. 다만 너무 멀리 도약하면 사람들이 뒤따르지 않는다.

케이스스터디 : 아일랜드의 동성 결혼 문제

아일랜드에서 동성 결혼을 허용하는 문제를 놓고 세계 최초로 국민투표를 실시하게 됐다. 이를 통과하는 1가지 방법은 주장을 내세우되, 공정성과 존중 그리고 시민권에 초점을 맞추는 것이다.

그러나 이런 합리적 접근법으로는 멀리 나아가기 어렵다.

그렇다면 다른 대안은 무엇일까? 브리이드 화이트(Brighid White)와 그녀의 남편인 패디(Paddy)는 둘 다 거의 80세에 이른 노인이다. 두 사람은 그들의 아들 그리고 국민투표를 통과하는 일이 그들에게 어떤 의미를 지니는지에 대해 이야기하는 영상을 만들었다.

그들은 '우리 같은 사람들'이다.

그들이 만든 영상을 보면 쉽게 동화된다. 부모로서, 전통주의자로서, 아일랜드 사람으로서.

정치적 변화의 핵심은 거의 언제나 문화적 변화와 맞닿아 있으며, 그 문화는 수평적으로 변한다.

사람에게서 사람으로. 우리에게서 우리로.

엘리트 그리고 / 또는 배타성

기자이자 베스트셀러 저자인 말콤 글래드웰은 엘리트 제도와 배타적 제도 사이에 차이가 있다고 지적했다.

둘은 공존하기도 하지만 그렇지 않은 경우가 많다는 것이다.

예를 하나 들겠다. 세계에서 가장 영예로운 장학금이라고 알려진 로즈 장학금(Rhodes Scholarship)은 소수의 엘리트에게만 주어진다. 그래서 로즈 장학생은 다른 엘리트에게도 존중받는다.

하지만 엘리트는 외적 기준이다. 당신이 중요하게 생각하는 세계가 이 증표를 존중하는가?

또 로즈 장학금은 배타적이지 않다. 로즈 장학생은 비슷한 부류의 집단, 독자적 문화를 가지고 긴밀하게 연결된 집단이 아니다.

반면에 배타성은 내적 기준이다. 그래서 우리 대 그들, 내부자 대 외부자로 가른다.

모터사이클 클럽인 헬스 엔젤스(Hell's Angels)는 엘리트는 아니지만 배타적이다.

하버드 경영대학원은 엘리트성과 배타성을 모두 지닌다. 네이비 실도 마찬가지다.

중요한 일을 이루려고 노력하다 보면 이 2가지가 헷갈리기 쉽다. 우리의 조직을 엘리트 조직으로 만들거나, 〈뉴욕 타임스〉가 우리의 오페라를 호평하게 만들거나, 학교 선배들이 경기장에서 우리의 활약을 좋아하도록 만들어야 할 것처럼 보인다.

그러나 사실 변화를 일으키는 힘은 배타성에서 나온다. 우리는 엘리트로서 우리의 위상을 제어할 수 없다. 순식간에 빼앗길 수도 있다. 그러나 배타적 조직은 구성원들이 소속되기를 바라는 한, 우리가 제어할 수 있는 일을 하는 한 지속된다.

배타적 조직의 핵심에는 단순한 사실이 있다. 모든 구성원이 '우리 같은 사람들'이라는 것이다. 그 점에 동의하면 위상을 얻고 반대하면 위상을 잃는다.

문화를 바꾸기 위해서는 외부로부터는 배타적이나 내부에서는 그들끼리 비슷한 생각을 하는 동류집단에서 시작해야 한다. 우리는 이 집단에 가장 큰 긴장을 제공하고, 가장 유용한 유대를 형성할 수 있다.

케이스스터디: 로빈 후드 재단

뉴욕의 빈곤 문제를 해결하기 위해 만들어진 자선단체인 로빈 후드 재단(Robin Hood Foundation)은 2015년에 1억 100만 달러를 모았다.

그것도 **하룻밤** 만에. 이날 열린 행사는 역사상 가장 효과적인 모금 행사였다.

어떤 사람들은 이 결과를 보고 전술이 비결이라고 말했다. 하지만 그렇지 않다. 그 비결은 '**우리 같은 사람들은 이런 일을 한다.**'라는 동류집단의 강력한 압력 덕분이었다.

로빈 후드 재단은 주로 부유한 헤시번느와 월가 투자자들의 후원으로 운영된다. 이 재단은 오랫동안 모금 행사에 대한 사람들의 기대를 형성했다. 그들은 단체 설립 초기에 관심을 보이고 참여한 사람들이 배푼 선행을 입소문으로 조심스레 퍼뜨리는 한편 월가 사람들의 강한 경쟁심을 자극했다. 익명으로 이뤄진 기부도 있었지만 거의 모든 기부는 참여한 사람들의 현금과 위상을 바꾸는 단순한 거래로 이뤄졌다.

로빈 후드 재단의 모금 행사는 긴장을 유발한다. 그 자리에는 당신과 배우자 그리고 동료들이 있다. 명분은 훌륭하다. 기부만 하면 두각을 드러내고, 명성을 얻고, 경쟁에서 이길 수 있다. 이 점이 그들의 세계관과 부합하기 때문에 능력이 된다면 기부를 하게 된다.

이 내러티브는 오랜 시간에 걸쳐 일반화되었다. 더 이상 극단도, 특정한 '우리'가 하는 일도 아닌 그냥 우리가 하는 일이 되었다.

이 과정에 담긴 심리적 속성은 쉽게 간과된다. 기부가 의도치 않은 부수적 효과로 이뤄지는 경우는 드물다.

기립 박수

기립 박수가 시작되려면 얼마나 많은 사람이 필요할까?

테드 강연에서는 3명이면 된다. 3명만 일어나면 나머지 청중들도 전부 일어난다.

브로드웨이 공연의 경우도 마찬가지다. 아무리 반응이 미지근해도 극장 여기저기에 15명만 자리 잡고 있으면 충분하다.

하지만 뉴욕 최고의 재즈 클럽인 메즈로우(Mezzrow)에서는 아니다.

왜 그럴까?

기립 박수를 치는 청중들 중 어떤 청중들은 서로 아는 사이다. 그들은 주위에 있는 다른 사람들을 알고 존중한다. 그들에 대한 신뢰가 동화되고 싶은 깊은 욕구와 결합하면 따라서 박수를 치게 되고 그러면 기립 박수가 이뤄진다. 내가 '우리'의 일원이 되고 싶어 할 때 '우리'의 리더가 일어서면 나도 일어선다.

모르는 사람들로 구성된 집단의 경우에는 동화 욕구가 약간 다르게 나타난다. 브로드웨이 극장에 있는 관람객들은 자신과 같은 관람객들과 비슷한 반응을 보이려 한다. 브로드웨이 극장은 애초에 편향되어 있다.

하지만 열혈 재즈 팬들의 경우는 반대다. 그들은 재즈 클럽에서 좀처럼 기립 박수를 치지 않는다는 사실을 안다. 이 편향을 바꾸기는 어렵다.

뿌리와 줄기

지금까지 우리가 다룬 생각들을 생생하게 그려주는 비유를 들어보자.

당신의 일은 나무와 같다. 그 뿌리는 꿈과 욕망이라는 흙 속에서 살아간다. 모두의 꿈과 욕망이 아니라 당신이 섬기고자 하는 사람들의 꿈과 욕망 말이다.

당신의 일이 일용품 수준이라면, 뻔한 수요를 충족하려는 약삭빠른 대응이라면, 당신의 뿌리는 깊이 뿌리내리지 못한다. 나무는 높이 자라지 못할 것이고, 설령 높이 자라더라도 중요하거나, 유용하거나, 지배적이라는 평가를 받지 못할 것이다.

그러다가 결국 비슷한 나무들 사이에 파묻히고 말 것이다.

당신의 나무는 자라는 동안 공동체를 위한 표식을 만든다. 당신이 섬기고자 하는 사람들 중 얼리 어답터들은 나무를 찾아와 둥치를 오르거나 그늘에서 쉬다가 나중에는 과일을 따먹는다. 그러다가 다른 사람들을 불러 모은다.

당신이 계획을 잘 세웠다면 나무는 계속 자랄 것이다. 주위에 시야를 가리는 다른 나무들이 없어서 햇빛을 잘 받기 때문이다. 당신의 나무는 자라면서 사람들을 나무 주변으로 불러 모을 뿐 아니라 가장 높은 위치에서 (주위에서 가장 지배적인 선택지로서) 다른 비슷한 나무들의 헛된 노력을 저지한다. 시장은 승자를 좋아한다.

도토리만 보여주고 사람들이 모여들기를 기대하는 것은 실수다. 관심 있는 사람들을 모으려면 그들에게 개선을 이루는 가장 짧고 직접적인 경로를 보여주는 것이 중요하다.

Chapter 10

신뢰와 긴장은 추진력을 창출한다

패턴 부합 / 패턴 단절

당신은 이 둘 중 하나를 하게 된다.

패턴에 부합한다는 것은 기존에 해오던 관행을 이어가는 것이다. 당신이 제공하려는 것이 우리가 자신에게 하는 이야기, 그 이야기를 하는 방식, 우리가 익숙한 속도, 비용, 위험에 부합할 때 선택지에 당신의 것을 추가하는 일은 쉽다.

어린아이들이 있어서 끝없이 아침식사용 시리얼을 바꾸는 가족이 있다고 가정해보자. 그들은 코코아 크리스피즈(Cocoa Krispies), 럭키 참스(Lucky Charms), 프로스티드 플레이크스(Frosted Flakes) 등 세일을 하거나 (아이들이 열광하는) 판촉 행사를 하는 시리얼 제품이 있다면 무엇이든 산다. 새 시리얼 제품이 나왔을 때 그것을 사는 것은 패턴에 부합한다. 그러니 사지 않을 이유가 있을까?

173

목요일 저녁 시트콤을 보는 것처럼 단순한 일도 이 경우에 해당된다. 수백만 명이 매주 이 시간에 텔레비전을 본다. 당신은 패턴을 바꾸려 하지 않는다. 그저 새로운 제공물을 이미 존재하는 선택지에 넣으려 할 뿐이다.

반면 패턴을 단절하면 약간의 동요가 일어난다. 긴장이 창출되고, 그들은 새로운 대상을 고려하기 위해 주의를 기울여야 한다. 그럴 경우 새로운 대상은 고려할 가치가 있을까? 대부분의 경우 그리고 당신이 목표로 삼는 잠재 고객들은 "아니오."라고 말할 것이다. 그 이유는 이미 패턴이 확립되었고, 시간은 소중하며, 위험을 감수하기 싫어서다.

정원사를 한 번도 고용한 적 없는 사람이 처음으로 정원사를 고용하도록 만드는 일은 패턴을 단절시켜야 하는 일이다. 자선 사업에 수백 달러를 기부하던 사람이 수천 달러를 기부하게 만드는 일도 같은 난관에 직면하게 한다. 그러나 추진력을 얻으려면 패턴을 바꿔야 한다.

삶에 큰 변화가 생길 때는 새로운 패턴이 형성된다. 얼마 전에 아이가 생긴 아버지나 약혼한 여성, 이사한 사람들을 상대로 하는 마케팅이 수지맞는 이유가 거기에 있다. 그들에게는 아직 부합할 패턴이 없다. **모든 것**이 과거의 패턴과 단절된다.

일반적인 조직의 구매 담당자는 기존 패턴에 맞추는 것이 별 탈 없이 자리를 지키는 최선의 길임을 안다.

새로운 앱을 마케팅하는 최선의 시기는 플랫폼이 새로 생겼을 때다.

아직 패턴을 갖지 못한 사람에게 마케팅할 때는 기존 선택이 잘못되었다고 설득할 필요가 없다.

긴장은 패턴을 바꾼다

패턴을 단절할 때는 긴장을 조성해야 한다. 그 긴장은 이미 깊게 자리 잡은 패턴을 바꿔야만 해소될 수 있는 것이어야 한다.

고무줄을 당기면 장력이라는 일종의 긴장이 발생한다. 한쪽 끝만 당겨도 고무줄 전체에 장력이 생긴다.

왜 어떤 학생들은 강의 시간에 질문하기를 주저하면서 정작 선생님이 지목하면 대답을 잘할까?

그들은 스스로 나서는 데 어려움을 겪는다. 자율성과 책임이 필요하기 때문이다. 하지만 선생님이 지목하여 사회적 긴장을 형성하면 아무 어려움 없이 대답한다. 이 긴장은 관성을 극복하기에 충분하다.

우리는 바자회나 독서 클럽에 참여하라고 누군가에게 부탁

할 때 긴장을 창출한다. 하나의 힘(이 경우 사회적 참여)을 활용하여 다른 힘(참여하지 않았던 기존의 현상을 유지)을 극복하는 것이다.

가령 기업용 메신저 서비스를 제공하는 소프트웨어로서 빠르게 성장하고 있는 슬랙(Slack)을 살펴보자. 평소 일하는 방식을 계속 바꾸는 패턴을 지닌 사람은 드물다. 누구도 새로운 플랫폼으로 옮기기 위해 몇 주 동안 새로운 프로그램을 익히며 귀찮은 일을 처리하고 싶어 하지 않는다.

그런데도 슬랙은 가장 빠르게 성장한 제품이 되었다. 어떻게 그럴 수 있었을까?

일단 새것을 선호하는 사람들의 열정과 애정을 확보하고 나자 자연스럽게 톱니바퀴가 맞물려 돌아갔기 때문이다. 슬랙은 동료들이 같이 쓸 때 더 나은 것이 된다. 이것은 처음 이 제품을 쓰는 사람들이 자신의 편의를 위해서라도 다른 사람들에게 권하고 싶은 강력한 이유가 된다. 사실 그들에게는 입소문을 내지 않는 하루하루가 힘들다.

새로운 사용자들의 패턴을 단절시켜야 하는 문제는 어떨까? 긴장을 어떻게 창출할까?

간단하다. 그냥 "안 쓰면 손해."라고 말하면 된다.

슬랙을 쓰지 않으면 동료들이 뒤에서 수군대고, 당신 없이 프로젝트를 진행하고, 당신을 빼고 대화를 나눌 것이다.

하지만 사용자 대열에 합류하기만 하면 바로 그 긴장을 해소할 수 있다.

슬랙은 새로운 소프트웨어를 좋아하는 사람들에게 새로운 소프트웨어를 제공하는 **패턴 부합**부터 시작했다. 새로운 작업 방식을 찾는 사람들에게 새로운 작업 방식을 제공한 것이다.

그다음에 도약을 이뤘다.

그들은 이 집단에게 **패턴 단절**을 이룰 도구를 제공했다. 다른 동료의 패턴을 단절한 도구 말이다. 그들은 다른 동료에게 "이 새로운 도구를 써봐요."라고 말한다. 이런 수평적인 전이가 수십억 달러 규모의 소프트웨어 회사를 만들었다.

이런 변화는 우연이 아니다. 소프트웨어 자체에 내재되어 있다.

당신은 어떤 패턴을 단절하는가?

무엇을 깨트릴 것인가?

신제품을 출시하면 일부 고객에게는 도움이 되지만 동시에 어떤 대상을 깨트리게 된다. 신제품 자체가 기존에 있던 대상을 더 이상 진정한 것이 아닌 것으로 만들기 때문이다.

나이아가라 폭포에 두 번째 호텔을 만들면 첫 번째 호텔은 더 이상 유일무이한 호텔이 아니다.

전화가 발명되자 전신은 더 이상 메시지를 전하는 가장 빠른 수단이 아니게 되었다.

특별 초청 파티를 열면 초대받지 못한 사람들은 외부자가 된다.

(가장 효율적이고, 가장 저렴하고, 가장 편리한) 극단적인 제품을 출시하면 뒤처진 모든 제품은 더 이상 팬들이 찾는 극단이 아니게 된다.

새로운 네트워크는 멋진 청소년들과 강력한 얼리 어답터들을 끌어들여서 추진력을 얻는다. 이 추진력은 기존 네트워크에 속해 있던 모든 사람들이 거기에 계속 남는 문제를 고민하게 만든다.

긴장은 이렇게 다가온다. 뒤처지는 데 따른 불안을 유발하면서.

변화를 일으키는 마케터들은 이러한 긴장을 만들어낸다.

긴장은 두려움과 다르다

마케팅을 할 때 강압적이거나 조작 같은 느낌이 들거나 사람들에게 두려움을 초래한다면 일을 잘하지 못하는 것이다.

긴장은 다르다. 긴장은 오히려 우리가 섬기고자 하는 사람들을 소중히 여기기 때문에 생기는 것이다.

두려움은 꿈을 억누른다. 사람들이 얼어붙고, 숨을 멈추고,

마비되어 앞으로 나아가지 못하게 만든다.

두려움만으로는 변화를 일으키는 데 도움이 되지 않는다. 하지만 긴장은 도움이 될 수 있다.

우리는 경계를 지나려 할 때마다 긴장에 직면한다. 시도가 성공할지, 실패할지 모르는 데 따른 긴장. '새로운 걸 배우고 나면 달라진 내 모습이 마음에 들까?'라는 긴장 말이다.

물론 두려움도 생길 수 있다. 그러나 긴장은 두려움을 이겨내고 맞은편으로 넘어갈 수 있다고 약속한다.

적당한 긴장은 뛰어난 교육적 경험의 지표다. 긴장은 우리가 전체 과정 중 어느 지점에 있는지 모르는 데서, 교육과정을 확신하지 못하는 데서, 우리가 추구하는 통찰을 얻을 수 있을지 보장받지 못하는 데서 생긴다.

모든 효과적인 교육은 적당한 긴장을 만들어낸다. 새로운 것을 배우려면 (아직) 모른다는 사실을 깨달아야 하기 때문이다.

성인의 경우 훌륭한 재즈 콘서트나 야구 경기 또는 스릴러 영화가 주는 긴장에 노출되기도 한다. 그러나 대개 우리는 두려움에 먼저 휩싸인다. 그래서 우리가 바라는 사람이 되기 위해 새로운 것을 배울 기회가 생겨도 주저한다.

앞으로 나아갈 수 있다는 사실을 배우지 못하면 두려움에 꼼

짝도 못하게 된다. 그러나 출구가 보이면 긴장은 우리를 이끄는 도구가 된다.

효과적인 마케터는 과감하게 긴장을 만들어낸다. 일부는 적극적으로 긴장을 추구한다. 그 방법이 통하기 때문이다. 당신이 섬기는 사람들을 캐즘 너머로 밀어주기 때문이다.

당신이 일으키려는 변화를 중시한다면 그 변화를 대신하여 폭넓고 정중하게 긴장을 만들어내야 한다.

마케터들은 긴장을 창출하고,
추진력은 긴장을 해소한다

폐점 세일의 논리는 어떻게 보면 이율배반적이다. 애초에 좋은 가게라면 문을 닫을 일이 없기 때문이다. 더군다나 수리나 보증 또는 반품 서비스를 바란다면 곧 사라질 가게에서 물건을 사는 것은 현명하지 않다.

그런데도 사람들은 할인의 유혹에 저항하지 못한다.

폐점 세일의 희소성이 긴장을 창출하기 때문이다. '저렴하게 물건을 살 기회를 놓치는 것 아닐까?'라는 긴장 말이다. 이 긴장을 해소하는 최고의 방법은 직접 가서 확인하는 것이다.

좋은 기회를 놓칠지 모른다는 두려움이 우리의 등을 떠미는 유일한 긴장은 아니다.

새로운 소셜 애플리케이션이 나왔다. 일찍 가입하면 나중에 가입하는 사람들보다 더 많은 친구들을 찾고 어울릴 수 있다. 그러니 뒤처지지 않는 것이 좋다.

당신이 새로 옮긴 직장에서는 다른 방식으로 청구서를 처리한다. 당신은 기존 시스템에 익숙하다. 그러나 당신은 목요일까지 새로운 시스템에 적응해야 한다.

최근 동네에서 팔린 3채의 집이 예상보다 싸게 팔렸다. 당신은 서둘러 집을 팔지 않으면 대출금을 갚지 못할 것이라고 걱정한다.

스트리트 의류 브랜드인 슈프림(Supreme)은 운동화를 250켤레만 만든다. 당신은 한 켤레를 사면서 친구에게 안 살 건지 물어본다.

방송국은 드라마가 어떻게 끝날지 알고 싶으면 토요일에 시청하라고 광고한다.

우리는 배제되거나, 뒤처지거나, 모르거나, 무력하다는 느낌을 원하지 않는다. 앞서나가고 싶어 한다. 동조하고 싶어 한다. 우리 같은 사람들이 하는 일을 하고 싶어 한다.

마케터가 새로운 것을 들고 나와서 자극하기 전까지 이런 감정은 존재하지 않았다. 새 앨범이 발매되지 않았다면 듣지 못했다고 해서 배제된 느낌을 받을 일이 없다.

마케터는 의도적으로 이런 간극, 사람들이 건너뛰어야 하는 긴장의 계곡을 만든다.

그 이유는 위상이다.

사람들은 자신이 어디에 서 있는지 신경 쓴다.

동류집단이 자신을 어떻게 생각하는지 신경 쓴다.

누가 잘나가고, 누가 뒤처지는지 신경 쓴다.

긴장을 만들어낼 준비가 되었는가?

이는 수사(修辭)적 질문이 아니다.

당신은 일할 때 2가지 방식으로 할 수 있다.

하나는 택시 기사처럼 일하는 것이다. 먼저 손님을 찾아서 어디로 갈 것인지 묻는다. 그리고 미터기에 나온 대로 요금을 청구한다. 이 경우 당신은 이용자가 요구하면 필요한 서비스를 제공하는 주문형 교통 시스템에서 대체 가능한 톱니바퀴가 된다. 남들보다 열심히 일해도 크게 바뀔 것이 없다.

다른 하나는 변화를 일으키는 데 중요한 역할을 하는 사람으로서 긴장을 창출하고 해소하는 것이다.

라스베이거스에 새로 지어진 화려한 카지노들은 수많은 여행객에게 긴장을 창출했다. 1년 전만 해도 라스베이거스 인근 도시인 '리노'나 라스베이거스 시내를 구경하는 것으로 만족했던 여행객들은 이제 2등이 된 느낌을 받았다. 그들은 '내가 이렇게 낡은 카지노에 올 사람인가?'라고 자문했다. 새로운 대안인 더 화려한 카지노의 존재 자체가 과거에 좋아하던 곳에서 얻는 경험의 질을 떨어뜨렸다.

긴장이 창출된 것이다. 이 긴장을 해소하는 유일한 방법은 추진력을 얻는 것(새로운 대안을 받아들이고 앞으로 나아가는 것)이다.

당신의 이야기와 당신이 염두에 둔 해결책은 시장에서 긴장을 창출해내는가? 그렇지 않다면 변화를 일으키지 못할 가능성이 높다.

현재 상태는 어떻게 현재에 이르렀는가

우세한 내러티브, 시장점유율을 선도하는 사람, 당대를 지배하는 정책과 절차, 이들이 존재하는 이유가 있다.

그들은 당신 같은 반군들의 공격을 잘 막아낸다.

현재 상태를 뒤집어엎는 데 필요한 것이 진실뿐이라면 오래전에 바뀌었을 것이다.

우리가 기다리는 것이 단지 더 나은 아이디어나 더 간단한 해결책 또는 더 효율적인 절차라면 1년 전이나 10년 전 아니면 100년 전에 현재 상태에서 멀어졌을 것이다.

현재의 상태는 당신이 (당신이 변하는 것이 더 낫다고 여긴 생각) 옳기 때문에 변한다. 문화가 바뀌기 때문에 변한다.

그리고 문화의 엔진은 바로 위상이다.

Chapter 11

위상, 지배, 연대

박스터는 트루먼을 싫어한다

박스터(Baxter)는 우리 집 개다. 잡종이고, 밝고, 표정이 풍부하다. 사교적이라 거의 모든 사람 그리고 개와 잘 어울린다.

하지만 트루먼(Truman)은 예외다.

트루먼은 당당하고, 자신감 넘치는 독일산 셰퍼드로서 얼마 전에 우리 집 맞은편으로 이사 온 이웃의 개다. 트루먼은 자신의 주인인 이웃 가족의 사랑을 받고, 하루에 몇 번씩 산책을 하며, 박스터를 미친 듯이 화가 나게 만든다.

한번은 트루먼의 멋진 주인 가족들이 우리 집에 저녁을 먹으러 왔는데, 트루먼도 함께 데려왔다. 그때 박스터는 질겁하며 자제력을 잃어버렸다.

왜 그럴까?

갈라파고스에 사는 펭귄을 생각해보라. 그들은 하루에 2시간만 물고기를 잡고 나머지 시간에는 위계를 정한다. 그 시간 동안 엄청난 사회적 그루밍(grooming)과 충돌을 통해 저마다의 지위가 정해지곤 한다.

물론 우리 집 개와 펭귄만 그런 것이 아니다.

우리도 마찬가지다.

위상은 올바른 선택을 한다

왜 사람들은 특정한 레스토랑, 특정한 대학, 특정한 차를 선택할까?

왜 포커 챔피언은 나쁜 베팅을 할까? 왜 어떤 이는 집을 사지 않고 임대할까? 그는 어떤 클럽에 속할까?

언뜻 불합리해 보이는 결정을 자세히 살펴보면 위상이 영향을 미치고 있음을 알게 된다. 그 결정은 당신에게는 불합리하게 보일지 모르지만 당사자에게는 전적으로 합리적이다.

우리는 위상을 신경 쓰는 데 많은 시간을 들인다.

대부와 장의사의 위상

연극계의 거장이라 불리는 키스 존스톤(Keith Johnstone)의 뛰어난 저서인 《즉흥연기》를 보면 문화를 구성하는 모든 요소의

숨겨진 (하지만 명백한) 동인인 위상이 어떤 역할을 하는지 이해하는 데 도움이 된다.

무리 중에는 언제나 우두머리가 있다. 한배에서 난 새끼들 중에도 언제나 가장 약한 개체가 있다.

위상이 하는 역할은 사자 무리에서 누가 가장 먼저 먹이를 먹는지, 오아시스에서 누가 가장 먼저 물을 마시는지 등을 결정하는 것이다.

인간 사회의 경우도 1명 이상이 모인 모든 곳에서는 위상이 어떤 영향을 미친다. 데이트를 하는 연인 사이(누가 계산서를 집어 드는가)나 회의실(누가 먼저 들어오고, 누가 어디에 앉고, 누가 말하고, 누가 결정하고, 누가 책임지는가)에도 존재한다.

존스톤이 말하려는 핵심이 잘 드러나는 좋은 예가 있다. 유튜브에서 쉽게 검색할 수 있는 영화 '대부'의 첫 장면이다.

이 장면에서 장의사인 아메리고 보나세라(Amerigo Bonasera)는 작은 덩치에 밋밋한 검은색 정장을 차려입고, 딸의 결혼식을 연 대부 돈 꼴레오네(Don Corleone)를 찾아간다. 대부는 기운이 없고 다소 지친 기색이다.

이미 그들의 무대는 몇 초 만에 마련되었다.

위상이 낮은 보나세라(어떻게 더 낮을 수 있을까)는 위상이 높은 돈 꼴레오네와 마주한다. 대부는 최고의 위상을 유지하는 데 평생을 바친 남자다.

전통에 따르면 대부는 딸의 결혼식 날에 받게 되는 모든 부탁을 들어줘야 한다.

영화가 시작된 지 몇 분 만에 그들의 위상이 뒤바뀐다.

보나세라는 돈 꼴레오네에게 자신의 딸을 폭행한 남자들에게 복수해 달라고 부탁한다. 그는 대부가 큰 위험을 감수하길 바라면서, 대부의 이름을 빌려 자신의 위상을 높이려고 한다. 이때 그는 대부에게 대가를 지불하겠다면서, 꼴레오네 가문의 우두머리로서 지켜온 대부의 명예, 그의 위상을 한순간에 깡패로 격하한다.

그때의 긴장감이란.

이 순간 장의사의 목숨이 위태롭다. 그는 너무 멀리 나갔다. 부모로서 딸을 지키겠다는 마음이 그를 손쓸 수 없는 지경으로 내몰았다. 그의 부탁을 들어주면 대부는 자신의 위상을 유지할 수 없다. 앞서 말했지만 위상은 대부의 생명줄이다.

그러나 탁월한 연출 기법 덕분에 몇 초 만에 화면이 바뀌며 정상적인 질서가 회복된다. 장의사가 대부에게 고개를 숙이고 그의 반지에 입을 맞추며 충성을 맹세한다(꼴레오네는 누구든 자신에게 우정과 충성을 맹세하면 자신의 패밀리로 받아들여 어떤 것도 조건 없이 도와주기 때문에 자신의 위상을 지키며 장의사를 도와줄 명분이 생기는 것이다).

보나세라가 위계질서에 따라 자기 자리로 돌아오면서 긴장이 해소된다.

위상이 하는 일

위상은 위계질서에서 우리가 처한 자리다.

또한 그 자리에 대한 인식이기도 하다.

위상은 우리를 보호한다.

위상은 우리가 원하는 것을 얻도록 돕는다.

위상은 변화를 일으킬 지렛대를 제공한다.

위상은 숨을 곳이다.

위상은 축복일 수도, 부담일 수도 있다.

위상은 우리가 인식하는 대안과 선택지를 바꾸고, 우리의 미래를 무너뜨리는 (또는 뒷받침하는) 내러티브를 만든다.

위상을 바꾸거나 지키려는 욕망은 우리가 하는 거의 모든 일을 이끈다.

케이스스터디 : 사자와 마사이 전사

어떻게 해야 케냐와 탄자니아 지역의 사자들을 보호할 수 있을까?

보존생물학자인 릴라 하자(Leela Hazzah)는 사자들이 서식지를 침해당하면서 생존에 어려움을 겪는다는 사실을 발견했다. 동시에 그녀는 사춘기 소년 혼자 사자를 죽이는 것이 여러 마사이 부족에서 치르는 통과의례라는 사실을 알았다. 용기를 과시하기 위한 이 행위는 사자들에게 상당한 압박을 가했다. 한두 세대 전만 해도 해당 지역의 사자 수가 20만 마리나 되었는데, 상당수가 줄어들어 이제는 겨우 3만 마리뿐이었다.

전 세계에서 온갖 합리적 주장들이 나와도 이미 깊이 자리잡은 문화적 신념을 바꾸기는 힘들기 마련이다. 서구 사회의 경우도 마찬가지다. (부모로서, 청년으로서) 위상을 얻고자 하는 욕구는 우리 모두의 내면에 깃들어 있다. 릴라 하자 박사와 그녀의 팀은 인간의 근본적인 욕망을 토대로 새로운 문화적 신념을 창출하는 일에 나섰다.

0.25인치 드릴의 예에서 배웠듯이 항상 행위가 욕구와 명백히 연결된 것은 아니다. 마사이 부족의 경우 문화적 목표는 공동체를 하나로 묶고, 역량과 가능성을 의식하게 해주고, 용기

와 인내심을 심어주고, 중요한 통과의례를 만드는 것이다. 소년이 남자가 되도록 위상을 높여주는 것이다.

그러나 이 모든 목표는 반드시 사자를 죽이는 행위로 이룰 필요가 없다. 사자를 죽이는 것은 과거의 유물일 뿐이다.

그녀와 그녀의 팀은 마사이 부족의 문화적 체계에 맞춰서 새로운 통과의례를 도입하고 이를 중심으로 문화적 영향력을 구축했다. 마사이 부족의 소년들이 용기와 인내심을 증명하는 새로운 방법은 사자를 죽이는 것이 아니라 구하는 것이었다.

그녀의 말을 들어보자. "야생동물을 보호하는 일은 일반적으로 사람이 아니라 야생동물에 초점이 맞춰져야 한다. 야생동물 보호 단체인 라이온 가디언스(Lion Guardians)는 기존에 마사이 부족이 해왔던 것과 상반된 접근법을 취한다. 우리는 거의 10년 동안 지역공동체와 협력하여 사자들을 보호했으며, 전통적 지식과 문화를 과학과 혼합하여 공동체를 중심으로 보호 운동을 개선했다."

이제 마사이 부족은 사자들을 찾아서 이름을 붙이고, 그들을 추적하며, 원격 측정 방식으로 개체 수를 확인한다. 사자를 보호하는 일은 과거 그들이 사자를 죽였던 것과 같은 의미의 통과의례가 되었다.

위상 역학은 언제나 작용한다

위상은 한 번 인식하면 계속 인식하게 된다. 경찰이 신호 위반을 한 운전자를 멈춰 세웠다고 가정하자. 이 상황에서 누구의 위상이 더 높을까?

이 운전자가 자신의 사무실로 돌아와서 부하 직원에게 명령을 내린다. 이때는 누구의 위상이 더 높을까?

관료 체제에서 어떤 위상의 역할들이 부딪히는 것을 보면 오늘날 위상의 변화를 측정하는 방법에 대해서도 알 수 있다.

교실에서 가장 재미있는 사람(장난꾸러기), 실력자나 우등생 등 우리가 학교에서 쉽게 취하는 역할들도 위상과 관련되어 있다. 우리는 바꿀 기회가 있어도 이 역할들을 열심히 지키려 한다.

마케터가 제시하는 모든 새로운 아이디어, 기회, 변화에 대한 제안은 이미 존재하는 위상에 도전한다. 우리는 마케터의 제안을 받아들이거나 (그리고 우리가 자신에게 들려주는 이야기에 따라 위상이 위나 아래로 이동하거나) 거절할 때 뒤따르는 긴장과 함께 살아간다.

모두가 위상을 높이고 싶어 한다고 믿는 것은 실수다. 사실 그런 사람은 많지 않다. 또한 누구도 위상을 낮추고 싶어 하지 않는다고 믿는 것 역시 실수다. 조건에 따라 특정한 위상이 영향을 미치는 어떤 역할에 자신의 모습을 이입하게 되면 그 위상을 유지하거나 심지어 낮추려고 싸우게 된다.

현명한 마케터는 위상이 변하는 것(상승하거나 하락)에 개방적이어서, 그러한 변화를 추구하는 사람이 있는 반면 위상을 유지하기 위해 맹렬하게 싸우는 사람이 있다는 사실을 간파한다.

위상은 부와 다르다

어떤 영역에서는 퓰리처상을 받은 칼럼니스트가 나보다 훨씬 위상이 높다. 명망 높은 병원을 운영하는 의사는 부유한 성형외과 의사보다 위상이 높을 수 있다. 인도의 작은 마을에 사는 무일푼 수행자는 적어도 동료들 사이에서만큼은 그 마을에서 가장 돈이 많은 사람보다 위상이 높다.

지난 몇십 년 동안 우리는 위상이 가지고 있는 미묘한 차이를 판단하는 데 게을러졌다. 그래서 은행 잔고나 팔로워 수 같은 것과 연관 짓는 것을 더 선호했다. 그러나 위상은 여전히 다양한 형태를 지닌다.

위상에 대한 6가지 사실

1. **위상은 언제나 상대적이다.** 이것은 시력이나 힘 또는 은행 잔고와 다르다. 절대적 척도에서 당신의 위치가 어디인지는 중요하지 않다. 해당 집단에서 다른 사람들과 비교했을 때의 위상, 바로 상대적 위상에 대한 인식이 중요하다. 6은 4보다 크지만 11보다 작다. 가장 높은 수는 없다.

2. **위상은 보기 나름이다.** 다른 사람들은 당신의 위상을 낮게 보지만 당신 자신의 내러티브에 빗대어 보면 위상이 높을 수 있다. 두 평가는 때와 사람에 따라 모두 옳다.

3. **위상은 주의를 기울일 때 중요해진다.** 위상은 우리가 유지하거나 바꾸려 할 때 가장 큰 의미를 지닌다. 대부분의 경우 위상은 다른 사람들과 교류할 때 중요하게 고려된다. 다만 우리가 상대하는 사람이 위상을 중시할 때만 중요하다.

4. **위상은 관성을 지닌다.** 우리는 위상을 바꾸려고 하기보다(높거나 낮은 상태) 그대로 유지하려 애쓰는 경향이 강하다.

5. **위상은 학습된다.** 위상에 대한 우리의 신념은 일찍 자리 잡는다. 그리고 우리가 속한 집단은 우리가 인식해온 위상에 금세 영향을 끼친다.

6. **수치심은 위상을 무너뜨린다.** 수치심을 지렛대로 이용

하는 이유는 단순하다. 효과가 있기 때문이다. 다른 사람에게 수치스러운 일을 당하면 상대적 위상에 대한 내러티브 전체가 무너진다.

우리는 상황에 따라 계속, 직관적으로 위상을 조정한다. 당신이 한 일을 시장에 선보일 때 위상이 어떤 역할을 할지 가장 먼저 고려된다.

프랭크 시나트라의 이중생활

가수이자 영화배우인 프랭크 시나트라(Frank Sinatra)는 상반되는 2가지 삶을 살았다. 〈뉴욕 타임스〉와 〈에스콰이어〉 기자를 지낸 게이 탈리즈(Gay Talese)가 쓴 전기에 따르면 외부에서는 그를 정상에 선 사람, 정중하고 세련된 신사의 대명사로 보았다. 그는 높은 위상을 지닌 실력자, 진지한 사람, 독보적 존재였다.

그러나 프랭크 자신이 본 거울 속의 모습은 위상이 낮고, 무시당하고, 가진 것을 지키지 못하는 비쩍 마른 소년이었다. 그는 주위에 매사에 긍정적인 예스맨과 자신을 치켜세우는 사람들을 두었지만 여전히 자신을 망치는 패악을 부렸고, 명성과 재산 그리고 건강을 잃는 불행한 삶을 살았다.

위상을 마케팅에 접목하는 것은 살얼음판을 걷는 일이다. 우리는 우리가 상대하는 사람이 높은 위상을 지닌 것처럼 보일 뿐인지 (자신은 그렇다고 믿지 않는지) 아니면 실제로 자신의 위상을 믿고 그것을 더 높이려 하는지 알 수 없다.

하지만 우리에게는 선택지가 많지 않다. 모든 주요한 결정은 위상에 대한 우리의 인식을 바탕으로 이루어지기 때문이다.

위상을 보는 법

위상에 대한 생각은 보기만큼 단순하지 않다. 당신이 섬기고자 하는 사람들, 그들의 외적 위상(그들이 속한 커뮤니티에서 그들을 바라보는 시각)과 그들의 내적 위상(스스로 자신을 바라보는 시각)을 고려해야 한다.

그다음 그들이 그 위상을 어떻게 유지하거나 바꾸려 하는지 파악하라. 다른 사람들을 무시하는가? 다른 사람들에게 인정받고 싶어 하는가? 이타적으로 도우려 하는가? 더 많이 성취하려고 자신을 몰아붙이는가? 어떤 승리나 패배를 따지는가? 자, 다음 도표를 살펴보자.

우측 상단ⓐ에 해당하는 사람은 사실 드물다. 이 공간에는 외

높은 외적 위상

d   a

낮은 내적 위상   높은 내적 위상

c   b

낮은 외적 위상

부에서 강한 존재로 인정받고 자신도 그런 평가를 감당할 수 있는 사람이 속한다. 오프라 윈프리가 이 범주에 해당된다. 이런 사람은 선택당하기를 원하지 않으며, 스스로 선택한다.

좌측 상단(d)에 해당하는 사람은 우측 상단에 있는 사람보다는 흔하다. 외부로부터 높은 위상을 누리는 사람도 자신을 의심하는 경우가 많기 때문이다. 이는 그들을 디바로 바꾼다. 프랭크 시나트라에 대한 가장 흥미로운 이야기는 제왕 같은 대접을 받으면서도 여전히 사람들에게 인정받고 싶어 하는 그의 복

합적인 측면에서 나온다. 가면 증후군(imposter syndrome)[*]을 가진 사람이 여기에 속한다.

우측 하단(b)에 해당하는 사람은 세상이 평가하는 것보다 자신이 훨씬 낫다고 생각한다. 예술적 욕구와 더 나아지고자 하는 의지가 이런 인식에서 나온다. 그러나 시간이 지나면 자신에 대한 환멸로 이어질 수 있다.

좌측 하단(c)에 해당하는 사람은 자신을 형편없다고 여긴다(그리고 세상도 거기에 동의한다). 안타까운 일이지만 오랫동안 많은 사람이 속한 영역이기도 하다. 위계 문화에 이 역할이 내재된 이유가 거기에 있다. 무도회에 참석하기 전까지 더 많은 것을 얻게 될 것이라 기대하지 않았던 신데렐라가 여기에 속한다. 위험하고 급여도 적은 일자리를 지키려고 싸우는 광부들도 마찬가지다.

본격적인 분석에 앞서 살펴야 할 도표가 하나 더 있다.

사람들은 다른 사람과 교류할 때 대개 상대적 위상을 바꾸려 시도한다. 즉, 자신의 위상을 상대보다 높이려 하거나 이를 포

⊙ 사회적으로 인정받는 사람이 자신의 능력을 의심하고 무능함이 밝혀지지 않을까 걱정하는 것을 말한다.

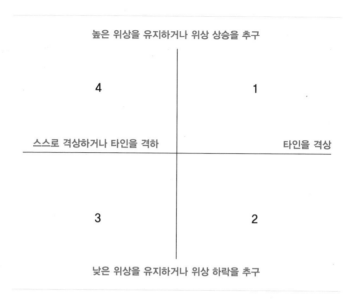

높은 위상을 유지하거나 위상 상승을 추구

4　　　　　　　　1

스스로 격상하거나 타인을 격하　　　　　　타인을 격상

3　　　　　　　　2

낮은 위상을 유지하거나 위상 하락을 추구

기하고 자신의 위상을 낮춰서 안전을 추구한다.

위상을 낮추면 더 많은 여지가 생기고 위협이 줄어들기 때문에 안전해진다. 더 낮은 곳에는 경치 좋은 자리를 확보하거나 먼저 점심을 먹을 기회를 얻으려고 다투는 사람들이 적다.

사람들은 상대적 위상을 강렬하게 인식한다. 우리의 위상은 높아지거나 낮아질 수 있다. 이는 다른 사람들의 위상이 높아지도록 돕거나 낮아지도록 밀어냄으로써 가능해진다. 우리는 다른 사람들을 위해 문을 열어주고 그들이 위상을 높이도록 도와줄 수 있다. 아니면 다른 사람들의 위상을 격하하거나 자신의 것을 격상시킬 수 있다.

우측 상단(1)에는 자선사업가, 헌신적인 교사, 사회운동가 같은 사람들이 속한다. 그들은 자신이 아니라 위상이 낮은 다른 사람들에게 집중하면서 결과적으로 서로의 위상을 같이 높이려고 한다. 슈퍼맨이 그런 존재다. 그는 은행을 털 수도 있지만 대신 사람들을 구한다.

우측 하단(2)에는 다른 이유로 비슷한 행동을 하는 사람들이 속한다. 그들은 다른 사람들이 자기보다 앞서도록 놔둔다. 또한 스스로 나서서 어떤 역할을 하려고 하지도 않는다. 다른 사람들이 자기보다 자격이 있다고 생각하기 때문이다.

좌측 하단(3)에는 어린아이처럼 유치하고 자기도취에 빠져 있으며 유해한 반사회적인 인물들이 속한다. 그들은 자기가 다른 사람들보다 못하다고 생각하기 때문에 분노에 차 있다. 또한 다른 사람들의 위상까지 끌어내리려 든다. O. J. 심슨과 마틴 슈크렐리(Martin Shkreli)⊚ 같은 사람들이 여기에 속한다.

⊚ 제약 회사인 튜링(Turing)의 대표로서 약품 가격을 과도하게 올려서 사회적인 지탄을 받았다.

좌측 상단(4)에는 이기적이고 에너지가 넘치는 사람들이 속한다. 그들은 자신이 상대하는 모든 사람을 이기고 싶어 한다. 가치를 창출하는 동시에 경쟁자를 무너뜨려서 승리를 쟁취하고자한다.

사람마다 다른 이야기

우리는 저마다 내러티브를 가지고 있다. 우리 머릿속의 소음, 고유한 세계관, 우리의 정체성과 선택을 좌우하는 개인사와 신념 그리고 인식이 그 내러티브를 구성한다. 앞서 설명했지만, 손더는 다른 사람들이 우리와 다른 것을 원하고, 믿고, 알며, 머릿속에 비슷한 소음이 있다는 사실을 인정하는 관대한 행위다.

그러나 세상에 변화를 일으키려면 다른 사람들이 특정한 믿음을 가졌다고 가정해야 한다. 그들의 머릿속에 존재하는 소음을 들을 방법은 없다. 그러나 그들이 하는 행동을 관찰하면 이를 토대로 추측할 수 있다.

늘 대립하는 두 집단이 존재한다. 다양한 순간에 그들은 아주 다른 이야기를 하고 아주 다른 행동을 한다. 그리고 특정한 상황에서 한 집단은 지배(domination)를 추구하고, 다른 집단은 연대(affiliation)를 추구한다.

연대와 지배는 위상을 측정하는 다른 방식이다

'할리우드에서 가장 착한 사람'을 검색하면 항상 톰 행크스의 사진이 뜬다. 또 '대부'를 검색하면 항상 돈 꼴레오네의 이미지가 뜬다.

톰 행크스는 연대를 중시한다. 돈 꼴레오네는 지배를 추구한다.

이 차이를 알면 우리를 둘러싼 세계, 정치 지형, 고객 관점에 대한 새로운 이해가 열린다. 우리의 여정에서 이러한 부분은 페르소나, 내러티브, 각 세계관에 대한 과장으로 채워진다.

연대:

연대를 중시하는 사람들은 자신과 주위 사람들에게 이런 질문을 한다.

누가 당신을 아는가?
누가 당신을 믿는가?
세상을 더 낫게 만들었는가?
당신은 어떤 집단에 속해 있는가?
당신은 동류집단 안에서 어떤 위치에 있는가?
우리 모두가 잘 지낼 수는 없을까?

지배:

지배를 중시하는 사람들은 자신과 주위 사람들에게 다음과 같은 말들을 한다.

이건 당신 것이 아니라 내 것이다.

누가 더 힘을 가졌는가?

이 일은 나 혼자 해냈다.

우리 가족은 지금 가진 것보다 더 많은 것이 필요하다.

우리 편이 당신 편보다 우위에 있으니 우리 리더가 이기는 한 나는 책임질 필요가 없다.

12세 소년은 야구장에서 이기는 것 외에는 어떤 것도 신경 쓰지 않는다. 그는 이기는 것만이 아니라 경쟁자를 물리치는 데 몰두한다. 그는 심판이 다른 속셈을 품지는 않았는지 의심하고, 발을 구르고, 이기기 위해 무슨 짓이든 한다.

그러나 이 소년은 반에서 최고가 되는 데는 관심이 없다. 하지만 버스 옆자리에 누가 앉는지는 신경 쓴다.

재즈 밴드에서 어떤 멤버는 누가 솔로 연주를 얼마나 많이 하는지 따지는 반면에 또 다른 멤버는 밴드의 연주가 조화를 이루도록 돕는 데 집중한다.

지금 당신이 섬기고자 하는 사람들은 무엇을 따지는가?

지배나 연대를 중시하는 사람들을 상대로 마케팅을 하고 싶다면 그들이 무엇을, 왜 따지는지 파악해야 한다.

'누가 먼저 먹는지'와 '누가 황제 옆에 앉는지'는 지금도 중요한 문제다. 둘 다 위상과 관련된 문제다. 다만 하나는 지배, 다른 하나는 연대와 관련된다.

단지 먼저 먹는 것이 아니라 먼저 먹는 사람과 같은 팀에 속하는 것. 다른 사람들이 나중에 먹는 것을 보면서 즐거움을 얻는 것.

단지 황제 옆에 앉는 것이 아니라 내일도 황제(그리고 나머지 황실 사람들)의 호감을 얻을 것임을 아는 것.

당신의 청중은 어떤 내러티브에 공감하는가?

프로레슬링의 교훈

프로레슬링이야말로 위상을 놓고 벌이는 투쟁이 아닐까?

레슬러뿐만 아니라 팬들도 마찬가지다. 자신이 추종하는 레슬러의 위상이 높아지면 자신의 위상도 높아지기 때문이다.

프로레슬링과 그 팬들이 경기 중에 세상을 바라보는 관점(렌즈)을 파악할 수 있다면 사람들이 당신이 제공하는 것을 바라보는 양상을 이해할 수 있다.

지배의 대안은 연대다

석유 재벌이 아니어도, 공장이 없어도 위상을 얻을 수 있다. 운전 중에 다른 차가 끼어들도록 허락할 때도 끼어들지 못하게 막을 때만큼 나름의 위상을 누릴 수 있다.

이는 공동체에서 나오는 위상이다. 기여, 관심, 다른 사람과의 공조에 대한 존중에서 나오는 위상이다.

현대사회, 도시 공동체, 인터넷 커뮤니티, 예술, 혁신은 대개 지배가 아니라 연대를 토대로 구축된다.

이런 유형의 위상은 '내가 더 낫다.'는 것이 아니다. '나는 공동체와 연결되어 있다. 그들과 가족이다.'라는 것이다. 제조가 아니라 유대에 기초한 경제에서 신뢰하는 가족의 일원이 된다는 것은 엄청난 가치를 지닌다.

유행은 대개 연대와 관련된다

사람들이 어떤 모습을 보이는가? 다른 모든 사람들은 무엇을 하는가? 지금이 시즌인가?

경쟁이 심한 시장에서는 주도권을 가지기 위해 다툰다. 그러나 유행을 이끄는 리더들은 사람들이 서로 연대하고 싶어 하는 욕구를 알고, 이를 위해 일한다.

리더는 가치 있는 신호, 다른 모두가 동조할 것임을 알리는 소식을 제시한다. 목표는 이기는 것이 아니다. 집단의 일원이 되는 것이다.

지배 신호의 발신

우버는 지배를 토대로 브랜드를 구축했다. 그들은 사업 초기에 정부, 경쟁 업체, 운전자들과 끊임없는 다툼을 벌여야 했다. 이런 신호는 일부 투자자, 직원, 사용자들의 관점에 부합했으며, 그들이 자신의 이야기와 그 이야기를 하는 방식을 더 강하게 밀어붙이도록 해주었다.

승리와 패배의 이야기 구도에 가장 잘 호응하는 고객, 협력 업체, 직원들이 있다. 당신은 어떤 회사에서 일하고 싶은가? 대개 하나의 세계관을 따르는 사람들은 다른 사람들이 다른 대안을 선택하는 이유를 잘 이해하지 못한다.

연대 신호의 발신

마케터들은 연대 신호를 내보내는 단순한 작업에 엄청난 시간과 돈을 쓴다. 박람회 부스가 붐비는가? 누가 런칭 파티에 참석하는가? 누가 책을 소개했는가? '사람들'이 책에 대해 이야기하는가("우리 같은 사람들은 이런 일을 하는가?"와 같은 말)?

연대는 지배만큼 희소성에 초점을 맞추지 않는다. 네트워크 효과를 중시하기 때문이다. 연대의 규모가 커질수록 관련된 모두를 아우르게 된다. 풍성할수록 좋다.

연대에 초점을 두고 지렛대를 찾는 마케터는 정확히 딱 맞는 사람들에게 올바른 신호를 보냄으로써 나중에 쏟아질 마중물을 확보한다. 투자은행의 경우에는 주식 공모 광고를 낼 때 '올바른' 기업들의 이름을 하단에 모두 실어 내보내는 것을 뜻한다. B2B 판매 업체의 경우 추천을 통해 매출을 올리는 것을 뜻한다. 그리고 수리공의 경우 명성을 얻을 때까지 한동네에서 활동하는 것을 뜻한다.

지배는 위나 아래로 이동하는 수직적 경험이다. 연대는 누가 옆에 서 있는지 확인하는 수평적 경험이다.

연대인지 지배인지는 당신이 아니라
고객에게 달려 있다

승자와 패자를 기준으로 세상을 보는가? 또는 위아래를 기준
으로? 아니면 내부자와 외부자를 기준으로 다른 사람과 동조하
거나 특정한 운동의 참여자가 되는 것을 더 중시하는가?

그러나 당신이 세상을 보는 방식은 당신이 섬기고자 하는 사
람들의 세계관만큼 중요하지 않다.

앞서 살핀 대로 그들의 세계관은 언제나 당신이 선택한 이야
기보다 강력하다. 그들의 머릿속 소음은 당신의 머릿속 소음과
다르다.

Chapter 12

더 나은 사업 계획

어디를 향해 가는가? 무엇이 발목을 잡는가?

나는 사업 계획이 왜 지금 같은 방식으로 만들어지는지 이해할 수 없다. 사업 계획은 종종 애매하고 지루하며, 기대를 충족시키겠다는 것을 보여주는 용도로 쓰인다. 어떤 사업이 나아갈 방향에 대한 진실을 알고 싶을 때 나라면 차라리 더 유용한 다른 자료를 살피겠다. 현대의 사업 계획은 다음 5가지 부분으로 나뉜다.

진실   사람

주장   돈

대안

진실은 세상을 있는 그대로 제시한다. 주석을 달 수 있지만

핵심은 당신이 진입하려는 시장, 그 시장에 존재하는 필요, 경쟁자, 기술 표준, 과거의 성공 사례 및 실패 사례다. 구체적일수록 좋다. 현장의 지식이 많을수록 좋다. 이야기가 생생할수록 좋다. 이 부분에서 중요한 점은 당신이 세상을 어떻게 바라보는지 분명하게 밝히고, 당신의 가정에 대한 사람들의 동의를 얻는 것이다. 이를 위해 어떤 편파적인 입장이나 선입견을 가지지 않고 그냥 지금의 실정을 기술해야 한다.

진실에 해당하는 부분은 필요한 만큼 길어질 수 있다. 여기에는 도표, 시장점유율 분석, 세상이 돌아가는 방식에 대해 알아야 할 다른 모든 것을 포함한다.

주장에 해당하는 부분에서는 당신이 상황을 어떻게 바꿀 것인지 설명한다. X를 하면 Y가 일어날 것이라든가, 얼마의 돈으로 얼마 만에 Z를 만들 것이라든가, Q를 출시하면 시장이 이런 식으로 반응할 것이라고 말하는 것이다.

당신은 이야기를 들려주고 긴장을 조성한다. 당신은 특정한 시장을 위해 일한다. 당신은 당신이 진입해서 어떤 일이 일어날 것이라고 예상한다.

이것이 오늘날 사업 계획의 핵심이다. 프로젝트를 출범시키는 유일한 이유는 변화를 일으키고 개선을 이루기 위해서다.

사람들은 당신이 무엇을 하고, 그것이 어떤 영향을 미칠지 알고 싶어 한다.

물론 이 부분은 부정확할 수 있다. 당신이 주장한 대로 일이 이뤄지지 않을 수 있다. 예산, 기한, 매출을 맞추지 못할 수 있다. 이 경우 무엇을 할 것인지 제시하는 것이 대안에 해당하는 부분이다. 당신의 제품이나 팀은 어느 정도의 유연성을 갖추고 있는가? 당신이 주장한 대로 일이 이뤄지지 않으면 그걸로 끝인가?

사람에 해당하는 부분은 핵심 요소를 다룬다. 현재 팀에 누가 있는지, 누가 들어올 것인지 밝힌다. '누구'는 이력서와 무관하다. 중요한 것은 태도와 능력 그리고 실적이다.

여기서 한 걸음 더 나아갈 수 있다. 고객들은 누구인가? 누가 대변자인가? 그들은 위상에 대해 어떤 신념을 가졌는가? 어떤 세계관을 가졌는가?

마지막 부분은 돈 문제를 다룬다. 지금은 얼마나 필요하고, 어떻게 쓸 것인가? 현금 흐름, 손익, 재무제표, 마진, 출구 전략은 어떤가?

투자회사에서는 이런 구성을 좋아하지 않을 수도 있다. 그러나 이것은 당신의 팀이 까다로운 사안을 더 명확하게 생각하는 데 도움이 될 것이다.

자세의 전환

당신은 이 책을 처음 펼쳤을 때 '더 많은 사람들이 우리 제품을 사게 만들어야 해. 마케팅에 문제가 있어.'라고 생각했을지도 모른다.

이제는 이것이 경영자 중심적이고 자기중심적인 생각임을 깨달았기를 바란다. 우리가 추구하는 문화의 목적은 자본주의를 뒷받침하는 것이 아니다. 설령 자본주의가 돈을 벌어준다고 해도 말이다. 오히려 자본주의의 목적이 우리가 만들려는 문화를 뒷받침하는 것이다.

고객을 기꺼이 돕고자 하는 서비스의 자세, 문화를 통해 변화를 일으킨다는 자세를 받아들이면 전환이 일어난다.

"어떻게 해야 더 많은 사람들이 내 말을 듣게 만들고, 입소문을 퍼뜨리고, 팔로워를 늘리고, 잠재 수요를 매출로 연결하고, 더 많은 고객을 찾고, 직원들에게 급여를 줄까?" 이제 이렇게 묻지 말고, "어떤 변화를 일으켜야 할까?"라고 물어라.

무엇을 대표할지 파악하면 나머지는 훨씬 쉬워진다.

사명 선언을 쓰는 것은 도움이 되지 않는다

우리는 우리가 추구하는 목적, 우리의 존재 이유에 집착하는 경우가 너무 많다. 또한 이 목적이 그저 "내가 이미 팔겠다고 결정한 것을 더 많이 팔고 싶다."라는 말을 뒤집은 것에 불과한 경우가 너무 많다.

나의 경험에 따르면 대다수 마케터들은 사실 같은 '목적'을 가지고 있다. 바로 성공하는 것, 서로에게 도움이 되는 방식으로 사람들과 교류하는 것, 존중받는 것, 눈에 띄는 것, 인정받는 것, 같은 일을 반복할 수 있도록 충분한 이익을 내는 것이다.

그것이 당신의 존재 이유다. 당신이 일하러 가는 이유다.

뭐, 알겠다.

그러나 보편적인 필요를 구체적인 필요로 만드는 것, 누구를 위한 것인지 그리고 무엇을 위한 것인지 설명하는 것이 더 나은 사업 계획이다. 이런 사업 계획은 당신이 창출하고자 하는 긴장, 당신이 상대할 위상이 어떤 역할을 하는지, 변화를 일으키기 위해 당신이 들려줄 이야기가 무엇인지 말해준다.

이것은 당신의 목적이 아니다. 사명도 아니다. 그냥 당신이 하는 일일 뿐이다.

설령 통하지 않아도 괜찮다. 그래도 당신에게 목적이 없거나, 당신의 '존재 이유'가 무의미한 것은 아니다. 단지 중요한 일을 이루기 위한 여정에서 하나의 경로가 제외된다는 뜻일 뿐이다.

이제 새로운 길을 찾으면 된다.

Chapter 13

기호, 상징, 방언

이제 내 말이 들리는가?

우리는 기호를 통해 의사소통을 한다. 'C, A, R'이라는 글자는 자동차의 아이콘이나 그림이 아니다. 하나의 대체물, 영어를 알면 자동차를 떠올리게 만드는 상징이다.

나이키는 엄청난 돈을 들여서 자사의 로고가 위상과 기능뿐 아니라 가능성과 성취의 상징임을 수많은 사람들에게 알린다.

디자이너들에게 코믹 샌즈(comic sans)⊙라는 폰트는 저급한 취향, 낮은 위상, 게으름의 상징이다.

마케터들은 모든 사람들이 상징을 같은 방식으로 보지 않는다는 사실을 겸손하게 이해해야 한다. 올바른 청중들을 대상으

⊙ 빈센트 코네어가 제작한 글꼴. 1994년 MS 사에 의해 공개된 이래로 광범위하게 사용되었으며 격식을 갖춘 문서에는 어울리지 않는다.

로 올바른 상징을 쓰는 지각을 가져야 한다. 낡은 상징을 대체할 새로운 상징을 고안하는 담력을 지녀야 한다.

100년 전, 기호학은 아직 태동 단계였다. 지금처럼 온라인으로 서로에게 마케팅을 하면서 수십억 명이 매일 활용하는 것이 아니었다. 하지만 이제 분명한 의도(또는 순수한 직관)를 가지고 기호학을 활용하는 능력은 성공과 실패를 가를 수 있다.

이것은 당신에게 무엇을 연상시키는가?

바쁜 사람들(그러니까, 당신이 바꾸고자 하는 사람들)은 당신의 작업에 크게 신경 쓰지 않는다. 그들은 당신만큼 최근 상황을 살피거나, 경쟁 구도 또는 이면의 드라마를 확인하지 않는다.

그들은 뜯어보지 않고 훑어본다.

훑어본다는 것은 '이것이 무엇을 연상시키는지' 묻는 것이다.

이는 당신이 사용하는 로고, 당신이 들려주는 이야기, 당신의 작업이 보여주는 모습이 모두 중요하다는 뜻이다. 당신의 말이 그들의 공감을 얻는 이유는 그 의미뿐 아니라 그 어투와 용법 때문이기도 하다.

단지 대상만 중요한 것이 아니다. 전략 회의를 위해 회의장을 고르는 방식도 중요하다.

그 자리가 고등학교 교내 식당을 연상시킨다면 우리는 그에 따라 행동한다. 둥근 식탁에 둘러앉아 같이 통닭을 먹는 분위기라면 우리는 그에 따라 행동한다. 호텔식으로 의자들이 줄줄이 놓여 있으면 우리는 그냥 앉아서 멍한 표정을 짓는다.

사람들은 당신이 얼마나 열심히 일했는지 신경 쓰지 않는다. 단지 그것이 자신을 위한 것인지, 진정한 가치를 지니는지 알고 싶을 뿐이다.

여기서 기호학이 개입된다. 깃발과 상징, 지름길과 약칭.

록 콘서트장에서 강렬한 조명을 쓰는 것이 분위기에 영향을 미칠까? 아마 그럴 것이다. 우리가 록 콘서트장에 있음을 상기시키기 때문이다.

신문을 들 때 태블릿이나 만화책, 성경을 들 때와 다른 느낌을 받는다. 형태는 말이 주는 느낌을 바꾼다.

초콜릿바는 항암제와 다른 형태로 제공된다.

병원과 분위기가 비슷한 곳에 들어설 때 의사가 주었던 도움을 떠올린다. 그곳이 척추 교정원이라고 해도 말이다.

자비로 출판한 책을 볼 때 고등학교에서 읽은 고전을 연상시키는 책과 다르게 대한다.

전화를 받았을 때 익숙한 기계음을 들으면 과거에 받았던 온갖 스팸 전화가 떠올라 상대방이 말하기도 전에 끊어버린다.

오래된 호스팅 서버에 번쩍이는 그래픽(GIF)으로 만든 사이트에 접속했다가 바로 나와버리기도 한다.

당신의 마케팅 수단이 스팸을 연상시키면 그 첫인상을 바꾸는 데 오랜 시간이 걸린다. 대기업들의 로고가 대부분 비슷하게 보이는 이유가 거기에 있다. 게을러서 그런 것이 아니다. 디자이너들은 탄탄한 기업의 이미지를 상기시키고 싶어 한다.

이것이 '상기'의 역할이다. 당신은 의도적으로 사람들에게 특정한 것을 상기시킬 수 있다.

전문가 고용

인터넷에는 아마추어들이 만든 웹사이트, 이메일, 동영상이 가득하다. 이 아마추어들은 자신이 좋아하는 것을 만든다.

그건 괜찮다.

전문가들은 당신을 위해 다른 사람들이 좋아할 만한 것을 디자인한다. 사람들에게 그들만의 마법을 연상시키는 외양과 느낌을 창조한다.

전문적인 외양에 정답은 없다. 여름 흥행 대작은 4컷의 예고 장면만으로 특유의 분위기를 풍긴다. 그러나 십대 소녀가 유튜브에 올리는 메이크업 영상은 분명 그렇지 않다.

가끔 아마추어에 가까운 사람들이 적절한 이야기를 상기시키는 은어나 방언을 우연히 찾아낸다. 그러나 나머지 경우에는 의도를 갖고 접근하는 것이 최선이다.

그 세계를 상상하라

할리우드 배우 돈 라폰테인(Don LaFontaine)은 500편이 넘는 영화와 텔레비전 드라마 예고편에 들어갈 목소리를 맡았다. 다른 사람보다 말하는 재능이 뛰어나거나 출연료가 저렴해서 그런 것이 아니었다. 단지 일찍 그 일을 시작했기 때문이다. 영화사 대표가 대작 영화의 분위기를 내고 싶을 때는 그의 목소리가 제격이었다. 관중들에게 그가 이전에 했던 작업들을 연상시켰기 때문이었다.

마케터가 무엇을 연상했는지는 중요하지 않다는 점을 명심해야 한다. 기호학은 상징을 만든 사람을 신경 쓰지 않는다. 상징은 보는 사람의 머릿속에 있다.

하나의 정답은 없다는 사실도 명심해야 한다. 한 집단에게 통하는 상징이 다른 집단에게는 통하지 않을 수 있다. 실리콘밸리에서 후드 티셔츠는 위상의 상징이다(옷을 사러 갈 시간이 없을 만큼 바쁘다는 것을 말해준다). 그러나 다른 맥락에서, 다른 청중에게는 의미가 다를 수 있다. 런던 동부에서 후드 티셔츠를 입은 사람은 경계의 대상이다.

나이지리아산 스팸은 왜 그렇게 엉성할까?

자신이 왕자인데 수백만 달러를 나눠 갖자고 제안하는 이메일을 보면 오자투성이에다가 가짜라는 사실을 드러내는 단서가 너무 많다.

스팸 메일을 전문적으로 보내는 사람들이 왜 이렇게 뻔한 실수를 저지를까?

당신을 위한 것이 아니기 때문이다. 의심하고, 신중하고, 실상을 아는 사람들에게 저리 가라는 신호를 보내는 것이다.

이 스팸 메일의 목적은 신호를 보내는 것이다. 그 대상은 탐욕스럽고 잘 속는 사람들이다. 그 외에 다른 사람들을 상대하는 것은 시간 낭비다. 그래서 당신에게 시간을 들이느니 처음부터 놓치는 편이 낫다.

펜더 장식은 SUV에 다는 깃발

요즘에는 차가 비쌀수록 바퀴 주변에 약간 과장된 플레어가 달려 있을 가능성이 높다.

이 플레어는 금속을 구부리고 절단하는 로봇 덕분에 과거보다 만들기 쉬워졌다. 그러나 여전히 기표의 역할을 한다. 차와 운전자의 위상에 대한 메시지 말이다.

플레어는 실질적인 기능을 하지 않는다. 바퀴에서 15cm나 떨어져 있다. 그래도 사람들은 계속 이것을 단다.

심지어 따로 돈을 들여 애프터마켓에서 더 큰 플레어를 사다가 다는 사람도 있다. 차에다가 일종의 성형수술을 하는 셈이다.

그러나 너무 과하면 위상이 올라가는 것이 아니라 오히려 내려간다. 성형수술과 마찬가지로.

미국에서 생산한 자동차 모델 캐딜락 XTS는 한 걸음 더 나아간다. 이 차에는 각 후미등 뒤에도 작은 장식이 달려 있다. 이 장식 역시 쓰임새가 없다. 어떤 사람들에게 배트맨이 몰고 다닌 차 배트모빌(또는 1955년 링컨 푸투라)을 약간 연상시키는 것 외에는.

이처럼 위상을 알리는 깃발들은 우리가 바라보는 모든 곳에 있다.

크리에이티브 디렉터인 알렉스 펙(Alex Peck)은 운전용 장갑에 커다란 구멍이 있다는 점을 지적한다. 왜 그럴까? 아마 차를 모는 남자들이 커다란 시계를 차고 다녔으며, 장갑에 시계가 튀어나올 구멍이 필요했던 시대의 유물일지도 모른다.

시간이 지나면서 커다란 시계는 기억에서 잊혔지만 구멍은 계속 남았다. 하나의 상징이기 때문이다.

이처럼 과거로부터 남겨진 용도는 상징이 된다. 상징은 (에르메스 핸드백의 작은 디테일처럼) 일단 널리 알려지면 금방 복제되고, 조작되고, 확산된다. 희소성을 잃고 그저 변하는 취향의 신호가 되기 전까지는.

당신의 깃발은 무엇인가? 왜 사람들이 그 깃발을 휘날릴까?

깃발은 모든 사람을 위한 것이 아니다

최소유효시장은 당신이 섬길 사람을 고를 수 있게 해준다. 이런 사실은 다시 언급할 가치가 있다. 그들은 특정한 상징을 찾는다. 당신이 시장을 잘 선택했다면 그들이 찾는 상징은 더 규모가 큰 청중들에게 통하는 상징과 많이 다를 것이다.

여기에 역설이 있다. 변화를 일으키려면 먼저 나서서 특정한 경계에 서야 한다. 그러나 그 혁신은 종종 (일부) 사람들에게 잘못된 과거의 사건을 떠올리게 한다. 우리는 그래도 상관없다고 생각하는 청중들을 섬기는 일부터 시작해야 한다. 우리가 들고 나온 새로운 것에 반응할 유일한 청중이기 때문이다.

사람들이 이미 신뢰하는 신호처럼 느껴지도록 신호를 내보내라. 그다음 그것이 새로운 것이며, 자신을 위한 것임을 알 수 있도록 신호를 바꿔라.

같은 것과 다른 것

대다수의 자동차 광고는 비슷하다. 큰돈을 들일 만한 가치 있고 안전한 자동차라는 신호를 보내기 때문이다.

세계적으로 유명한 패션 잡지 〈보그〉에 실리는 패션 광고는 낚시나 사냥과 같은 야외 활동을 다루는 잡지 〈필드 앤드 스트림(Field & Stream)〉이나 스포츠 주간지 〈스포츠 일러스트레이티드(Sports Illustrated)〉에 실리는 광고와 전혀 다르다. 왜 그럴까? 〈보그〉만이 가진 특유의 스타일이 있기 때문이다. 당신은 (서체, 사진 스타일, 카피 등에서) 우리가 예상하는 대로 말하지 않으면 우리 같은 사람이 아니다.

좋은 디자이너는 이 부분을 해결한다. 동화될 수 있는 기회를 제공한다.

때로 탁월한 디자이너를 고용할 수도 있다. 그들은 예상을 깨고 다르게 말하지만 당신이 소통하고자 하는 사람들이 공감하지 못할 만큼 너무 다르게 말하지는 않는다.

광고계의 전설인 아트 디렉터 리 클로우(Lee Clow)는 조지 오웰의 《1984》에 기초한 이미지로 역사상 가장 상징적인 텔레비전 광고인 애플의 슈퍼볼 광고를 만들었다. 그러나 그 광고에 인용된 이미지를 모두 이해한 사람은 거의 없었다(대개 고등학교 때 《1984》를 읽기는 하지만 맥주를 마시며 슈퍼볼 경기를 시청하는 수백만 명의 스포츠 팬들에게 영향을 미치려면 고등학교 때 숙제로 읽는 책은 좋은 출발점이 아니다).

그래도 미디어에 익숙한 논평가들은 즉시 그 의미를 간파하고 미끼를 물었다. 곧 그들은 애플 광고에 대해 이야기하기 시작했다. 컴퓨터광들도 마찬가지였다. 그들은 새로운 것을 먼저 시도해보려고 열성적으로 줄을 섰다.

이 이야기의 교훈은 애플의 광고팀에게는 광고에 관심을 기울일 100만 명만 필요했다는 것이다. 그래서 그들은 신호를 보냈다. 물론 다른 모든 사람들은 무시했지만.

이 아이디어가 100만 명에서 모든 사람들에게 확산되는 데는 30년이 걸렸다. 수천억 달러의 시가총액에 이르는 데 30년이 걸렸다. 이 변화는 기술이 아니라 기호학을 명민하게 활용했기 때문에 이뤄졌다. 애플은 모든 고비에서 신호를 보냈다.

또한 적당히 튀는 단어, 폰트, 디자인을 써서 적합한 사람들이 메시지를 듣게 만들었다.

케이스스터디: 키스는 어디에 있나?

모든 기호학이 무해한 것은 아니다. 페넬로페 개진(Penelope Gazin)과 케이트 드와이어(Kate Dwyer)는 예술가들이 만든 제품을 판매하는 마켓 플랫폼인 위치시 닷컴(Witchsy.com)이라는 웹사이트를 만들었을 때 이메일 답신을 받는 데 어려움을 겪었다. 그래서 제3의 동업자로 키스(Keith)라는 가상의 남성을 창조하고 그의 이름으로 이메일 주소를 만든 다음 사람들에게 이메일을 보냈다.

이 간단한 변화는 우리 사회에서 남성과 여성을 대하는 태도에 깔려 있는 부끄러운 간극을 드러냈다. 키스의 이름으로 이메일을 보내자 신속하게 답신이 왔다. 두 사람은 비즈니스 잡지 〈패스트 컴퍼니(Fast Company)〉를 통해 공급 업체, 개발 업체, 잠재적인 협력 업체들이 키스에게 더 많이 연락을 취했고, 그의 이름을 더 많이 불렀으며, 더 도움을 주려 했다고 밝혔다.

우리는 모든 것을 판단하며, 사람들은 그에 대응하여 우리를 판단한다: 이 판단은 종종 편향적이고, 부정확하며, 비효율적이다. 그러나 부정한다고 해서 사라지는 것은 아니다.

마케터는 상징을 활용하여 신뢰와 참여를 얻어낼 수 있다. 그러나 상징이 의도와는 반대로 작용할 수도 있다. 문화를 바꾸려면 우리가 바꾸고자 하는 문화를 먼저 인정해야 한다.

그렇다고 해서 포기하거나, 동화되거나, 문제를 제기하지 못하는 것은 아니다. 다만 의도를 가지고 우리의 이야기와 상징에 집중해야 한다. 누구를 위한 것인가? 무엇을 위한 것인가?

의도를 가지고 깃발을 꽂아라

우리가 어떤 상징적인 깃발을 휘날릴지는 우리에게 달려 있다. 깃발을 휘날리지 않는 것도 휘날리는 것만큼 의도적이다.

당신이 섬기고자 하는 사람들은 당신이 누구인지 파악하려 애쓴다. 그들이 있는 세상에 모습을 보이려면 당신이 누구인지, 어디에 서 있는지 쉽게 파악하도록 만들어라.

깃발이 (또는 배지가) 필요하지 않다고 주장하는 것은 게으른 것이다. 기존의 문화적 밈들(memes)을 인정하거나 심지어 유니폼을 입을 필요조차 없다고 주장하는 것도 마찬가지다.

당신의 제품이 너무 좋아서 다른 어떤 것은 중요하지 않다고 꾸미는 것은 멍청하다.

다른 어떤 것은 항상 중요하다.

브랜드는 무엇인가?

당신의 브랜드는 무엇인가?

힌트: 로고는 아니다.

선택지로 넘쳐나고(내가 쓰는 레이저 프린터에 넣을 수 있는 토너는 20가지가 넘고, 스타벅스에서 마실 수 있는 음료의 조합은 1만 9,000가지가 넘는다), 거의 모든 것이 '충분히 좋은' 세상에서는 브랜드를 가진 것만으로도 운이 좋은 것이다.

브랜드는 고객의 기대에 대한 약칭이다. 그들은 당신이 어떤 약속을 한다고 생각하는가? 그들은 당신의 제품을 사거나 당신을 만날 때 또는 당신을 고용할 때 무엇을 기대하는가?

그 약속이 바로 당신의 브랜드다.

나이키는 호텔을 보유하고 있지 않다. 하지만 보유하고 있다면 어떤 모습일지 충분히 추측할 수 있을 것이다. 그것이 나이키의 브랜드다.

당신에게 진정한 팬들이 존재하는 유일한 이유는 그들이 앞으로 당신에게 가치 있는 것을 기대한다고 알리며 당신과 교류했기 때문이다. 이 기대는 구체적이지 않으며, 정서적이다.

반면 일용품에는 브랜드가 없다. 밀을 킬로그램 단위로, 커피를 그램 단위로, 데이터 대역폭을 기가바이트 단위로 구매하는 사람은 사양 외에 어떤 것도 기대하지 않는다. 저번에 샀던 것을 더 빠르고 저렴하게 제공하면 기꺼이 돈을 지불한다.

유튜브나 애플 TV 서비스를 제공하는 버라이즌이나 AT&T 같은 통신 회사 브랜드가 근본적으로 별 가치를 지니지 않는다는 사실을 어떻게 알까? 다른 회사로 바꿔도 사람들은 신경 쓰지 않기 때문이다.

마케팅 자산을 구축하고 싶다면 유대감은 물론이고 옮겨갈 수 없는 차별화된 속성에 투자해야 한다. **사람들이 신경 쓰면 브랜드를 가진 것이다.**

로고가 중요할까?

로고는 사실 디자이너가 바라는 것만큼 중요하지 않다. 그러나 일반적으로 기업에서 로고를 선정하기 위해 구성된 위원회가 생각하는 것보다는 중요하다.

브랜드가 당신이 하는 약속의 정신적 약칭이라면 로고는 그 약속을 상기해주는 포스트잇이다. 브랜드가 없으면 로고는 무의미하다.

간단한 실습을 해보자.

당신이 좋아하는 5개의 로고를 골라라. 디자인을 소비하는 사람으로서 5개의 뛰어난 로고를 그리거나 잘라내라.

했는가? 좋다. 내가 예측해보건대, 아마 각 로고는 당신이 신뢰하는 브랜드를 나타낼 것이다.

아마도 나치 문양이나 부당한 이득을 취한 은행의 문자 로고를 고른 사람은 없을 것이다. 로고는 그 브랜드가 내건 약속에 둘러싸여 있다. 그래서 우리는 수반되는 픽셀을 무시하고 브랜드가 지닌 모든 힘을 로고에 부여한다.

형편없는 로고가 멋진 브랜드를 장식할 수도 있다(가령 복잡한 인어 모양 같은). 그러나 최고의 브랜드 중 다수는 알아보거나 인상적인 로고를 갖고 있지 않다(구글, 세포라, 코스트코 같은 브랜드가 떠오른다). 물론 세계에서 가장 유명한 돋움 서체인 헬베티카 (Helvetica) 폰트로 만든 수많은 로고들을 언뜻 보면 대다수 브랜드들이 로고에 크게 신경 쓰지 않았다는 사실을 알 수 있다.

그렇다고 로고를 대충 만들면 안 된다. 불쾌감을 주거나 주의를 분산시키는 로고를 골라서는 안 된다. 매체에 따라 다양한 크기로 바꿔도 되는 로고를 골라야 한다.

단 이때 무엇보다 중요한 것은 로고를 고르기 위해, 돈을 많이 들이거나 회의를 많이 열지 말고, 자신의 이름처럼 오랫동안 유지하라는 것이다.

Chapter 14

다른 사람들을 다르게 대하라

새것 애호가들을 찾아서

100명으로 구성된 집단에 하나의 척도(키, 몸무게, 지능지수, 머리카락 길이, 100m 달리기 기록, 페이스북 친구 수 등)를 적용하면 상당수는 평균으로 몰린다.

100명 중 약 68명은 평균에 가까울 것이다. 27명은 평균에서 멀어질 것이다. 4명은 극단에 있을 것이다.

이런 양상은 대단히 보편적인데, 우리는 이를 정규 분포라 부른다.

인간의 행동은 특히 정규 분포를 잘 따른다.

언론정보학자 에버렛 로저스(Everett Rogers)는 스타일이나 기술 또는 혁신과 관련하여 대다수 사람들은 이미 자신이 가진 것을 좋아한다는 사실을 증명했다. 그들은 다른 사람들이 하는 대로 하고 싶어 하며, 적극적으로 새로운 것을 찾지 않는다.

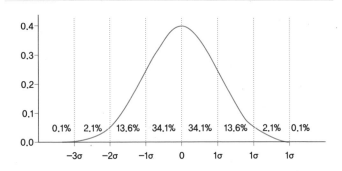

정규 분포: 숫자로 나타낸 비율은 각 구간에 속하는 사람들의 비중을 의미한다. 가령 34.1%의 사람들은 평균에서 1표준편차 (그래프에서 표준편차를 의미하는 기호는 소문자 시그마(σ)로 쓴다) 안에 있다.

그러나 일부 사람들, 위의 그래프를 보면 왼쪽에 속하는 15~16명은 새것 애호가들이다. 그들은 얼리 어답터로서 더 나은 것, 더 영리한 것, 더 혁신적인 것을 원한다. 그래서 영화가 개봉하는 날 밤에 그것을 보려고 줄을 서고, 컴퓨터 운영체제를 즉시 업그레이드하며, 광고를 보려고 〈보그〉 잡지를 산다.

반면 곡선의 오른쪽에 같은 비율로 나타난 사람들은 현재 상태를 유지하려고 애쓴다. 그들은 아직도 〈리더스 다이제스트〉를 읽고 영상 카세트 녹화기(VCR)를 쓴다.

뛰어난 마케터는 곡선의 오른쪽에 속한 사람들에게 1분이라도 (자신의 시간이나 그들의 시간을) 낭비하지 말아야 한다는 사실을 안다.

이미 가진 것에 만족하는 사람들을 고객으로 만들기는 힘들다. 그들에게 아무리 많은 돈과 시간을 들여봤자 그들은 좀처럼 생각을 바꾸려 하지 않으며, 관심과 개방적인 태도를 보이지 않는다.

적어도 지금은 그들에게 그런 것이 맞지 않다.

아마 끈기와 지혜를 발휘하면 언젠가는 그들에게 다가갈 수 있을 것이다. 수평적으로. 사람에서 사람으로. 언드 미디어 (earned media)⊙를 통해.

그러나 당신이 출발점으로 삼아야 할 사람들은 새것 애호가들이다. 그들은 당신이 지금 해결할 수 있는 문제(새로움, 긴장, 더 나은 것에 대한 끝없는 탐색)에 관심을 가질 사람들이다.

참여해주시겠습니까?

의무교육 같은 것은 없다. 배울 의지가 없는 사람을 가르치

⊙ 노골적인 광고와 달리 뉴스처럼 홍보가 이뤄지는 미디어를 말한다. 블로거 리뷰나 보도 자료 등이 이에 해당한다.

는 일은 거의 불가능하다.

가장 좋은 방법은 스스로 배우고 싶도록 만드는 것, 참여를 이끌어내는 것이다.

우리는 사람들에게 주의를 기울여달라고 요구한다. 그들이 원하는 통찰이나 추진력을 얻을 수 있기 때문에 노력할 가치가 있을 것이라고 약속하면서.

참여는 교류해도 좋다는 승인을 얻어야 이뤄진다.

참여는 손을 들고, 칠판을 바라보고, 필기를 하는 것이다. 참여는 당신과 고객이 서로에게 배우는 여정에 오르는 첫걸음이다.

참여는 상호적이고, 합의에 따르며, 종종 변화로 이어진다.

게으른 마케터는 요란한 광고로 사람들의 참여를 사려 한다. 최고의 마케터는 변화하기를 원하는 사람들을 찾아서 그들의 참여를 이끌어낸다. 이를 통해 변화를 원하는 여러 사람들을 서로 연결해준다.

그리고 그 변화는 바로 마케터가 추구하는 것이다.

사람들은 무엇을 원하는가?

이는 잘못된 질문이다.

사람들은 저마다 다른 것을 원한다.

새것 애호가들은 가장 먼저 나서고 싶어 한다. 그들은 희망, 가능성, 마법을 원한다. 새것이 통하는 데서 얻는 흥분과 통하지 않을지도 모르는 위험을 원한다. 자신의 혁신을 다른 사람들에게 보이는 즐거움을 원한다. 더 나은 일을 더 빨리 해서 느끼게 될 만족뿐 아니라 혁신과 생산성에 대한 보상을 받을 것이라는 기대도 원한다.

반면 평범한 직장인들은 상사 앞에서 곤경에 처하지 않으려한다. 문제가 생기면 확실한 알리바이와 책임을 피할 좋은 방법을 원한다.

사회운동가들은 정의를 구현할 기회와 희망의 빛을 원한다.

연대 대신 지배하려는 사람들은 승리를 원한다. 그들은 이기지 못하면 상대가 다른 일에서 지는 모습을 보는 데 만족할 수도 있다.

반면 연대를 추구하는 사람들은 동화되고 동조하기를 원하며, 리더로 뽑힐 위험을 감수할 필요 없이 **우리 같은 사람들은 이런 일을 한다**는 즐거움을 추구한다.

어떤 사람들은 책임을 원하고, 다른 어떤 사람들은 인정받고 싶어 한다. 당신이 섬기고자 하는 어떤 사람들은 할인을 원하고, 또 일부는 능력을 과시하기 위해 기꺼이 돈을 더 지불한다.

자신이 멍청하다는 느낌을 받고 싶어 하는 사람은 거의 없다.

갈수록 많은 사람들이 주의를 기울이거나 판단을 내릴 필요가 없다는 약속에 유혹당한다. 반면 다른 어떤 사람들은 기여할 여지가 없을 때 공허함을 느낀다.

여기서 우리가 얻을 수 있는 교훈은 무엇일까. 항상 궁금해하고, 실험하고, 사람들을 모두 다르게 대하라. 그렇게 하지 않으면 그들은 그렇게 해줄 다른 사람을 찾을 것이다.

모두가 슈퍼 유저는 아니다

어떤 고객은 다른 고객보다 가치가 높다.

주방 벽에 지역 요리 평론가의 사진을 붙여놓은 레스토랑의 이야기를 들어본 적이 있는가? 그 평론가를 빨리 알아본다면 경험의 질을 높이고 더 나은 평가를 얻을 수 있다는 계산에 따른 것이다.

그럴 수 있다면 노력을 기울일 가치가 있다.

사실, 요즘은 모두가 요리 평론가다. 모두가 옐프에 해외 맛집 리뷰를 올리거나 다른 사람들에게 자신의 경험을 들려줄 수 있다. 따라서 모두에게 더 나은 대우를 해야 한다. 모두에게 더 많은 힘이 있기 때문이다.

하지만 문제는 그렇게 하면 계산이 나오지 않는다는 것이다. 모두에게 더 나은 대우를 하는 것은 모두에게 더 나쁜 대우를 하는 것과 비슷하다. 자원이 한정된 상황에서 모두에게 지금보다 더 나은 대우를 제공하기는 어렵다. 그보다는 차라리 달라진 현실을 직시하고 모두에게 플랫폼이 있지만 모두가 활용하는 것은 아니라는 사실을 깨달아야 한다.

누구나 새것 애호가, 입소문을 퍼뜨리는 사람, 파워 유저, 중요한 기여자가 **될 수 있지만** 모두가 그 기회를 잡는 것은 아니다.

사람들이 하는 행동을 관찰하면 그들에 대해 많은 것을 알 수 있다. 당신의 취지를 받아들이는 사람을 찾으면 그들의 취지도 받아들여라. 당신이 하는 일에 대해 이야기하고 싶어 하는 사람을 찾으면 이야깃거리를 제공하라. 인자한 리더가 되고 싶어 하는 사람을 찾으면 필요한 자원을 제공하라.

우리에게는 원한다면 다른 사람들을 다르게 대할 수 있는 기술적 지렛대들이 있다. 다만 누구에게 무엇을 제공할지 파악하려면 관찰하고 경청해야 한다.

고객 기여도에 대한 진실

마케팅을 하려면 돈이 든다.

회의에 입고 갈 정장을 사려면, 매장 입구를 꾸미려면, 새 소프트웨어를 개발하려면, 재고를 보관하려면, 광고를 하려면, 홍보나 그밖에 수많은 다른 일을 하려면 돈이 든다.

이는 모두 고정비이며, 전체 고객 기반층에 걸쳐 고르게 분산된다.

계산을 해보면 옆의 막대 그래프처럼 나온다. 점선은 마케팅을 하기 위해 각 고객에게 들이는 비용이다. 막대는 각 고객에게 얻는 이윤이다.

이 그림을 분석해보면 마케팅을 했을 때 실제로 이익에 기여하는 고객은 8명뿐이다.

이것은 도서 구매자, 레스토랑 손님, 정치자금 기부자, 자선사업가, 우표 수집가에게도 적용할 수 있다. 또한 일부 고객이 다른 고객들보다 더 많은 돈을 쓰는 모든 산업에도 해당된다.

"누구를 위한 것인가?"라는 질문에 대한 답은 "사업을 계속할 수 있도록 도와줄 고객."이다.

당신은 많은 사람을 섬길 것이다. 그러나 이익은 소수에게서만 얻을 것이다.

고래들은 피라미들을 위한 비용을 지불한다.

이런 방식은 유효하다. 다만 최고의 작업을 하려면 소수를

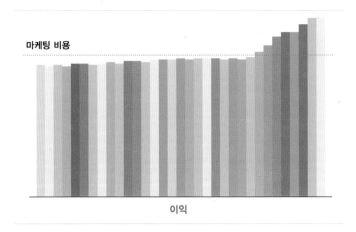

찾아내서 그들을 기쁘게 해야 한다. 그러면 그 대가로 모든 것을 사줄 충성스런 고객들을 얻을 수 있다.

응대의 목적은 무엇인가?

중요한 고객이 문제가 생겨서 고객서비스센터에 전화를 걸었다고 가정해보자.

우리가 전화를 받을 때 이 고객이 얼마나 중요한지 어떻게 알 수 있을까? 고객서비스센터는 고객의 과거 통화 기록을 가지고 있다. 그러니 거기서부터 시작하면 된다. 간단하게 과거 내역을 검색만 해봐도 해당 고객에 대해 알 수 있다. 그는 아주 오래된 고객이고, 당신의 은행에 많은 예금을 예치해두었으며, 당신에 대한 트윗을 올리고, 절대 반품을 하지 않고, 제때 결제하고, 당신이 이윤을 많이 남길 수 있는 품목을 산다.

계산을 해보면 이런 고객은 보통 평균에 해당하는 고객보다 8배나 높은 매출을 올려준다. 또한 비용만 드는 익명의 대중과 달리 실제로 이익을 남겨주는 소수 중 1명이다.

고객이 6명뿐인 프리랜서라면 사실 이 모든 것은 별로 의미가 없다. 주요 고객이 전화를 걸면 과거 이력을 찾아보지 않더라도 즉시 그 고객에 대해 파악할 수 있기 때문이다.

한편 금융기관 고객서비스센터의 직원이 회사에서 별로 대우도 받지 못하고 가장 적은 급여를 받는 사람이라면 이는 고객 응대에 어떤 영향을 미칠까. 매장의 경우도 마찬가지다.

고객과 통화할 때 그 목적은 무엇이어야 할까?

그냥 넘어가는 것, 고객이 전화를 끊게 만드는 것, 책임을 부인하는 것, "기재된 바와 같이"나 "저희 정책상" 같은 말을 읊으며 대본을 읽는 것이 목적이라면 계속해보라. 문제는 더욱 심각해진다.

반면 이런 상황에서 고객을 인간적으로 응대하는 데 따른 비용은 특별한 고객을 기쁘게 만들어서 얻게 되는 혜택으로 쉽게 메워진다.

차를 몰고 고객을 찾아가라. 얼굴을 맞대고 대화하라.

페덱스로 달려가서 마지막으로 물건을 접수시켜라. 놀라움과 기쁨은 오래간다.

실수로 3배나 높은 요금을 청구한 고객에게 대표가 전화를 걸게 하라. 시간은 몇 분밖에 걸리지 않으며, 그렇게 할 만한 가치가 있다.

물론 모든 고객을 이렇게 응대할 수는 없다. 그러나 고객을 관찰하다 보면 그 결과에 따라 우리가 어떻게 행동해야 하는지 배우게 된다.

Chapter 15

적합한 사람들에게 도달하기

목표, 전략, 전술

더 많은 전술을 다루기 전에 잠깐 다른 이야기를 해보자.

전술은 이해하기 쉽다. 나열할 수 있기 때문이다. 전술은 선택적으로 활용하면 된다.

전략은 그보다 포괄적이다. 전략은 여러 가지 전술을 아우르는 우산이다. 전술은 전략을 뒷받침한다.

당신의 목표는 전략이 통하면 일어날 것이라고 장담하는 일이다.

경쟁자에게 당신의 전술을 알려주면 그들은 그 전술을 훔칠 것이고, 당신은 손해를 볼 것이다.

그러나 전략은 알려줘도 문제가 되지 않는다. 당신의 전략을 자신의 전략으로 만들 담력이나 끈기가 없기 때문이다.

당신의 목표는 세상에 당신이 원하는 변화를 일으키는 것이다. 그것은 돈을 버는 자기중심적인 목표일 수도 있지만 대개는 당신이 섬기는 사람들 속에서 일으키고자 하는 변화일 가능성이 높다.

목표는 당신의 밝은 빛, 당신의 일이 지향하는 확고한 목적지다.

당신의 전략은 그 목표에 도달하기 위해 투자하는 장기적인 방식이다. 당신의 전략은 전술보다 위에 자리한다. 전략은 신뢰와 관심을 얻어내는 것이 될 수도 있고, 최고이자 유일한 대안으로 보이는 것일 수도 있으며, 당신과 당신의 메시지가 적합한 사람들에게 도달하도록 도울 우군과 협력자를 얻는 것일 수도 있다.

당신이 이야기, 위상, 유대를 활용하여 긴장과 추진력을 창출하는 방식이 전략이다.

전략은 성공할 경우 당신을 목표에 더 가까이 데려다준다. 실패하면 바꿀 필요가 있지만 자주 바꿔서는 안 된다.

전술은 어떨까? 전술은 전략을 대신하여 당신이 밟아야 할 수십, 수백 개의 단계다. 전술은 실패해도 괜찮다. 다른 전술로 대체하여 당신이 염두에 둔 전략을 뒷받침하면 되기 때문이다.

전술은 전략을 달성하는 데 더 이상 도움이 안 된다고 판단하는 순간 바꾸면 된다.

코카콜라가 오랫동안 유지해온 목표는 단순했다. 바로 더 많은 사람들이 콜라를 마시도록 만드는 것이었다. 그들의 전략은 막대한 양의 광고를 대중에게 퍼부어서 콜라를 마시는 일이 그들을 행복하게 만드는 문화의 일부이며, 다른 사람들도 모두 콜라를 마신다고 설득하는 것이었다. 한편 광고를 하는 게 전략이라면, 광고를 구성하는 콘텐츠는 전술에 속하기 때문에 콘텐츠의 내용은 계속 바뀌었다.

아웃도어 브랜드인 파타고니아(Patagonia)의 목표는 야외 활동을 좋아하는 사람들로 구성된 소수의 집단이 환경을 소중히 여기고, 파타고니아 의류를 입으면서 그 애정을 표현하게 만드는 것이다. 달리 표현하자면 이렇다. '이것은 조용한 스포츠입니다. 모터도 필요하지 않고 군중에게 왁자지껄한 환호를 안기지도 않습니다. 대신 각 스포츠를 하면서 힘들게 배운 우아한 동작이나 우리와 자연이 하나로 이어지는 순간들 같은 것이 보상으로 주어집니다.'

그들의 전략은 어떤 사람들이 환경에 미치는 영향뿐 아니라 옷의 품질에 대해 생각하는 방식을 바꾸도록 돕는 것이다. 이 소수의 집단이 자신의 이상을 친구들에게 전하고 함께하자고 이끄는 데 활용할 수 있는 라벨과 도구를 제공하는 것이다. 내부자와 외부자를 만드는 것이다.

그들의 전술은 의류를 재활용하는 새로운 방법을 찾고, 매장을 벽돌로 꾸미고, 소재와 구색 그리고 가격을 세심하게 정하는 것이다. 그들은 전술이 실패해도 30년 넘게 지켜온 전략은 포기하지 않는다.

광고는 특수한 사례일 뿐
성장에 반드시 필요한 동력은 아니다

미디어 회사, 통신 회사, 배송 회사는 모두 같은 일을 해서 돈을 번다. 표면적으로 그들이 섬기는 사람들이 관심 있어 하는 것을 파는 것이다.

잡지나 온라인 네트워크 또는 우표에 광고를 실을 수 있다. 이 3가지 경우 모두 중개업체가 약속한 모든 사람들에게 도달하거나, 간섭하거나, 그들을 교육하거나, 그들과 교류하도록 해준다. 우표를 가진 모든 사람은 편지를 보낼 수 있다.

이는 애써 얻어낼 필요가 없다. 돈으로 살 수 있으니까.

당신은 더 이상 외부자가 아니다. 이제 당신은 고객이다. 당신에게는 현금이 있고, 그것으로 당신이 원할 때마다, 형편이 되는 대로 많이 사람들의 주의를 사들일 수 있다.

좋은 소식은 효과가 있는 광고 방식을 찾으면 규모를 키울 수 있다는 것이다. 그것도 빠르고 정확하게.

나쁜 소식은 짐작했겠지만, 효과가 있는 광고 방식을 찾기 어렵다는 것이다.

그렇다고 해서 시도하지 말아야 한다는 말은 아니다. 다만 무엇을 왜 하는지 분명하게 파악해야 한다.

눈에 띄지 않는 광고는 존재하지 않는 것과 같다.

눈에 띄는 광고도 모든 사람이 아니라 일부의 눈에 띈다. 적합한 사람들의 눈에 띄는 광고는 긴장을 창출한다. 그것은 지금까지 몰랐고 더 알아야 하지 않을까 하는 긴장, 뒤처질지 모른다는 긴장, 상황이 더 나아질지 (또는 나빠질지) 모른다는 긴장이다.

거의 모든 텔레비전 광고는 기호학적 소음에 불과하다. 시청자들에게 이것이 안전한 브랜드, 당신과 당신의 동료들이 아는 브랜드, 텔레비전에 광고를 할 수 있는 브랜드임을 확인시켜주는 소음 말이다.

이는 대기업들이 경쟁 시장에 지불해야 하는 세금일 뿐 다른 기업들이 현실적으로 고려할 만한 마케팅은 아니다.

그 어느 때보다 많지만,
그 어느 때보다 적은

지금은 역사상 그 어느 때보다 많은 조직이 광고를 한다. 페이스북에서 돈을 내고 버튼만 누르면 광고 효과를 얻을 수 있다.

입소문을 내는 일이 지금처럼 쉽고 저렴한 적은 없었다. 링크드인에 돈을 내면 유명 인사에게 이메일을 보내는 특혜를 누릴 수 있다. 당신이 속한 비영리단체를 알리는 무료 온라인 광고를 싣는 것도 가능하다. 컨퍼런스나 빵 세일도 쉽게 홍보할 수 있다.

온라인 광고의 마법에는 3가지 요소가 있다.

1. 다른 어떤 매체보다 더 정확하게 전달될 수 있다. 겉으로 드러나는 통계학적 기준뿐 아니라 신념과 기대에 따른 심리적 기준까지 충족한다.

2. 즉시 도달할 수 있다. 오전 10시에 광고를 내보내면 10시 1분부터 사람들에게 도달한다.

3. 모든 것을 측정할 수 있다.

온라인 광고는 그 어느 때보다 빠르고, 저렴하고, 측정하기 쉬워졌는데 왜 모든 마케팅의 중심이 되지 못할까? 왜 논의의 시작이자 끝이 아닐까?

온라인 광고가 그 어떤 광고보다 많이 무시당하기 때문이다.

수십만 명에게 광고를 노출시켰는데 단 한 번의 클릭도 얻지 못하는 일이 흔하다. 광고가 끝날 때까지 문화에 아무런 영향을 미치지 못하는 일이 부지기수다.

광고는 노력으로 얻어내는 매체가 아니다. 돈으로 사는 매체다. 당신이 목표로 하는 잠재 고객들도 이 사실을 안다. 그들은 의심한다. 그들은 광고에 둘러싸여 있어 피곤하다.

당신은 광고를 내보낼 때 그 광고를 볼 수신자에게 돈을 지불하지 않는다. 오히려 그들이 광고를 관심 있게 보고 그 대가를 당신에게 지불하기를 원한다.

그래서 당신이 무시당하는 거다.

물론 광고가 아무 효과를 내지 못하는 것은 아니다. 다만 적어도 지금은 모두를 위한 정답이 아니라는 것이다.

주의의 비용과 가치

공짜로 사람들의 주의를 끌 수 있다는 가능성에 한눈팔지 마라. 아무 노력을 하지 않았는데도 마법처럼 후하게, 당신을 유명하게 만들어주는 스포트라이트는 없다.

'공짜' 홍보도 시간과 노력이라는 비용을 들여야 한다.

일단 여기서는 비용을 들이면 사람들에게 확실히 노출되는 광고의 등식에 대해 살펴보도록 하자.

유명 잡지에 광고를 싣는 비용은 CPM(Cost Per Mille)◉ 기준으로 80달러다. 즉, (CPM의 정의를 대략적으로 적용하자면) 80달러로 1,000명의 독자에게 광고를 노출할 수 있다. 1인당 10센트가 조금 덜 드는 셈이다.

일반 웹사이트에 광고를 실으면 80달러에 100만 명에게 광고를 노출시킬 수 있다. 물론 그들은 대충 훑어보고, 클릭하고, 무시하며, 당신의 광고를 기억하거나 광고를 보고도 어떠한 행동도 취하지 않을 것이다.

따라서 광고를 내려고 할 때는 항상 '그럴 가치가 있는가?'라고 자문해야 한다.

변화를 일으키려는 사람은 종종 서두른다. 그들에게 광고는 지름길처럼 느껴진다. 그러나 끈기와 목적이 없으면 광고비를

◉ 경비 효율 지표. 1,000명 또는 1,000가구에 광고를 전달하는 데 소요되는 비용을 의미한다.

낭비하게 된다.

브랜드 마케팅은 마법을 부리고, 다이렉트 마케팅은 전화기를 울린다

레스터 운더맨은 다이렉트 마케팅의 아버지다. 그는 이 명칭을 만들었을 뿐 아니라, 아메리칸 익스프레스와 콜럼비아 레코드 클럽(Columbia Record Club)을 비롯하여 수많은 다른 브랜드를 구축하는 데 이 마케팅 방법을 활용했다.

월드 와이드 웹(WWW)이 인기를 끌기 전인 1995년, 나는 온라인 다이렉트 마케팅 회사인 요요다인(Yoyodyne)을 창업하여 그를 이 회사의 이사로 초빙했다.

레스터는 브랜드 마케팅과 다이렉트 마케팅의 차이를 처음 설명했다. 그의 견해는 지금 그 어느 때보다 큰 의미를 지닌다. 구글과 페이스북이 부상한 덕분에 현재 역사상 그 어느 때보다 다이렉트 마케팅이 많이 이뤄지고 있다.

이 두 마케팅 방법론은 광고를 실행하고 나서 일어나는 일에 차이가 있다.

다이렉트 마케팅은 행동을 지향하며 광고 효과를 측정할 수 있다.

브랜드 마케팅은 문화를 지향하며 즉각적인 광고 효과를 측정할 수 없다.

페이스북에 광고를 싣고 나서 사람들의 클릭 수를 세고 회전율을 측정하면 다이렉트 마케팅을 하는 것이다.

고속도로 옆에 장례식장을 알리는 광고판을 세운 다음, 사람들이 자신의 가족이 죽었을 때 이를 기억해주기를 바란다면 브랜드 마케팅을 하는 것이다.

다이렉트 마케팅이 문화를 바꿀 수도 있다(이는 좋은 여파다). 당신이 내보내는 광고, 당신이 발송하는 카탈로그, 당신이 만든 웹사이트의 영향력이 쌓여서 사람들이 자신에게 들려주는 이야기를 변화시킬 수 있다.

또한 브랜드 마케팅이 주문으로 이어질 수도 있다(이 역시 좋은 여파다). 어떤 사람이 당신이 세운 광고판을 보고 찾아올 수도 있고, 당신이 광고를 실은 팟캐스트를 듣고 당신의 회사를 선택할 수도 있다.

단, 이를 혼동하면 위험해진다.

구글과 페이스북의 매출이 급격하게 늘어난 것은 오직 1가지 이유 때문이다. 바로 구글과 페이스북에 올리는 광고 중 다수가 돈값을 해서다. 100달러짜리 온라인 광고는 광고주에게 125달러

의 이익을 안긴다. 광고주는 이 사실을 알기에 더 많은 광고를
한다. 그들은 광고가 돈값을 하지 못할 때까지 계속 광고비를
지출한다.

다른 한편 (포드, 앱솔루트 보드카, 팜올리브 같은 제품의) 브랜드
광고는 오랫동안 우리들 사이에서 문화를 만들어왔다. 이 브랜
드들은 물론 수많은 다른 브랜드는 효과를 일으킬 만한 다이렉
트 마케팅 캠페인을 기획하지 못한다. 그래서 광고 효과를 측
정할 수 있는 다이렉트 마케팅이 이뤄지는 온라인 환경으로 이
동할 때 엄청난 스트레스를 받았고, 숱한 실패를 경험했다.

어떤 마케팅 방법을 사용하든, 이 문제에 대한 접근법은 어
려운 만큼 단순하다. 다이렉트 마케팅 광고를 한다면 모든 것
을 측정하라. 사람들의 주의를 끌고, 그들의 클릭을 이끌어내
고, 주의를 주문으로 바꾸는 데 얼마나 많은 비용이 드는지 계
산하라. 다이렉트 마케팅은 행동 마케팅이며, 행동을 측정하지
못한다면 의미가 없다.

브랜드 마케팅 광고를 한다면 인내심을 가져라. 군이 효과를
측정하려 들지 마라. 문화와 교류하라. 무조건 초점을 맞추되
무엇보다 끈기와 인내심을 발휘하라.

그렇게 할 수 없다면 브랜드 마케팅 광고에 돈을 쓰지 마라.

앞에 나오는 두 문단만 기억해도 당신이 이 책을 읽기 위해 들인 시간과 돈을 충분히 보상해줄 것이다. 물론 다른 내용들도 당신의 투자를 보상하기를 바라지만 말이다. 거대하고 성공한 조직들도 온라인 환경으로 이동하는 것이 근본적으로 사업을 바꾸는 것이란 사실을 인식하지 못하고 있다.

다국적 기업 프록터 앤드 갬블은 세탁용 세제 타이드(Tide)와 충치 예방 치약인 크레스트(Crest)를 비롯한 여러 브랜드를 알리기 위해 텔레비전 광고에 수십억 달러를 쓴다. 그러나 텔레비전 브랜드 광고를 디지털 다이렉트 광고로 대체하면 광고 사업 모델이 무너진다.

동네 피자집들은 전화번호부 광고에 매료되었다. 큼지막한 광고는 돈값을 했으며, 광고에 실은 전용 전화번호가 그 사실을 증명했다. 반면 옐프로 광고를 옮기는 일은 시간이 많이 들고 위험하게 느껴진다. 아무것도 통제할 수 없고, 검증된 효과도 없다.

대다수 자영업들이 비싸고, 느리고, 측정하기 어려운 브랜드 광고에서 신속하고, 기민하고, 측정할 수 있는 다이렉트 광고로 이동하는 것은 긍정적인 변화다. 그렇다고 해서 광고를 클릭하지 않는 대다수의 사람들에게 도달하려 할 때 다이렉트 마케팅을 하는 마케터처럼 행동하기란 쉽지 않다.

온라인 다이렉트 마케팅을 위한 간단한 지침

온라인 광고는 사람들의 클릭을 이끌어내기 위해 존재한다.

클릭은 판매나 승인을 이끌어내기 위해 존재한다.

판매는 또 다른 판매나 입소문으로 이어지기 위해 존재한다.

승인은 교육 및 판매로 이어지기 위해 존재한다.

이게 전부다.

이 과정에 속한 모든 단계에서 비용이 발생하지만(첫 단계에서만 현금을 지불하는데 중간에 사람들이 떨어져 나간다), 이는 당신이 혜택을 누리는 데 더 가까이 다가갈 수 있도록 해준다.

각 단계에 가치를 부여하라. 그럴 수 없다면 가능할 때까지 다이렉트 광고를 하지 마라.

당신의 광고를 보고도 아무런 행동을 하지 않는 사람들이 있을까? 당연히 있다. 그래도 문화를 바꾸고, 인지도를 구축하는 보너스에 해당하는 여파가 남는다. 하지만 말했듯이, 다이렉트 마케팅은 측정하지 못하면 의미가 없다.

브랜드 마케팅을 위한 간단한 지침

전화 응대부터 포장 디자인까지, 매장 입지부터 당신의 일이 미치는 후속 효과까지, 전화 대기음부터 임원들의 행동까지, 심지어 포장할 때 쓰는 완충재까지 모든 것이 브랜드를 위한 일종의 마케팅이다.

이런 마케팅의 효과는 측정할 수 없다. 어쩌면 그런 것이 정말 효과가 있는지 모를 수도 있다.

그래도 중요하다.

당신은 이미 브랜드 마케팅에 돈을 쓰고 있을 것이다. 그 점은 분명하다. 중요한 문제는 '돈을 약간 더 쓰면 어떤 일이 일어날까? 의도를 가지고 돈을 쓰면 어떨까?'이다.

인내심을 가지고 당신의 브랜드에 대한 이야기를 세상에 알리는 데 더 많은 돈과 시간을 투자할 수 있다면 어떻게 할 것인가?

지역신문에 전면 광고를 내거나 텔레비전에 광고하는 방법을 떠올릴 수 있다. 이렇게 광고비를 지출하는 일은 오랫동안 이뤄졌다. 이런 방식으로 광고를 하면 아주 적은 시간에 큰 목소리를 낼 수 있다. 이 일은 재미있다. 예산을 가진 당신의 상사나 다른 사람 외에는 누구도 설득할 필요가 없다. 한 번으로 끝내고 내일로 나아가면 된다.

이는 돈을 쓰는 최선의 방법일 수 있다. 아니면 테니스 대회나 팟캐스트를 후원하는 것도 기적을 일으킬 수 있다.

어쩌면.

아니면 직원들이 고객을 응대하는 방식을 개선하는 데 크게 투자하거나, 연구 개발에 수백만 달러를 쏟아붓거나, 능력을 계발하기 위해 학교로 돌아갈 수도 있다.

그러나 그게 어떤 방식이든 브랜드 마케팅과 관련하여 내가 말할 수 있는 가장 중요한 교훈은 모든 사람을 위해 브랜드를 구축할 돈과 시간은 절대 충분하지 않다는 것이다. 이는 확실하고도 분명하다. 아니, 애초에 불가능하다. 그러니 시도하지 마라.

그보다는 대상을 구체적으로 정하라.

아주 구체적으로.

그다음 이를 토대로 브랜드 마케팅에 총력을 기울여라. 사소한 상호작용이라도 전체를 반영해야 한다. 어떤 측면에서든 사람들이 당신의 브랜드를 접할 때마다 당신의 모든 것을 단박에 추측할 수 있어야 한다.

빈도

사람들은 자신이 읽는 것이나 듣는 것, 심지어 보는 것도 잘 기억하지 못한다. 운이 좋다면 자신이 하는 일은 기억하지만 그것도 잘하지 못한다.

우리는 반복되는 것만을 기억한다.

계속 본 것을 기억한다. 계속한 것을 기억한다. 20년 동안 크리스마스 파티에 참석한 삼촌은 기억하지만 단 한 번 같이 온 삼촌의 여자 친구는 기억하지 못한다.

우리가 이런 방식으로 최적화된 데는 명백한 진화론적 이유가 있다. 우리가 쉬지 않고 기억들을 지워야 하기 때문이다. 그래서 무작위적인 소음에 해당하는 기억부터 쉽게 잊어버린다.

우리는 사진에 담아둔 일들을 기억하지만 그렇지 않은 일들은 기억하지 못한다. 이는 사진을 찍는 행위와 아무 관련이 없다. 우리가 사진을 볼 때마다 자신에게 반복해서 들려주는 이야기 때문이다.

이렇게 반복적으로 접하는 사건과 이야기는 '신뢰'와 연결된다.

익숙한 것은 정상적인 것이 되고, 정상적인 것은 믿을 만한 것이 된다.

그러나 마케터들은 매일 이 사실을 잊는다.

왜 그럴까. 우리의 일을 지켜워해서다. 우리의 이야기, 우리의 변화. 이런 것들은 이전에 들어본 적이 있고, 지금도 기억한다. 하지만 지겹다.

그래서 바꾸려 든다.

게릴라 마케팅에 관한 경영서를 많이 쓴 제이 레빈슨은 이런 유명한 말을 한 적이 있다. "당신에게 지겹다고 해서 광고를 바꾸지 마라. 직원들에게 지겹다고 해서 광고를 바꾸지 마라. 친구들에게 지겹다고 해서 광고를 바꾸지 마라. 회계사가 지겹다고 할 때 바꿔라."

이 말은 광고를 넘어서 다른 문제에도 적용할 수 있다.

당신이 하는 모든 스토리텔링은 반복이 필요하다. 당신은 새로운 것을 시도하고, 발표하고, 새로운 시장을 탐험한다. 그리고 즉시 성공하지 못하면 본능에 따라 발을 빼고 다른 것을 시도하려 한다.

하지만 반복은 우리에게 시간차, 우리가 지겨워질 때와 사람들이 메시지를 받아들이는 때 사이에 간극이 있음을 가르쳐준다.

많은 사람이 프로젝트를 시작한다. 그들은 테드 같은 무대에서 몇 차례 자신의 이야기를 하고 나서는 다음 일에 착수한다. 또는 새로운 프리랜서 일을 시작했다가 두어 명의 고객을 얻고 나서 지지부진하다는 이유로 포기해버린다. 회사를 만들고, 투자를 받아서 금세 써버리고는 좋은 일이 일어나기 직전에 벽에 부딪힌다.

시장은 반복이 신뢰로 이어지도록 훈련받았다(보라, 나도 같은 말을 반복하고 있다). 충분히 반복하기 전에 그만둬버리면 신뢰를 얻을 기회가 생기지 않는다.

검색엔진 최적화와 소금 광산

구글 생태계의 바탕에는 근거 없는 믿음이 존재한다. 검색엔진에 자신을 맞춘 수많은 기업들이 자신을 찾는 사람들과 연결될 것이라는 믿음 말이다.

데이트 사이트도 같은 약속을 제시한다. 소셜 네트워크도 마찬가지다.

그들은 그냥 철저하게 맞추고 모든 규칙을 따르라고 말한다. 그러면 사람들이 '타이어 매장'이나 '레스토랑' 또는 '프리랜서 카피라이터'를 검색할 때 우리를 찾게 될 것이라고 말한다.

그러나 확률적으로 봤을 때 이 말은 무리가 있다.

검색 결과는 수백 페이지에 달한다. **우리가** 가장 먼저 사람들에게 연결될 것이라는 생각은 망상에 불과하다.

일반적인 단어로 검색하면 사람들은 당신에게 이르는 길을 찾을 수 없다.

사람들이 당신을 제대로 찾으려면 당신과 당신이 만든 것에 충분한 관심을 가져서 당신의 이름을 입력해야 한다. 일반적인 대안이 아니라 당신을 찾아야 한다.

물론 구글에서 '블로그'를 검색하면 나의 블로그를 찾을 수는 있다.

하지만 나를 찾으려면 그보다는 '세스'로 검색하는 것이 더 좋다.

검색엔진 최적화는 일반적인 단어로 검색했을 때 그 결과 페이지에서 상위에 나오도록 만드는 것이다. 상위에 나오는 열쇠공이나 호텔 또는 의사는 큰 이익을 볼 수 있다. 그러나 그렇지 못한 나머지 사람들은 상위에 노출되기 위해 이와 관련한 컨설팅이나 사기에 큰돈을 낭비한다.

반면 현명한 마케터는 처음부터 검색할 가치가 있는 제품이나 서비스를 만든다. 사람들이 일반적인 단어가 아니라 당신, 당신이 만든 것, 구체적인 것을 검색하여 당신을 찾게 만든다. 그때 구글은 당신 편이 된다. 그래서 누군가가 당신을 찾으면 **당신이** 그들과 제대로 연결되기를 바란다.

당신을 찾는 사람들이 당신과 쉽게 연결되려면, 당신이 해야 할 첫 번째 단계는 사람들이 구체적인 단어로 당신을 검색할 만큼 그들이 관심을 가질 제품이나 서비스를 만드는 것이다. 일반적인 단어로 검색하면 검색 페이지 상단에 나오기 어렵다. 그러나 구체적인 단어로 검색하면 항상 상단에 나올 수 있다.

　두 번째 단계는 이해하기 쉽다. 바로 사람들이 찾을 때 그들이 원하는 존재가 되는 것이다.

Chapter 16

가격은 이야기다

가격 설정은 단지 돈을 버는 수단이 아니라 마케팅 도구다

결국에는 사람들에게 당신의 제품과 서비스가 얼마인지 말해야 한다. 가격을 정할 때 염두에 두어야 할 2가지 핵심 사항이 있다.

첫째, 마케팅은 가격을 바꾼다.

둘째, 가격은 마케팅을 바꾼다.

사람들은 가격을 토대로 나름의 가정과 연상을 한다. 또한 가격은 당신이 제공할 서비스에 대한 믿음을 형성한다. 따라서 스스로 포지셔닝을 어떻게 할 것인지 확실히 하는 일이 중요하다. 가격은 당신이 포지셔닝할 극단과 맞아야 한다.

당신은 메뉴에서 가장 싼 와인을 사는가? 가장 비싼 와인은 어떤가?

이 두 질문은 모두 와인 자체에 대해, 그 맛이나 가치에 대해 아무것도 묻지 않는다.

그냥 가격만 따질 뿐이다.

누구도 가장 싼 차를 몰지 않으며(실제로 길에서 중고 유고(Yugo)◉를 보기는 어렵다), 시내에서 프랑스 고급 차인 부가티(Bugatti)를 몰고 다닐 만큼 멍청한 사람도 드물다. 이 두 극단 사이에는 수많은 이야기들이 존재한다. 우리가 자신에게 하는 이야기와 주위 사람들에게 하는 이야기 말이다.

자동차 포르쉐 카이엔(Porsche Cayenne)은 비용에 비례하여 확실한 효용 가치가 없다. 이는 그저 하나의 신호에 가깝다. 자부심을 보여주고자 우리가 도로에서 높이 휘날리는 은색 또는 적색 깃발일 뿐이다.

물론 가격은 신호 이상의 의미를 지닌다. 가격은 프로젝트를 성장시키는 엔진이기도 하다. 우리가 무엇을 대표하는지, 누구를 위해 설계했는지, 우리가 어떤 이야기를 들려주는지 결정하기 때문이다. 또한 가격은 이윤을 창출(또는 제거)하며, 이윤은 아

◉ 1980년대 유행했던 유고슬라비아산 저가 승용차 브랜드를 말한다.

웃바운드 마케팅(outbound marketing)⊙에 쓸 자금을 만들어준다.

빵집을 예로 들어보자. 빵 하나를 만드는 데 들어가는 재료비와 인건비가 1.95달러라고 가정할 때 3가지 경우를 살펴볼 수 있다.

빵을 2달러에 팔면 5센트가 이익으로 남는다.

2.5달러에 팔면 55센트가 이익으로 남는다. 이는 2달러에 팔 때보다 무려 11배, 1,000% 이상 많은 이익이다.

3달러에 팔면 처음 2달러에 팔 때보다 20배 이상 많은 1달러 5센트가 이익으로 남는다.

2달러에 팔 경우 3달러에 팔 때만큼 이익을 남기려면 21개를 팔아야 한다. 이 21개가 의미하는 것은 1시간에 두어 명의 손님이 오는 것과 문밖에 손님들이 줄을 서서 사는 것 사이의 차이를 말한다.

사람들은 "그래도 손님들은 싼 가격을 선호해요."라고 말한다.

그럴 수도 있다. 하지만 깨끗한 매장, 충분한 급여를 받으며 손님을 응대하는 넉넉한 수의 직원, 유리창에 붙은 새로운 표

⊙ 고객이 필요할 때 찾게 만드는 인바운드 마케팅(inbound marketing)과 상반되는 개념으로서 먼저 잠재 고객들을 찾아서 메시지를 전달하는 전통적인 개념의 마케팅을 말한다.

지판, 지역 야구팀의 유니폼에 붙은 로고의 가치는 어떻게 따질까? 빵을 담아주는 예쁜 봉지뿐 아니라 당신이 '퓨니션(punition)'이라고 부르는 무료로 나눠주는 작은 버터 쿠키의 가치는 어떻게 따질까? 고급 레스토랑에서 주는 빵과 같은 빵을 먹는다고 친구들에게 말할 때 어떤 기분이 들까?

미비한 부분 때문에 계속 사과하는 것보다 좋은 서비스를 제공하는 데 필요한 수준으로 가격을 올리고 한 번 사과하는 것이 낫다.

가격은 신호다.

다른 가격(다른 사람들)

가격표는 17세기 기독교 교파 중 하나인 퀘이커(Quaker)의 교도들이 처음 고안했다. 그전까지만 해도 대체로 어떤 물건이든 정해진 가격이 없었다. 모두가 흥정을 벌여야 했다.

당시 작은 상점이었던 메이시스(Macy's)°와 와너메이커즈(Wanamaker's)°°는 규모를 키우고자 했다. 그래서 적은 급여를 받는

⊙ 1829년, 사업가 로랜드 허세이 메이시(Rowland Hussey Macy)가 작은 상점으로 시작하여, 점차 규모를 키워 백화점으로 자리매김했다.

직원들을 두고 대규모 매장을 운영했다. 하지만 수많은 직원들이 자기 일처럼 나서서 흥정을 벌이도록 믿고 훈련시킬 방법이 없었다. 그래서 그들은 퀘이커 교도들의 생각을 앞장서서 실천했다.

가격표가 고안된 이유는 사람마다 다른 가격을 받는 것은 비도덕적이라는 퀘이커 교도들의 생각 때문이었다. 하지만 가격표가 확산된 이유는 기업인과 대규모 조직들이 그에 따른 효율성을 좋아했기 때문이었다. 그러나 다른 모든 것과 마찬가지로 인터넷이 상황을 바꿔놓았다.

한편으로 당신은 가격이 이미 정해져 있다는 이야기를 할 수 있다. 테슬라는 고급 차 구매자들에게 이런 이야기를 했고, 그들은 안도의 한숨을 내쉬었다. 반면 우버는 수요에 따라 다른 요금을 매기려고 시도했다가 신뢰도 측면에서 엄청난 손실을 입었다.

대다수 조직, 특히 소규모 조직에게 어려운 점은 다른 가격을 부과하는 체계가 아니다. 바로 '스토리텔링'이다.

⊙⊙ 존 와너메이커(John Wanamaker)가 설립한 미국의 백화점으로, 가격표를 사용한 최초의 상점이다. 미국 유통 산업 발전에 실질적인 영향을 미친 것으로 유명하다.

이 말을 하는 이유는 이것이 바로 당신이 매긴 가격에 대한 이야기(그리고 그 이야기의 가치)를 사람들이 이해하는 강력한 방식이기 때문이다. 아무도 받지 못한 할인을 당신만 받았다는 걸 알게 됐을 때 기분이 어떤가? 그것이 당신이 마땅히 받았어야 할 할인이라면? 또 만약 다른 사람들이 받은 할인을 당신만 받지 못했다면 어떤 기분이 드는가?

킥스타터에 내재된 희소성과 가격 설정은 어떤가? 후원자가 거의 찬 프로젝트를 놓칠지 모른다는 두려움이 후원을 서두르게 만드는가?

'싸다'는 '무섭다'의 다른 표현

제품이나 서비스를 제공하는 완전히 새로운 방식을 찾은 것이 아니라면 가장 싼 가격에 연연하는 태도는 변화에 충분한 투자를 하지 않았음을 의미한다.

가장 싼 가격을 매기는 것은 변화에 대한 약속이 아니다. 같은 것을 더 싸게 주겠다는 약속일 뿐이다.

저가 경쟁은 유혹적이다. 더 싸게 파는 것보다 쉬운 일은 없기 때문이다. 고객 입장에서는 새로 계산할 것도 없고, 깊이 고민할 것도 없다. 문화적이거나 정서적인 것도 아니다. 단지 가격이 더 싼 것이다.

저렴한 가격은 좋은 아이디어가 다 떨어진 마케터들의 마지막 피난처일 뿐이다.

공짜는 어떤가?

마케팅이 고객을 위해, 고객과 함께 이뤄지는 것이라면 모든 것을 공짜로 주면 되지 않을까?

그렇게 하면 안 되는 2가지 이유가 있다.

1. 물건을 사는 일은 아무 가치 (또는 적어도 가격) 없는 물건을 공짜로 얻는 일과 근본적으로 다르다. 구매를 결정할 때는 희소성, 긴장, 참여 같은 요소들이 모두 고려된다. 공짜로 주면 이 모두가 희생된다.

2. 현금 유출입 없이 제품이나 팀 또는 마케팅에 투자할 수 없다.

그러나 다른 상황에서, 다른 이유로 공짜로 주는 것을 고려해볼 수 있다.

공짜는 단지 더 싼 것이 아니라 완전히 다른 거래의 범주다.

이는 숫자를 0으로 나누면 무한대에 이르는 것과 같다.

공짜 아이디어는 유료 아이디어보다 빠르게 확산될 가능성이 훨씬 높다.

페이스북을 쓰는 데 한 달에 3달러가 든다면 사용자가 훨씬 줄었을 것이다.

라디오에서 인기곡을 듣는 데 돈이 든다면 톱 40 차트는 사라질 것이다.

그렇다 해도….

모든 것을 그냥 내주면 생계를 꾸릴 방법이 없다.

이 역설에서 벗어나는 길은 당신이 고객에게 제공할 수 있는 2가지를 한데 엮는 것이다.

1. 확산될 만한 공짜 아이디어
2. 돈을 지불할 가치가 있는 아이디어의 값비싼 표현

셰프가 조리법을 그냥 알려주거나, 팟캐스트에 출연하거나, 온라인 세미나를 진행하는 것은 자신의 아이디어를 공짜로 나눠주는 것이다. 그 아이디어를 찾고, 자주 접하고, 나누는 것은 쉽다.

그러나 그 셰프의 레스토랑에서 도자기 접시에 담긴 파스타를 먹으려면 24달러를 내야 한다.

가수가 라디오에서 자기 노래를 공짜로 들려주더라도 콘서트 티켓 값이 84달러면 보상을 받을 수 있다.

도자기 접시와 콘서트 티켓은 아이디어에 대한 기념품이며, 기념품은 비싸기 마련이다.

당신의 비전, 아이디어, 디지털 표현, 소통 능력을 공짜로 나눌 방법은 많다.

각각의 방식은 인지, 승낙, 신뢰로 이어지며, 이는 돈을 지불할 가치가 있는 것들을 판매할 토대를 제공한다.

신뢰와 위험, 신뢰와 비용

보통 우리는 위험이 따르는 거래를 하기 전에 서로 간의 신뢰가 필요할 것이라고 믿는다.

또한 사람들이 많은 돈을 쓰기 전에 (일종의 위험) 또는 시간과 노력을 들이기 전에 더 많은 신뢰를 원할 것이라고 예상하고는 한다.

그러나 대부분 그 반대의 경우가 성립한다.

거래는 위험을 수반하기 때문에 인지부조화를 초래한다. 즉,

돈을 많이 쓰는 행위 자체가 신뢰감을 만들어낸다. '나는 현명한 사람이야. 평생 모은 돈(또는 인생)을 투자하기 전에 확실한 신뢰를 갖는 것이 현명해. 그러니까 무조건 신뢰해야 해.'라는 식이다.

훈련소가 이런 일을 한다. 입대에 따른 높은 비용(피, 땀, 눈물)은 집단과 동화되도록 만든다.

사람들이 아웃워드 바운드(Outward Bound)◉에서 변하는 이유가 거기에 있다.

고급 레스토랑과 호텔들이 나쁜 평가를 받아도 살아남는 이유가 거기에 있다.

사람들은 큰 투자를 했을 때 (현금이나 명성 또는 노력) 종종 그것을 합리화하는 이야기를 지어낸다. 이 이야기는 신뢰를 보증한다.

모든 사기꾼은 이 사실을 안다. 하지만 아이러니한 점은 정작 신뢰를 얻어야 할 마케터들이 이 사실을 모르는 경우가 많다는 것이다.

가격을 낮춘다고 해서 신뢰를 더 많이 얻는 것은 아니다. 오히려 그 반대다.

◉ 야외 활동을 하며 수련하는 단체를 말한다.

변화에 후하고, 사업에 용감하라

무료 서비스, 지속적인 할인, 보상 없는 초과 근무에 후한 것은 진정으로 후한 것이 아니다. 이것들은 지속할 수 없기 때문이다. 곧 약속을 어기게 되기 때문이다.

반면 용기, 공감, 존중에 후한 것은 진정으로 후한 것이다.

고객이 당신에게 바라는 것은 자신을 소중하게 여기며, 바꿔주는 것이다.

추진력으로 이어지는 긴장을 창출하는 것이다.

당신이 감정노동을 열심히 해주어 고객이 열린 마음으로 가능성을 보도록 만드는 것이다.

그렇게 해준다면 설령 이 일을 해주는 대가로 당신이 많은 돈을 받아야 한다고 해도 고객에게 그 대가는 여전히 저렴하다.

케이스스터디: 팁을 없앤 USHG

뉴욕의 《저갯 서베이(Zagat's)》에서 10년 넘게 가장 높은 평가를 받은 레스토랑은 유니온 스퀘어 카페(Union Square Cafe)다.

이 카페를 운영하는 유니온 스퀘어 호스피텔리티 그룹(Union

⊙ 프랑스의 미슐랭 가이드와 비슷하게 미국에서 발간되는 세계적인 레스토랑 안내서이다.

Square Hospitality Group, 이하 USHG)은 여러 해에 걸쳐 뉴욕 전역에 10여 개의 레스토랑을 개업했고, 역시 높은 평가를 받았다.

그들은 2016년에 팁 문화를 없애서 많은 사람을 놀라게 했다.

팁을 받는 대신 USHG는 가격을 20% 올리고, 늘어난 매출을 직원들을 위한 육아휴직, 공정한 임금, 그들을 전문가로서 대우하는 데 썼다. 이 변화 덕분에 주방에서 일하는 직원들(실제로 요리하는 사람들)은 더 높은 급여를 받게 되었고, 홀에서 손님을 상대하는 직원들은 고객의 팁이 아니라 자신의 일을 위해 서로 협력했다. 사정이 있으면 서로 근무시간을 바꿔주었으며, 의사나 조종사 또는 교사처럼 스스로 일할 동기를 얻었다.

리더십은 매우 뛰어났으나, 이러한 변화는 마케팅 측면에서 많은 문제를 초래했다.

자신이 평균보다 많은 팁을 주기 때문에 특별한 손님이라고 생각했고 그런 인식을 중시하던 단골들에게 팁을 없애고 가격을 올린다는 사실을 어떻게 설명할 것인가?

식당을 예약하기 전에 인터넷에서 가격을 비교해보면 USHG의 경우 팁이 포함된 가격이어서 실제로는 훨씬 저렴한데, 이 사실을 모르는 관광객들에게 어떻게 홍보할 것인가?

직원들, 특히 팁 덕분에 많은 돈을 벌었다가 수입이 줄어들게 된 직원들은 어떻게 설득할 것인가?

이 변화는 무엇이며, 누구를 위한 것인가?

여기서 우리가 얻을 수 있는 중대한 통찰 중 하나는 이런 변화가 모두를 만족시킬 수 없다는 것이다. 가령 어떤 손님들은 팁을 많이 주는 데서 얻는 위상을 즐긴다. 그들은 과시하고 싶어 한다. 그래서 후한 팁을 주면서 돈이 많다는 사실을 과시하고, 저렴한 비용으로 이를 누릴 수 있는 것에 짜릿함을 느낀다.

하지만 USHG는 이 사람들에게 더 이상 이런 짜릿함을 제공하지 못한다. 팁을 없애는 것은 "죄송하지만 우리는 손님을 위한 곳이 아닙니다."라고 말하는 것이다.

다른 한편, 연대를 추구하여 위상을 얻는 손님들은 팁을 너무 많이 또는 너무 적게 주었다는 두려움보다 서비스를 제공한 이에게 진심을 담아 고맙다고 말하는 것이 훨씬 낫다고 생각한다.

또한 그보다 더 나은 것은 공정성과 위엄을 중심으로 세상을 보는 손님들이 이제 다른 레스토랑을 찾아가기가 어려워졌다는 것이다. 직원들이 공정한 대우를 받고, 인간적 위엄을 누리며 일하는 레스토랑과 위계질서가 이 모든 것을 무너뜨리는 레스토랑 사이에서 한 곳을 선택해야 한다고 할 때 그들은 자신의 세계관과 자랑스럽게 일치하는 레스토랑의 단골이 되려 할 것이다.

레스토랑에 혼자 가는 일은 드물다. USHG는 이러한 미덕을 알림으로써 다른 사람을 데려온 손님들이 위상을 얻도록 기회를 제공한다. 손님들이 자신(그리고 다른 사람)에게 할 수 있는 이야기, 레스토랑을 선택하는 사소한 행위가 인종, 젠더, 소득 불균형 같은 훨씬 큰 이슈들로 확장되는 이야기를 제공한다.

이 이야기는 모두를 위한 것이 아니다. 그러나 이를 추구하는 적합한 사람에게 제공되면 경험의 질을 바꾼다.

누구를 위한 것인가? 무엇을 위한 것인가? 위상은 어떻게 바뀌는가? **다른 사람들에게 어떤 이야기를 들려줄 것인가?**

Chapter 17

선순환을 일으키는 승인과 주목성

승인은 기대되고, 개인적이며, 유의미하다

나는 20여 년 전에 펴낸 《퍼미션 마케팅》에서 혁명의 시작을 알렸다.

그것은 주의에 대한 것이었다. 그것도 아주 귀한 주의 말이다.

그때까지 마케터들은 사람들의 주의를 훔치고, 남용하고, 낭비했다.

스팸은 공짜였다. 그래서 더 많은 스팸을 뿌려댔다.

이메일 스팸은 당연했고, 다른 온갖 스팸들이 있었다. 우리가 되돌려 받을 수 없는 귀중한 주의와 시간을 훔치려는 쉼 없는 노력들이 있었다.

물론 대안이 있다. 기대되고, 개인적이며, 의미 있는 메시지라는 특혜를 받고자 하는 사람들에게 그것을 전달하는 것이다.

이 주장은 논란의 여지가 없을 것처럼 보인다. 그러나 나는 이런 주장을 했다는 이유로 다이렉트마케팅협회(Direct Marketing Association)에서 쫓겨났다.

25년 전, 나는 스팸으로는 규모를 키우는 데 한계가 있다는 것을 알게 됐다. 사람들의 주의는 실로 귀중했다. 자기중심적인 마케터들은 우리가 더 만들어낼 수 없는 것을 훔치는 일을 중단해야 했다.

나는 이 생각을 중심으로 요요다인이라는 회사를 만들었다. 한때 요요다인은 다른 어떤 기업들보다 많은 이메일을 보내고, 받고, 처리했다. 그것도 우리가 상대하는 모든 사람들의 적극적인 승인을 받고서. 이메일 개봉률은 70%를 넘었고, 응답률은 평균 33%였다.

이는 2018년을 기준으로 일반적인 상업 이메일 응답 비율의 약 1,000배에 해당한다.

그러니 광고비를 지출하기 전에, 이 자산을 얻어내는 일부터 시작하라. 당신이 사라지면 아쉬워할 사람들에게 이야기하는 특혜 말이다.

퍼미션 마케팅은 최고의 소비자들이 마케팅을 무시하는 새로운 힘을 지녔음을 안다. 사람들을 존중하는 자세로 대하는 것이 그들의 관심을 얻어내는 최선의 방법임을 안다.

여기서 핵심 문구는 '**주의를 기울이세요.**'다. 퍼미션 마케팅을 추구하는 마케터들은 사람들이 기울이는 주의가 실로 귀중한 것임을 알기 때문이다. 소비자들은 중간에 생각을 바꿔도 자신들이 한번 기울인 주의를 되돌려 받지 못한다. 따라서 주의는 낭비할 것이 아니라 소중이 여겨야 하는 중요한 자산이다.

진정한 승인은 당연하게 여기는 승인이나 법적 승인과 다르다. 당신이 어떤 방법으로 나의 이메일 주소를 손에 넣었다고 해서 이용해도 된다고 승인을 받은 것은 아니다. 내가 불평하지 않는다고 해서 승인을 얻은 것은 아니다. 당신이 이메일에 프라이버시 정책에 관한 내용을 작게 기재했다고 해서 승인받은 것도 아니다.

진정한 승인은 이렇게 이뤄진다. 당신이 모습을 보이지 않으면 사람들이 걱정한다. 당신이 어디로 갔는지 묻는다.

승인은 데이트와 같다. 처음 만난 자리에서 구매를 요구하면 안 된다. 시간을 두고 조금씩 승인을 받아내야 한다.

주의의 희소성에 더하여 고객의 동의를 받아내는 퍼미션 마케팅의 핵심 중 하나는 당신의 이야기를 듣고 싶어 하는 사람들과 소통하는 비용이 아주 낮다는 데 있다. 한 방울씩, 한 메시지씩. 각 접촉은 사실상 공짜다.

인터넷에서 뉴스를 배포하는 RSS(Really Simple Syndication)와 이메일 그리고 다른 기술들 덕분에 당신은 이제 할 이야기가 있을 때마다 우표를 사거나 네트워크 광고를 할 필요가 없어졌다. 이렇게 직접 전달할 수 있게 된 것은 마치 예전에 같은 방식으로 일하던 우유 배달부와 비슷하다. 그것이 승인의 핵심이다.

페이스북과 다른 소셜 플랫폼은 지름길처럼 보인다. 새로운 사람들에게 비교적 쉽게 도달할 수 있도록 해주기 때문이다. 대신 당신은 소작농이 되어야 한다. 그것은 당신의 땅이 아니다. 사람들에게 접촉할 수 있는 승인을 받은 것은 당신이 아니라 페이스북과 같은 플랫폼을 가진 이들이다. 자산을 보유한 것은 당신이 아니라 그들이다.

모든 출판사, 미디어 회사, 저술가는 승인 자산, 즉, 중개자 없이 사람들과 접촉할 수 있는 특별한 방법을 확보해야 한다.

승인은 꼭 정식으로 이뤄질 필요가 없지만 명백해야 한다. 당신의 친구는 5달러를 빌리고 싶을 때 당신에게 전화한다. 그러나 당신이 산업박람회에서 만난 사람은 설령 입장료를 지불했다 해도 자기 이력을 일일이 홍보할 수 없다.

구독은 동의를 분명히 드러내는 형태다. 집에서 신문을 받아 보는 구독자들이 대단히 귀중한 이유, 잡지를 구독하는 사람들이 가판대에서 사는 사람들보다 높은 가치를 지니는 이유가 거기에 있다.

승인을 얻으려면 약속이 필요하다. "x, y, z를 하겠습니다. 제 이야기를 듣고 승인해 주시기 바랍니다."라고 말해야 한다. 그 다음 (여기가 힘든 부분이다) 그만큼 해줘야 한다. 더 해줄 수 있는 척하지 말아야 한다. 명단을 팔거나, 빌려주거나, 더 많은 주의를 요구해서는 안 된다.

당신은 소식지를 약속하고 나서 오랫동안 나와 대화할 수 있고, 일일 RSS 피드를 약속하고 나서 3분마다 나와 대화할 수 있으며, (인터넷 소매업체인 우트가 하듯이) 매일 판매 홍보를 하겠다고 약속할 수 있다. 양쪽이 내용을 바꾸기로 합의할 때까지 약속은 그대로 유지된다. 당신이 대선에 나가거나, 분기가 끝나가거나, 신제품을 출시했다고 해서 거래를 깰 권리가 있는 것은 아니다. 절대로.

고객의 승인을 구하는 퍼미션 마케팅은 일방적인 방송처럼 이뤄질 필요는 없다. 인터넷은 다른 사람들을 다르게 대하도록 해준다. 다만 승인한 사람들이 무엇을 어떤 형식으로 들을지 선택하도록 해줄 방법을 찾아야 한다.

퍼미션 마케팅을 하려면 겸손과 인내가 필요하다. 제대로 하는 회사가 드문 이유가 거기에 있다. 퍼미션 마케팅에서 최고의 지름길은 진정한 지름길이 아니다.

당신이 이메일을 보내지 않으면 연락해서 궁금해할 (또는 불평할) 사람들이 얼마나 되는가? 이 척도는 측정하고 늘려갈 가치가 있다.

승인을 얻으면 교육할 수 있다. 참여를 이끌어내는 것이다. 시간을 들여서 이야기를 들려줄 수 있다. 매일, 조금씩 교류할 수 있다. 아무 말이나 하지 마라. 그들이 원하는 정보를 알려줘라.

《퍼미션 마케팅》이 출간된 직후에 편집장 대니 레비(Dany Levy)는 '데일리캔디(DailyCandy)'라는 이메일 소식지를 만들었다. 세일, 파티, 교류와 관련된 정보를 찾는 젊은 도시 여성들에게 초점을 맞춘 소식지였다. 이 소식지는 빠른 시간 안에 자산 가치를 높이며 1억 달러가 넘는 금액에 매각되었다.

모든 팟캐스트들도 이런 자산, 즉 꾸준히 최신 에피소드를 듣는 구독자들을 보유하고 있다.

성공한 정치인들도 이런 자산, 연설을 듣고 다른 사람에게 퍼뜨리거나 행동하는 적극적인 지지자들을 보유하고 있다.

그것을 지켜라. 이 자산은 당신의 사무실에 있는 노트북이나

의자보다 더 귀중하다. 누가 그 자산을 빼돌리려 한다면 해고
하라. 단지 수치를 늘리려고 명단을 뿌리는 사람도 해고하라.

직접 승인을 얻어내고 유지하라

사용자가 많다고 해서 소셜 미디어 플랫폼을 이용하면 제대
로 자산을 구축할 수 없다.

물론 당장은 그 플랫폼을 이용해 팔로워들에게 도달할 수는
있다.

그러나 시간이 지나면 플랫폼은 일을 하지 않고 당신에게 요
금만 부과해서 돈을 벌 것이다.

그러면 결국 당신은 따로 돈을 내고 콘텐츠를 퍼뜨려야 한
다. 또 플랫폼이 주가를 올리려고 무리한 시도를 할까 걱정해
야 한다.

승인이 당신이 하는 일의 핵심이라면 얻어내고 유지하라. 당
신의 이야기를 듣고자 하는 사람하고만 소통하라. 승인을 얻었
는지 판단하는 가장 간단한 기준은 당신이 연락하지 않았을 때
그 사람이 아쉬워하는지 여부다.

승인은 빌리는 것이 아니라 소유하는 것이다.

투마 바사와 랩캐비어

음악 스트리밍 서비스를 제공하는 스포티파이(Spotify)는 2015년에 투마 바사(Tuma Basa)라는 선곡 전문가를 고용했다. 애플이 DJ 선곡 플레이리스트를 새롭게 선보이는 데 맞서기 위한 방어책이었다. 바사가 맡은 랩캐비어(RapCaviar)라는 플레이리스트를 구독하는 사람의 수는 몇 달 만에 300만 명을 넘어섰다. 그들은 스포티파이(그리고 바사)가 새로운 음악을 들려주어도 좋다고 승인한 사람들이었다.

그 수는 3년 만에 900만 명으로 늘어났다.

바사는 음악 산업에서 가장 중요한 자산을 구축했다. 그 자산은 어떤 라디오 방송국보다 거대하고 어떤 잡지보다 중요했다.

바사가 소개하는 가수는 슈퍼스타가 된다. 매주 금요일 아침에 플레이리스트가 업데이트되면 하루가 채 지나기 전에 인기 있는 곡의 판도가 바뀐다.

스포티파이는 라디오 주파수나 잡지를 보유할 필요가 없다. 승인 자산을 보유하고 있기 때문이다. 승인, 주의, 참여는 사업을 앞으로 나아가게 만든다.

아낌없이 베풀어라

그렇다면 애초에 승인을 어떻게 얻을까? 당신의 이야기를 더 듣고 싶어 하는 사람과 어떻게 소통할까?

새로운 것을 중요하게 생각하는 사람들(새것 애호가들)의 세계관은 새로운 목소리, 새로운 아이디어, 새로운 선택지를 찾게 만든다. 당신이 속한 시장에는 이런 사람들이 많지 않을 수 있지만 그래도 충분한 만큼은 있을지 모른다.

마블은 새로운 슈퍼히어로로 프랜차이즈를 선보이고 싶을 때 텔레비전 광고부터 하지 않는다. 대신 샌디에이고에서 열리는 코믹 콘(Comic-Con)⊙으로 간다.

코믹 콘은 승인의 장이다. 열혈 팬, 새것 애호가에게 새로운 아이디어를 알리고, 다음 대박거리를 찾도록 도와주겠다고 그들에게 승인을 얻는 곳이다.

'데드풀'도 코믹 콘에서 처음 선보였다. 홍보를 하는 것이 아니라 통 크게 베푸는 것으로.

마블은 특별 홍보 영상을 보여주었다.

⊙ 1970부터 열리기 시작한 만화 컨벤션이다. 프랑스에 이어 2번째로 큰 규모를 자랑하고 있으며, 만화 SF 판타지 영화뿐 아니라 대중문화 등으로 해마다 다양하게 분야의 폭을 넓혀가고 있다.

감독과 인터뷰를 했다.

실제 뉴스를 알렸다.

영화는 1년이 지나고서야 나왔다. 그들은 표를 팔려고 거기에 간 것이 아니었다. 승인을 받기 위해, 오랜 기간에 걸쳐 주의를 끌기 위해, 그들의 이야기를 원하는 사람들에게 그것을 들려주는 특혜를 얻기 위해 거기에 갔다.

그것은 대부분 신호였다. 동류집단의 핵심 멤버들에게 주의를 기울였으며, 앞으로 약 1년 동안 우리 같은 사람들은 이런 것들을 이야기할 것임을 알리는 수단이었다.

코믹 콘에 오는 사람들 중에 영화를 보는 사람들이 소수에 불과하다는 사실은 중요하지 않았다. 중요한 것은 이야기의 질과 공감 그리고 관대함의 깊이였다.

이 일을 제대로 해야만 입소문이 퍼진다.

주목성을 통해 프로젝트를 변화시켜라

직접 입소문을 퍼뜨리기는 거의 불가능하다. 비용도 너무 많이 들고, 너무 느리다. 1명씩 사람들을 찾아서 간섭하고 참여시키는 일은 엄청나게 어렵다.

그렇기에 의도적으로 사람들이 이야기할 가치가 있다고 판단할 제품과 서비스를 만드는 것이 중요하다.

나는 이를 보랏빛 소(Purple Cow)라고 부른다.

어떤 대상이 주목할 만한지 여부는 만든 사람인 당신에게 달려 있지 않다는 점에 주의해야 한다. 당신은 최선을 다할 뿐, 최종 판단은 당신이 아니라 고객의 몫이다.

그들이 당신의 제품에 주목하면 주목성을 지닌 것이다.

그들이 당신의 제품에 주목하면 입소문이 퍼진다.

그들의 대화가 당신의 사명을 진전시키면 다른 사람들도 당신의 아이디어에 동참하면서 절차가 계속 이어진다.

물론 말처럼 쉽지는 않다.

분명한 의도를 가지고 해야 하며, 제품과 서비스에 그 의도를 깊이 심어야 한다.

즉, 유능한 마케터는 고객의 경험도 책임져야 한다는 뜻이다.

공격적인 것/ 유치한 것/ 다급한 것/
자기중심적인 것은 보랏빛 소가 아니다

조급한 마케터들은 종종 스턴트(사람들의 이목을 집중시키려는 위험한 행동)에 기댄다. 스턴트는 자기중심적인 생각에서 나온다.

더 나은 것을 만들고, 그것에 대해 쉽게 이야기할 때 당신은 진정한 서비스를 하는 것이다. 사람들이 당신에 대한 이야기를 하는 이유는 사실 자신에 대해 이야기하는 것이다. "내 취향이 얼마나 좋은지 봐."라거나 "내가 중요한 생각을 얼마나 잘 포착하는지 봐."라고 말이다.

반면에 사람들이 당신을 비판하고, 검열하고, 당신이 선을 넘었다고 이야기한다면 친구와 이웃들에게 일종의 신호를 보내는 것이다. 당신을 피해야 하며, 당신이 상황을 나쁘게 만든다고 알리는 것이다. 사람들은 당신이 돈을 얼마나 썼든, 어떤 선을 넘었든, 그 일이 당신에게 얼마나 중요하든 관심이 없다.

사람들은 자신의 취향, 입지, 새로움과 변화에 대한 욕구에 도움이 될 때 입소문을 퍼뜨린다.

파이트 클럽 규칙의 유예

척 팔라닉(Chuck Palahniuk)은 자신의 장편 소설인 《파이트 클럽》에 파이트 클럽의 첫 번째 규칙은 클럽에 대해 말하지 않는 것이라고 썼다.

이 소설을 보면, 적합한 인물(세계관)이 파이트 클럽에 대한 이야기를 듣자마자 해당 규칙은 파이트 클럽에 대해 이야기하라는 초대장이 되었다. 그래서 파이트 클럽의 규모가 커지고 대화가 퍼진다. 다시 멧캘프의 법칙이 작용한다.

알코올 중독자 모임(Alcoholics Anonymous)은 거대한 단체다. 이 모임은 사실상 익명으로 운영되지 않는다. 회원들은 기본적으로 주위 사람이 알코올 중독으로 의심된다면 모임에 대해 소개한다는 입장을 가진다. 그것이 모두에게 유리한 행동이기 때문이다. 수치심을 없애주고, 삶을 구제해주기 때문이다. 이는 유대에 따른 동료애, 다른 사람들에게 받은 도움을 되돌려줄 기회다.

이제 아이디어는 조직에서 고객으로 이동하는 것이 아니라 수평적으로, 사람에서 사람으로 이동한다. 우리는 최소유효청중에서 시작하여 그들에게 이야기할 대상과 이유를 제공한다.

무엇을 마케팅할지는 우리에게 달려 있다. 당신이 일으키고자 하는 변화가 이야깃거리가 안 된다면 가치 있는 다른 변화를 찾는 것이 좋다.

전도를 위한 설계

알코올 중독자 모임의 일부 회원은 비회원들에게 긴장을 안긴다. 그들은 음주 문제가 있는 사람에게 의욕적으로(그리고 관대하게) 다가가 도와주겠다고 제안한다.

그들은 사회적 압력이 자신을 나쁘게 만들었지만, 문제를 해결할 수도 있다고 생각한다.

전도는 어렵다. 동료나 친구에게 긴장을 안기는 일에는 위험이 따른다. 그냥 회피하는 편이 더 쉽다.

당신이 추구하는 변화를 일으키기 위해 해내야 하는 힘든 일은 당신이 만든 것 자체에 전도의 가능성을 심는 것이다. 사람들은 단지 당신에게 중요한 일이라고 해서 입소문을 퍼뜨리지 않는다. 자신에게 중요해야만 입소문을 퍼뜨린다. 자신이나 자신이 속한 집단의 목표를 진전시켜야만, 그들이 스스로 자랑스럽게 여길 이야기를 하도록 만들어야만 입소문을 퍼뜨린다.

Chapter 18

신뢰는 주의를 끄는 것만큼 어렵다

무엇이 가짜인가?

인터넷은 연대를 토대로 번성한다. 그 핵심에는 개인과 개인 사이의 유대에서 나오는 마법이 있다.

연대보다 지배를 선호하는 사람들은 이를 위협으로 본다. 그들은 우리가 문화적 신뢰를 구축한 목소리와 경로에 대해 일련의 불신을 조장했다.

또한 안타깝게도 우리가 의지하던 사회적 기둥들의 부정과 탐욕은 지도자들에 대한 기본적인 신뢰를 무너뜨렸다.

그 결과로 더 많은 사람들이 이어졌지만 더 적은 사람들이 신뢰받는 시대가 찾아왔다. 과학과 팩트가 고의적인 오역과 성급한 오해 속에 파묻히는 시대가 찾아왔다. 이제는 더 이상 종교 단체, 주류 미디어, 정치인, 소셜 네트워크, 심지어 같은 동네 사람조차 믿어서는 안 된다.

여기에 소음의 불협화음(그 어느 때보다 신호가 줄어든)과 횡행하는 가짜와 바가지가 더해지면서 신뢰가 멸종할 지경에 이르렀다.

무엇이, 누가 신뢰받는가?

모든 것이 불신의 진공으로 빨려 들어가는 상황에서 마케터는 3가지 중 1가지 상황에 처하게 된다.

1. 무시당한다.
2. 속임수를 쓴다.
3. 신뢰받는다.

사람들에게 무시당하면 많은 성과를 이룰 수 없다. 신뢰를 얻지 못할 뿐 아니라 그들의 주의도 끌지 못하기 때문이다.

실제 행동과 다르게 그럴듯한 말을 꾸며대면 사람들의 주의를 훔치고 가짜 신뢰를 약간 얻을지 모르지만 오래가지 못한다.

세 번째 경우인 사람들의 신뢰를 얻는 것만이 마케터가 (그들의 신뢰를 얻기 위해) 투자한 것을 되돌려 받을 수 있는 유일한 길이다. 또한 가장 마음 편한 길이기도 하다.

신뢰받는 마케터는 사람들의 참여를 이끌어낸다. 약속을 지켜서 더 많은 신뢰를 얻어낸다. 신뢰는 주의와 더불어 생기기 때문에 방해받지 않고 이야기를 들려줄 수 있다. 이 이야기는 더 많은 참여를 이끌어내고, 이는 다시 더 많은 약속과 신뢰로 이어진다. 이야기가 잘 구성되어 사람들의 공감을 이끌어내면 입소문으로, 우리 문화의 핵심에 있는 개인과 개인 사이의 대화로 이어진다.

'의심이 가지만 일단 믿어준다(benefit of doubt).'는 말이 있다. 세상에 의심이 넘쳐나 당신의 의도가 선뜻 사람들에게 선의로 받아들여지기 어렵다는 뜻이다. 하지만 당신이 나아가는 방향이 자신이 나아가는 방향과 일치할 때, 자신의 정체성과 위상이 걸려 있을 때, 비로소 고객은 당신의 의도를 선의로 받아들여준다.

뒤이어 변화가 일어난다.

행동에 따른 신뢰

해독 대신 스캔이 이뤄지고, 조사 대신 소문에 의존하는 세상에서 신뢰를 얻어내는 최선의 방법은 행동으로 보여주는 것이다.

말은 금세 잊히지만 행동은 오래 기억된다.

고객이 제품에 하자가 있어 환불을 요구했을 때 당신은 어떻게 행동했는가? 우리의 데이터를 분실했을 때 어떻게 행동했는가? 공장을 폐쇄하여 사람들의 일자리가 위태로울 때 당신은 무엇을 했는가?

마케터들은 말하는 데, 할 말을 만드는 데 많은 시간을 들인다. 하지만 그보다 행동에 훨씬 많은 시간을 들여야 한다.

말하는 일에만 신경 쓰면 대중을 위한 기자회견을 여는 데 집중하게 된다.

하지만 행동에 신경을 쓰면 누가 지켜보지 않더라도 1번에 1명씩, 매일 어떤 일을 해줄지에 집중하게 된다.

동류집단에 대한 인지도

명성은 신뢰를 낳는다. 적어도 우리 문화에서는 그렇다.

어떤 사람은 1,500명에게는 유명하다.

어떤 사람은 3,000명에게 유명하다.

이는 새롭고 흥미로운 현상이다. 당신을 유명하다고 생각하는 사람이 3,000명에서 1만 명 또는 50만 명이 있으면 상황이 바뀐다. 단지 그들이 당신을 알기 때문이 아니라 그들이 신뢰하는 사람들도 당신을 알기 때문이다.

당신이 컨설턴트나 디자이너 또는 발명가라면 적합한 3,000명에게만 유명한 것으로 충분하다.

목표는 소셜 미디어 팔로워 수를 극대화하는 것이 아니라 최소유효청중에게 알려지는 것이다.

대외 홍보와 언론 홍보

대개 마케터는 언론 홍보(publicity)를 하려고 한다. 영상, 논평, 특집 기사, 입소문을 원한다. 홍보대행사는 사실 언론 홍보 대행사에 가깝다.

언론 홍보가 잘된다면 좋은 일이다. 마다할 이유가 없다.

그러나 언론 홍보보다 더 필요한 것은 대외 홍보다.

대외 홍보(public relations)는 적합한 사람들에게 올바른 (그들이 원하는) 방식으로 당신의 이야기를 들려주는 일이다. 대외 홍보는 무조건 언론에 실리기만 하면 ("내 이름을 틀리게 적지만 않으면") 된다고 생각하는 언론 홍보에 의도적으로 등을 돌린다. 대신 아이디어를 위한 동력원을 구축하는 데 더 힘을 쓴다.

현재 사람들 사이에서는 조금 더 유명해지기 위한 경쟁이 벌어지고 있다. 이 경쟁은 인터넷을 통해 사람들이 인맥을 만들고 동류집단이 서로 어울리면서 더욱 심화된다. 우리는 유명인들을 많이 믿고 신뢰한다. 문제는 유명인의 수가 크게 늘어나고 있다는 것이다. 시간이 지나 모두가 유명해지면 덜하겠지만 아직은 우리가 유명인에게 부여하는 믿음과 신뢰가 대단히 귀중하다.

Chapter 19

깔때기의 진실

사람들은 계속 빠져나간다

구멍이 여러 군데 뚫려 물이 새는 깔때기를 상상해보라.

당신은 당신에게 주의를 기울인 사람들을 이 깔때기 입구에 쏟아붓는다.

출구로 빠져나오는 것은 열성적인 충성 고객들이다.

대부분의 사람들은 그사이에 다른 구멍으로 새어나간다. 그들은 신뢰를 잃고 발길을 돌린다. 당신이 제공하는 것과 그들이 믿는 것 사이의 불일치, 당신이 말하는 것과 그들이 듣는 것 사이의 단절 때문에 그들은 당신을 떠나간다. 또는 그냥 궁합이 안 맞거나, 그들이 한눈을 팔거나, 다른 일들이 끼어들었을 수도 있다.

사람들은 깔때기를 지나는 동안 모르는 사람에서 친구로, 친구에서 고객으로, 고객에서 충성 고객으로 신뢰에 따른 위상이 바뀌기도 한다.

이 과정에서 인지부조화와 경험의 결과로 신뢰가 깊어질 수도 있다. 물론 그보다는 한눈을 팔거나, 두려움이 깊어지거나, 떠나고 싶어 할 가능성이 더 높다. 그냥 발길을 돌리는 것보다 수락하는 것이 더 많은 스트레스를 안기기 때문이다.

깔때기를 고칠 수 있다

1. 적합한 사람들이 이끌리도록 만들 수 있다.

2. 그들을 끌어들인 약속이 그들이 나아가기를 바라는 방향과 일치하도록 만들 수 있다.

3. 결정을 내려야 할 경우가 줄도록 단계를 제거할 수 있다.

4. 당신이 상대하는 사람들을 도우면서 그들이 꿈과 가까워지도록 북돋고, 두려움을 덜어줄 수 있다.

5. 긴장을 활용하여 추진력을 얻을 수 있다.

6. 무엇보다 깔때기에 들어온 사람들에게 확성기를, "**우리 같은 사람들은 이런 일을 한다.**"고 다른 사람에게 말할 때 쓸 수 있는 도구를 건네줄 수 있다.

깔때기 수학

영화 제작자이자 유튜브 스타인 케이시 네이스탯(Casey Neistat)
이 유튜브에 올린 영상은 보통 1,000만 회 이상의 조회 수를 기
록한다. 이 시청자들은 그의 승인 자산이다. 그를 따르는 사람들
은 그가 하는 일을 다른 사람에게 알릴 가능성이 높다.

케이시는 최근 유튜브 시청자들에게 트위치에서 진행하는
생방송을 봐달라고 요청했다(이 영상은 내가 볼 당시만 해도 약 100만
회의 조회 수를 기록했다).

링크를 클릭해보니 조회 수가 1만 8,000회 정도였다. 50명
중 1명이 클릭을 한 것이다.

트위치 동영상에는 수백 개의 댓글이 달렸다. 일일이 세기는
어렵지만 대략 1,000개 정도라고 해두자.

18명 중 1명이 댓글을 단 것이다.

그중에서 5명 정도는 아마 앞으로도 케이시가 벌이는 모든
활동에 참여할 것이다.

이처럼 사람들의 수는 100만 명에서 1만 8,000명, 1,000명
을 거쳐 5명에 이르렀다.

깔때기는 이런 양상으로 형성된다. 수치는 저마다 다를 수
있다.

케이시와 우리가 다른 이유는 케이시가 자신의 깔때기를 최적화했기 때문이다. 깔때기의 입구에는 그의 여정에 참여하는 사람들이 꾸준히, 수월하게 채워지기 때문이다.

일단 신뢰를 얻으면 모든 것이 나아진다.

지속 가능한 다이렉트 마케팅 깔때기

여기 특수한 사례 하나를 예로 들어보겠다. 현재 구글과 페이스북에 광고를 싣는 수많은 사람들이 추구하는 깔때기가 있다.

그 덕분에 2017년, 이 두 회사는 1,000억 달러가 넘는 돈을 벌어들였다. 이는 전 세계에 걸친 온라인 광고 매출의 약 절반에 해당한다. 이 모든 광고는 측정되었으며, 깔때기를 형성했다.

1,000달러를 들여서 온라인 광고를 하면 1,000만 명에게 도달한다.

20번 클릭된다.

즉, 1번 클릭되는 데 들인 비용이 50달러다.

이 클릭은 당신의 사이트로 연결된다. 그렇게 찾아온 10명 중 1명이 주문을 한다.

1명에게 주문받는 데 드는 비용이 500달러인 셈이다.

당신이 운이 좋다면, 고객은 여러 번 당신의 제품이나 서비스를 이용할 것이고, 이러한 온라인 광고를 통한 고객 생애 가치⊙는 500달러를 넘을 것이다. 그래야 같은 비용으로 더 많은 고객을 끌어들이기 위해 광고를 더 할 수 있다. 광고가 돈값을 하기 때문에 이 과정은 계속 반복된다. 마법처럼!

물론 당신이 얻은 이익 중 대다수는 다시 광고를 싣는 곳으로 직행한다. 구글과 페이스북이 엄청난 성공을 거둔 이유가 거기에 있다. 그들은 거의 모든 광고주들이 얻는 이익을 빨아들인다. 구글은 판매 1건당 100달러를 이익으로 거둔다. 정작 모든 일을 하는 광고주는 10달러만 버는데도 말이다.

그래도 사업을 유지할 수는 있다. 여전히 이윤이 남기 때문이다. 그리고 일단 시작하면 광고를 계속하기는 쉽다.

덕분에 깔때기는 그대로 유지된다.

이는 다이렉트 마케팅을 하는 사람들의 꿈이다. 이런 광고는 명백히 돈값을 한다. 규모를 키우도록 해준다. 효과가 있는지 측정하고, 계속 반복하면서 성장할 수 있다.

하지만 이런 계산을 세심하게 하는 조직은 아주 드물다. 그

⊙ 한 고객이 하나의 상품 또는 기업의 고객으로 남아 있는 기간 동안 발생하는 수익의 총 합계이다.

들은 그냥 돈을 쓰고 일이 잘 풀리기를 기도한다.

당신이 세심하고 신중하다면 깔때기 입구로 사람들을 끌어들이는 데 비용이 얼마나 드는지 파악해야 한다. 또한 잠재 고객의 질뿐 아니라 절차의 효율성을 높이기 위해 노력해야 한다.

어떻게 해서든 첫 클릭을 이끌어내는 데 드는 비용을 낮춰라. 다만 그렇다고 광고에서 말도 안 되는 약속을 하면 역효과가 날 수 있다. 그러면 깔때기에 들어선 다음 사람들은 당신을 신뢰하지 못하게 될 것이고, 긴장은 사라질 것이며, 매출은 급락할 것이다.

대신 어떤 단계를 이동하거나 제거할지에 대해 초점을 맞춰라. 사람들에게 돈을 달라고 요구하기 전에 그들이 당신의 아이디어나 공동체에 동참하면 어떤 일이 생기는지 살펴라. 고객의 생애 가치에 투자하라. 새 고객을 찾으려고 돌아다니지 말고 기존 고객을 위해 새로운 것을 만들어라.

내가 마케팅 일을 시작했을 때만 해도 광고 효과를 측정하는 광고주는 5% 미만이었다. 텔레비전 광고나 라디오 광고 또는 지면 광고의 효과를 측정하기는 너무 어려웠다. 그러나 지금은 그 비율이 60%에 이를 것으로 추정된다. 모든 수치가 분명하게 나타나기 때문이다. 다만 그 수치들이 지니는 의미를 세심하게 분석하는 것도 빼먹지 말아야 한다.

깔때기 수학에 대한 여담

많은 사람이 깔때기 수학을 혼란스럽게 여기는 이유는 확실치 않다. 그러나 단계별로 살펴보면 그 양상을 파악할 수 있다.

가장 중요한 요소는 고객 생애 가치다. 간단한 예를 살펴보자. 한 슈퍼마켓에서 새로 확보한 충성 고객은 어느 정도의 가치를 지닐까?

그 고객이 매장에 1번 방문할 때 나오는 이익만 따지면 단지 1~2달러에 불과하다. 슈퍼마켓의 마진은 아주 낮다.

그러나 그 고객이 단골이 된다면 어떨까? 같은 동네에 사는 5년 동안 (많은 교외 주거지에서는 드문 일이 아니지 않을까) 1주일에 2번 와서 100달러어치의 식료품을 산다면 어떨까? 이 경우 매출이 5만 달러를 넘는다. 이윤이 2%라고 해도 신규 고객을 확보할 때마다 1,000달러의 이익을 올릴 수 있다는 뜻이다.

게다가…

한 번 와본 사람들 중에 이 슈퍼마켓을 특별하다고 느낀 사람은 자신의 친구와 이웃에게 말할 가능성이 높다. 만약 그중 1명이 또 단골이 된다면 어떨까? 그러면 각 신규 고객은 더욱 귀중해진다. 성장의 동력원이 되기 때문이다.

그렇다면 슈퍼마켓은 동네에서 신규 고객이 되어줄 만한 주민들을 위해 여는 행사를 기꺼이 후원해야 한다. 깔때기가 너무나 효율적이기 때문이다.

또한 슈퍼마켓은 4달러에 산 멜론이 익지 않았다고 화를 내는 고객에게 신속하게 사과하고 환불해야 한다. 말다툼을 하다가 1,000달러의 이익을 잃는 것에 비하면 아무것도 아니기 때문이다.

당신은 기술과 서비스를 통해 더 멀리 나아갈 수 있다. 슬랙 같은 메신저 서비스의 경우 초기 고객은 5만 달러 이상의 생애 가치를 지녔다. 또한 그들이 평생 지출하는 돈만 따지지 않고 그들의 동료들을 통해 매출에 미칠 영향, 경쟁자를 차단하는 데 따른 가치, 시장의 승자로 인정받은 다음 주가 상승으로 얻을 이익까지 고려하면 이런 분석을 쉽게 정당화할 수 있다. 첫 1,000명의 고객이 당신에게 적합한 사람들일 경우 사실상 무한한 가치를 지닌다.

생애 가치가 이런 양상이라면 깔때기는 어떤 모습이며, 방정식의 비용 부분은 어떨까?

이 문제를 생각해볼 수 있는 가장 간단한 소재는 우편 광고다.

우편 광고를 하기 위해 우표를 붙이는 데 50센트가 든다고 가정할 때 얼마나 많이 보내야 1명의 고객을 확보할까?

우편 광고를 보내던 과거에는 이 수치만 알면 충분했다.

1,000개의 우편 광고를 보내야 1건의 주문을 받는다면 주문 1건을 확보하는 비용은 500달러다(우편 광고 하나에 50센트가 들기 때문이다).

고객 생애 가치가 700달러라면 **우편 광고를 최대한 많이 해도 된다!** 반면 고객 생애 가치가 400달러라면 우편 광고를 할 이유가 없다. 더 나은 광고 수단을 찾든지 더 나은 사업을 찾아야 한다.

이 단순한 분석 덕분에 아웃도어 브랜드 엘빈(L.L. Bean), 캐주얼 의류 브랜드 랜즈 엔드(Lands' End), 란제리 브랜드 빅토리아 시크릿(Victoria's Secret)이 우편 광고를 한 것이다. 그들은 많은 우표를 샀다.

인터넷은 이 작업을 더 빠르게, 더 강력하게, 더 세밀하게 만들었다.

인터넷을 이용하면 우체국에서 우표를 살 필요가 없다. 대신 구글이나 페이스북에서 사람들의 클릭을 사면 된다.

이 클릭은 웹사이트로 이어진다.

이 웹사이트에서 하는 클릭은 다른 부분으로 이어진다.

이메일로, 체험용 다운로드로 이어진다.

이처럼 클릭은 다음 단계로 이어지고, 이 과정은 고객의 관심을 결제로 바꿀 때까지 계속된다.

처음과 마지막 사이의 모든 클릭은 깔때기에 필요한 비용을 늘린다. 다른 한편 클릭 횟수를 너무 많이 제거하면 누구도 물건을 살 만큼 당신을 신뢰하지 않는다.

당신의 제품이나 서비스가 상황을 개선한다면 고객은 계속 남을 것이다. 우리가 말한 생애 가치를 창출할 것이다.

깔때기가 보이지 않으면 광고를 싣지 마라.

깔때기를 측정할 수 있어도 비용이 너무 많이 들면 광고를 싣지 마라. 우선 깔때기부터 고쳐라.

깔때기와 마중물

마법 같은 성과는 나오지 않을 것이다.

그랬으면 좋겠지만 가능성이 낮다.

가만히 놔둬도 알아서 당신에게 돈을 벌어다 주는 마법 같은 깔때기를 팔려는 사람들이 많다. 그러나 그런 깔때기는 드물다.

보통 신규 고객의 생애 가치보다 신규 고객을 확보하는 데 필요한 광고비가 더 들기 때문이다.

사람들은 불신으로 가득하고 인터넷은 너무나 복잡하다. 그래서 광고가 돈값을 할 만큼 강력하기 어렵다. 사람들은 너무 많은 약속을 하는 너무 많은 광고를 접한다. 그래서 그들의 참여를 이끌어내는 비용이 치솟았다.

사실 중요한 대다수 브랜드, 번성하는 대다수 조직은 광고의 도움을 받지만 주로 뛰어난 마케팅을 통해 구축된다. 그들은 사용자들이 친구들에게 전도하기 때문에 성장한다. 살아 있는 존재로서 그들이 섬기는 공동체에 갈수록 많은 가치를 제공하기 때문에 성장한다. 그들이 일으키는 문화적 변화를 중심으로 모이는 동류집단을 찾아내기 때문에 성장한다.

당신이 깔때기를 개선하기 위해 노력하는 일은 그만큼 충분한 가치를 지닌다. 반면 알아서 이익을 가져다주는 영구 기관을 만들려는 시도는 언제나 씁쓸하게 끝난다. 오래 지속되기에는 너무 무리하게, 너무 빠르게 밀어붙여야 하기 때문이다.

목표는 새것 애호가들, 당신을 찾으려는 사람들을 대상으로 하는 광고를 통해 마중물을 만드는 것이다. 그다음 자꾸 반복하여 신뢰를 구축하라. 체험하게 만들어라. 입소문을 내게 하라. 비슷한 사람들이 모인 집단, 당신의 일이 그들의 정체성과 활동의 일부가 되는 네트워크를 구축하여 이익을 거둬라.

마지막 부분, 즉 첫 클릭 이후 일어나는 일들을 건너뛰기 쉽다. 쉽고 돈이 많이 드는 부분만 실행한다면 분명 불만족스런 결과를 얻게 될 것이다.

롱테일에 속한 삶

〈와이어드〉 편집장 크리스 앤더슨(Chris Anderson)의 롱테일에 대한 획기적인 연구는 간단한 그래프로 쉽게 이해할 수 있다.

그래프의 색이 달라지는 점선의 왼쪽에는 히트곡들이 있다. 그 수는 적어도 각각 많이 팔린다. 실제로 1위를 한 곡은 10위

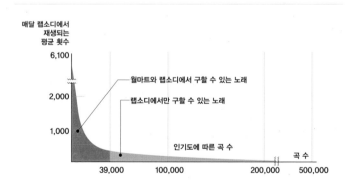

자료 제공: 크리스 앤더슨

를 한 곡보다 10배 더 팔리고, 100위를 한 곡보다 100배 더 팔린다. 히트곡은 마술적이다.

오른쪽은 나머지 곡들이다. 바로 롱테일, 특별한 관심을 받는 좋은 제품들이다. 각각 그 자체로는 많이 팔리지 않아도 전부 합하면 롱테일도 숏헤드만큼 팔린다.

아마존이 올리는 도서 매출의 절반은 상위 5,000등에 속하지 않은 책들에서 나온다. 절반이나!

스트리밍 사이트에서 소비되는 노래의 절반은 매장에서 구할 수 없다. 무려 절반이나 말이다.

아마존은 이 전략을 아주 잘 활용한다. 팔 수 있는 책은 **전부** 팔기 때문이다. 그러나 저자 한 명 한 명이 하려면 힘들다. 하루에 1~2권씩 팔아서는 생계를 유지할 수 없다.

당신이 음악가라면 12곡이나 24곡의 노래로 롱테일에 속해서는 생계비를 벌 수 없다. 그러나 공개 시장에 작품을 내놓는 거의 모든 사람이 롱테일에 속한다.

다음은 웹사이트로 들어오는 트래픽을 보여주는 비슷한 그래프다.

당신이 그래프에서 원으로 표시된 곳에 속하거나 원의 오른쪽에 속한다면 야속하게 들리겠지만, 영향력이나 광고를 놓고 경

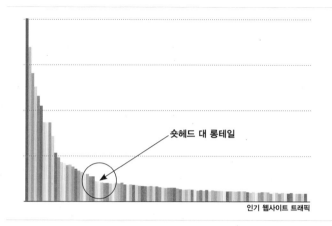

숏헤드 대 롱테일

인기 웹사이트 트래픽

쟁할 수 없다. 구글은 그들이 검색하는 모든 사이트에서 돈을 벌지만 경계에 속한 대다수 사람들은 숨을 헐떡이기 때문이다.

거대한 시장(아마존, 넷플릭스, 아이튠즈 등)들은 먼 롱테일에 속한 개인들의 헛된 희망과 꿈에 의존한다. 그들은 개별적으로 허덕인다. 하지만 한데 모아놓으면 좋은 사업이 된다.

특이한 티셔츠

롱테일에 속하는 것이 무엇인지 생생하게 보여주는 사례가 있다. 저번에 아마존에서 이런 문구가 적힌 티셔츠를 본 적이 있다. '오늘은 부활절, 유월절, 만우절 그리고 내 생일.'

1988년 4월 6일에 태어난 후로 줄곧 전설적이었던 사람

이 티셔츠가 특별하고 흥미로운 물건이라는 건 분명하나, 아마 들인 노력에 비해 많이 팔리진 않을 것이다. 365명 중에서 1명만 이 티셔츠를 입을 수 있고, 아마도 그런 사람 1,000명 중에 실제로 입는 건 1명뿐일 것이다. 또한 잘은 몰라도 그들의 친구 100명 중 1명만 이 티셔츠를 검색해볼 것이다. 그래서 판매자는 아마 4장 정도를 팔 것이다.

그래도 어쨌든 상품으로 올라와 있다.

검색을 더 해보니 이런 티셔츠(1988년 4월 6일에 태어난 후로 줄곧 전설적이었던 사람)도 팔았다.

그렇다. 이것은 롱테일 사업이다. 일부 회사가 주문을 받아서 수만 가지의 다양한 티셔츠를 만드는 것이다. 롱테일과 아마존의 무한한 진열 공간이 이런 사업을 가능하게 만든다. **특정한** 티셔츠를 많이 (전혀) 팔지는 못해도 전부 합하면 한 달에 수천 장은 팔 것이라고 추정할 수 있다.

조금씩 팔아서 상당한 롱테일을 형성한다면 성공할 수 있다. 그러나 1종류의 특이한 티셔츠만 팔아서는 기회가 없다.

이는 인터넷이 한 잘못된 약속이다. 롱테일의 작은 부분만으로 행복할 수 있다는 약속, 누구라도 책을 쓰거나, 춤을 추거나, 코미디를 하거나, 코칭을 하거나, 프리랜서를 할 수 있으니 누구라도 할 것이고, 그러니 당신도 괜찮을 거라는 약속 말이다.

하지만 당신은 괜찮지 못할 것이다. 그것만으로는 살 수 없기 때문이다. 인터넷은 살 수 있고, 업워크(세계적인 프리랜서 중개 사이트)와 프리랜서 온라인 마켓 파이버(Fiverr), 넷플릭스(수천 편의 영화와 TV 프로그램을 인터넷으로 볼 수 있는 공간)는 살 수 있고, 아마존은 살 수 있지만 당신은 안 된다.

우리는 아웃라이어, 유튜브 방송으로 연간 수백만 달러를 버는 사람들이나 수백만 명의 팔로워를 거느린 패셔니스타에 대한 이야기를 듣는다. 그러나 아웃라이어가 되려는 것은 전략이 아니라 바람이다.

출구가 있다

히트작을 계산할 때 단지 수많은 물량을 팔고 얻은 이득만을
따지지 않는다. 사실 히트작은 사람들이 히트작을 좋아하기 때
문에 히트작이다.

우리는 다른 모든 사람이 하는 일을 하고 싶어 한다(모든 사람
은 '우리 같은 모든 사람'을 뜻한다).

당신은 이 전략이 어떤 것인지 짐작했을 것이다. 그래프로
따지면, 시장을 하나가 아니라 여러 개의 곡선으로 나누는 것
이다. 그러면 여러 개의 숏헤드와 롱테일이 생긴다.

십대를 겨냥한 소설 시장이 있다. 목각 서적 시장도 있다.
GH5 카메라로 영화를 만드는 방법을 알려주는 동영상 강의 시
장이 있다. 그리고 즉흥극을 위한 시장도 있다.

심지어 청중들이 귀마개를 써야 할 만큼 큰 소리로 연주하는
드론(drone) 음악°을 위한 시장도 있다.

이를 비롯한 수백만 개의 세분화된 시장에는 각각의 시장 안
에서의 숏헤드에 해당하는 수요가 있다. 적어도 누군가가 그 시
장에 속한 사람들을 서로 연결하고, 그들이 서로의 존재를 인식

하고, 서로 만나며, 히트작이 무엇인지 알게 된다면 말이다.

그들을 연결하는 것은 히트작이기 때문이다.

일단 보면 원하게 된다.

이는 숏헤드의 2가지 근본적인 요소가 무엇인지 말해준다.

1. 해당 분야에서 결정적 역할을 하고, 가장 필수적이며, 특별한 기여를 한다.

2. 의도한 시장에 속한 사람들을 연결하고, 당신이 숏헤드에 속한다는 사실을 알도록 도와준다. 이 히트작은 모두를 이어주는 연결 고리임을 알도록 도와준다.

'록키 호러 픽쳐 쇼'는 숏헤드에 속한다. 디월트의 모터 해머 드릴도 마찬가지다.

우리를 한데 모으는 것은 히트작이다. 당신이 우리와 같은 사람임을 분명하게 밝혀주는 것이 히트작이다.

그렇다. 인터넷은 발견하는 수단이면서 동시에 아니기도 하

◉ 벌이 날면서 내는 윙윙거리는 소리와 비슷한 음향을 말한다. 인도의 전통악기 탐부라를 생각하면 이해가 쉽다.

다. 당신은 그런 식으로 발견되지 않을 것이다.

대신 당신이 섬기고자 하는 사람들을 하나로 연결함으로써 영향력을 발휘하게 될 것이다.

캐즘 잇기

우리는 누가 포트홀(pothole)⊙을 발견했는지 또는 그랜드 캐니언이라는 이름을 붙였는지 모른다. 그러나 캐즘을 발견한 사람은 저명한 컨설턴트 제프리 A. 무어(Geoffrey A. Moore)다. 캐즘이란 문화를 통해 생각이 전파되는 양상을 나타내는 로저스 곡선(Rogers curve)에서 간과되지만 종종 치명적인 결과를 부르는 간극을 말한다.

얼리 어답터들이 먼저 나선다. 그들은 새롭고, 흥미롭고, 약간 위험한 신제품을 산다.

그 이유는 그들이 새롭고, 흥미롭고, 약간 위험한 것을 **좋아하기** 때문이다.

그러나 문제가 있다. 새것 애호가들은 확산의 토대로 삼기에는 그 수가 많지 않다. 대규모 조직, 대규모 운동, 대규모 이익

⊙ 도로의 패인 곳을 이르는 말이지만 여기서는 작은 간극을 뜻한다.

은 종종 대중시장에 의존한다. 일반인들이 움직여줘야 한다.

대중시장은 하인즈, 스타벅스, 제트블루, 미국심장협회(American Heart Association), 아마존을 비롯한 수백 개의 조직이 속한 곳이다.

어떻게 거기에 들어갈 수 있을까?

얼핏 떠올렸을 때 얼리 어답터들이 당신의 아이디어를 대중에게 확산시키면 된다고 생각할 것이다.

그러나 이런 일은 흔히 일어나지 않는다.

대중시장은 얼리 어답터들과 다른 것을 원하기 때문이다. 대중시장은 **효과가 확실한 것**을 원한다. 안전한 것을 원한다. 패턴을 단절시키는 것이 아니라 패턴에 부합하는 것을 원한다. 대중시장은 '우리 같은 사람들은 이런 일을 한다.'라는 말을 아주 진지하게 받아들인다.

무어가 제시하는 요점은 시장의 한 부분에서 다른 부분으로 넘어가는 혁신은 드물다는 것이다. 얼리 어답터들을 만족시키려면 대중에게 불만을 안겨야 할 수도 있다. 대중시장은 당신의 혁신이 일으킨 일(현재 상태를 뒤흔드는 것)을 원치 않는다.

그들은 DVD를 팔고 싶어 하지 않는다. 새로운 소프트웨어 플랫폼을 배우고 싶어 하지 않는다. 뉴스를 인터넷에서 읽고 싶어 하지 않는다.

이런 충돌이 어떤 느낌인지 알고 싶다면 애플 매장의 고객지원 창구에 가서 한두 시간을 보내보라. 누가 어떤 이유로 찾아오는지 알아보라. 그들이 하는 질문을 듣고, 표정을 살펴보라.

수용 곡선의 중간 부분에 속하는 사람들은 그렇게 열성적이지 않다. 겨우 수용할 뿐이다. 그들이 곡선의 중간 부분에 머무는 이유가 거기에 있다.

다리는 어디에?

캐즘이란 간극을 잇는 다리는 네트워크 효과에 있다. 이 시대에 가장 빠르게 성장한 마케팅 성공 사례 중 대다수는 모두가 알면 더 좋기 때문에 확산되었다.

이 경우 얼리 어답터들은 캐즘을 건너 당신의 아이디어를 대중에게 전달할 강력한 동기를 부여받게 된다. 그들의 네트워크에 속한 모두가 당신의 아이디어를 활용하면 삶이 더 나아지기 때문이다.

당신이 정말로 좋아하는 새로운 초콜릿에 대해서 주위 사람들에게 이야기할 이유는 없다. 다른 사람들이 같이 먹는다고 해서 당신의 삶이 나아지지는 않기 때문이다.

반면 스냅챗이나 인스타그램이나 트위터에 대해서는 주위 사람들에게 열심히 이야기한다. 친구들이 따라서 함께하게 되면 당신의 삶이 개선되기 때문이다.

이는 네트워크 효과가 지닌 단순한 동력이다. **연결된 동류집단은 단절된 동류집단보다 훨씬 강력하다.** 일찍 시작한 개인은 다른 사람들도 데려올 동기를 지니기에 그렇게 한다.

물론 이는 단지 기술에 국한되지 않는다. 우리의 문화를 형성한 패턴 단절의 이면에는 기술의 힘이 작용한 경우가 많기는 하지만 말이다.

내게는 워싱턴 DC로 가서 총기 규제 시위에 참석할 사람들을 모집할 동기가 있다. 사람들이 더 많이 모이면 더 큰 목소리를 낼 수 있을 뿐 아니라 더 재미있기 때문이다.

당신에게는 지역 농장에서 나오는 농산물을 같이 사자고 친구들에게 권할 동기가 있다. 사람이 적으면 농부들이 직접 찾아오기 어렵지만 사람이 많으면 더 다양한 농산물을 구매할 수 있기 때문이다.

이처럼 아이디어는 어색함을 무릅쓰고 변화를 권하는 네트워크 효과 덕분에 개인과 개인 사이에 전파되면서 캐즘을 건넌다. 캐즘을 건너는 다리는 2가지 간단한 질문을 토대로 삼는다.

1. 친구들에게 말할 내용은 무엇인가?

2. 친구들에게 말할 이유는 무엇인가?

당신이 원하거나 부탁해서 또는 열심히 일해서 사람들이 친구들에게 말하는 경우는 절대 없다.

그들에게 말할 이유를 제공하라. 이는 대개 당신이 제공하는 대상이 그들을 변화시키는 일을 말한다. 더 나은 것, 네트워크 효과를 지닌 것, 변화의 톱니바퀴, 나눌 이유를 만들어서 상황을 개선하라.

캐즘에서 살아남기

가트너(Gartner) 사가 만든 하이프 사이클(Gartner Hype Cycle)⊙은 문화가 변하는 양상에 대한 뛰어난 메타 분석이다.

기술의 촉발은 당신이 하는 작업, 당신이 하려는 기여의 문을 열어주며, 패턴을 단절한다.

⊙ 미국의 정보기술 자문 회사인 가트너 사가 만든 지표로, 기술의 성장 주기를 5단계로 나누어 설명한다.

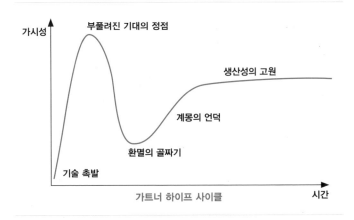

가시성

부풀려진 기대의 정점

생산성의 고원

계몽의 언덕

환멸의 골짜기

기술 촉발

가트너 하이프 사이클

시간

이때 마케팅은 당신이 새것 애호가들에게 도달하도록 돕는다. 얼리 어답터들은 당연히 당신의 작업에 열광할 것이다. 애초에 그것이 얼리 어답터가 되는 최고의 이유 중 하나이기 때문이다.

당신의 이 아이디어가 시장의 나머지 사람들에게 제시되었을 때 얻는 반응은 초기 얼리 어답터들이 보였던 열광과 비교할 수 없이 약하다. 그래서 그래프 상에서 보면 움푹 파인 곳, 골짜기에 빠진다. 이는 무어가 말한 캐즘을 바라보는 다른 방식이다. 새것 애호가들은 지루해하고, 대중들은 무시하는 이 단계에서 탄력을 잃을 가능성이 높다. 그래서 보수적인 대중의 세계관에 맞는 이야기를 통해 문화의 중심부로 진입할 새로운 방식, 일종의 다리가 필요하다.

그다음에 관대한 인내심을 통해 언덕을 올라가야 새로운 고원에 이를 수 있다. 이제 당신은 대중에게 없어서는 안 될 존재가 된다. 새로운 패턴이 과거의 패턴을 대체한다.

다리를 찾지 못할 수도 있다

몇 년 전에 내가 만든 스퀴두(Squidoo)®에서 허그덕닷컴(hug-dug.com)을 선보였다.

이 아이디어는 단순했다. 아마존에서 팔리는 제품 중에 자신이 좋아하는 제품을 소개하는 페이지를 만들 수 있도록 해주는 것이었다(약 4분이면 가능했다). 가령 책의 경우 표지, 제목과 함께 커다란 링크 버튼을 해당 페이지에 담을 수 있었다.

또한 자신이 쓴 리뷰와 다양한 관련 콘텐츠를 덧붙일 수도 있었다.

다른 사람이 이 페이지를 보고 그 책을 사면 아마존이 우리에게 수수료를 지불하는 방식이었다. 우리는 그 수익의 절반을

⊙ HTML을 이해하지 않고 멀티미디어 페이지를 만들 수 있는 사용자 생성 웹사이트다.

페이지를 만든 사람이 원하는 자선단체에 기부했다(그때는 아마존스마일°이 나오기 한참 전이었고, 우리가 기부하는 금액도 20배나 많았다).

우리는 작가들이 기꺼이 허그덕닷컴을 통해 자신의 책을 홍보할 것이라고 예상했다. 아마존의 도서 페이지보다 관리하기 쉽고, 주체적으로 정보를 제시할 수 있으며, 자선단체를 돕는다는 사실에도 자부심을 가질 수 있기 때문이다.

또한 우리는 이런 페이지를 만드는 일이 일반적인 소셜 네트워크 핀터레스트(Pinterest) 팬들에게 재미와 만족을 안기길 바랐다. 자신이 중요하게 여기는 자선사업을 도울 수 있기 때문이었다.

우리는 열심히 노력하면 얼리 어답터들, 인터넷에 선보인 새로운 서비스를 기꺼이 써보려는 새것 애호가들을 찾을 수 있을 것이라고 판단했다. 그들이 일단 효력을 확인하면 더 자주 활용하여 우리를 롱테일 속으로 깊이 이끌 줄 알았다. 물론 그 과정에서 수천 개의 페이지가 만들어질 것이었다.

⊙ 아마존닷컴 대신 아마존스마일 사이트(smile.amazon.com)로 들어가서 제품을 주문하면, 구입 금액의 0.5%가 고객이 지정한 비영리 단체에 후원금으로 기부된다.

또한 입소문이 퍼지면 작가들이 모여들 것이고, 그들은 자신의 책을 열렬히 홍보할 것이었다.

그리고 그 페이지를 본 사람은 여기 머물면서 아마존과 같은 가격에 물건을 살 뿐 아니라 자신도 페이지를 만들 것이라 생각했다. 그러면 자선사업을 돕는 엘리트들과 교감을 나누기 때문에 위상이 올라갈 것이었다.

우리는 몇 달 동안 서비스를 유지했으나 결국 실패했다.

내 생각에 실패한 주된 이유는 수천 개의 페이지가 만들어진 시험 서비스 기간에 열성적으로 사용하는 사람들을 찾지 못했다는 데 있었다. 10개 이상의 페이지를 만들거나 열심히 홍보한 사용자가 6명도 채 되지 않았다.

긴장이 너무 빨리 소멸되었다. 사람들은 1번 방문하고 나서 이 페이지를 다시 찾아야 할 이유를 찾지 못했다. 롱테일이 너무 길어서 한 달 동안 이 페이지를 통해 팔리는 책이 1권도 없는 경우가 많았다.

게다가 대다수 사람들은 자신의 페이지를 홍보하는 일을 주저했다. 방법은 더 쉬워졌어도 친구들에게 쇼핑 사이트를 방문하도록 부추기는 것은 여전히 켕기기 때문이었다.

우리가 얻은 교훈은 킥스타터 같은 성공 사례를 이루기가 보기보다 어렵다는 것이다. 우리는 순진하게도 4개월이면 성공을 거두기에 충분한 시간이라고 믿었다. 우리는 사람들에게 충분한 동기를 일으키는 일이 얼마나 힘든지 간과했다. 무엇보다 우리가 캐즘을 건널 때 동력을 제공할 얼리 어답터들을 홍보대사로 바꿔줄 긴장을 만들어내지 못했다.

우리는 위상에 대한 이야기를 제대로 들려주지 못했다. 첫 고객이 누가 될 것인지, 그들이 무엇을 원하고 믿고 말할지 구체적으로 제시하지 못했다.

케이스스터디: 페이스북과 최대 캐즘 건너기

이 시대에 캐즘을 건너서 전면적으로 대중시장에 진입한 브랜드는 아주 드물다. 이 책을 읽은 대다수 사람들에게 친숙한 스타벅스도 완전히 진입하지는 못했다. 하이네켄, 심지어 베이글도 마찬가지다.

하지만 페이스북은 해냈다.

뒤에 나오는 그래프가 그 양상을 보여준다.

각 막대는 해당 연도의 사용자다(중간에 기준 월이 바뀌지만 개념은 같다). 2008년 무렵 완전히 새로운 사람들이 페이스북을 사용하기 시작했다.

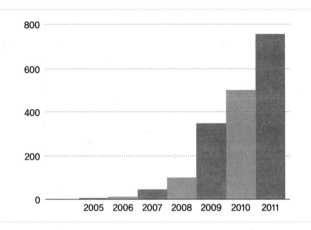

이런 도약이 이뤄진 이유는 페이스북에 가입하는 것이 '흥미로운 일'에서 '크게 도움이 되는 일'을 거쳐 '나만 아직 하지 않은 일'이 되었기 때문이다.

하버드에서 시작한 것도 비결의 일부였다. 심리적으로 불안정한 하버드 학생은 위상을 얻는 것이 시급했다. 위계에서 자신의 위치가 어디인지 파악해야 할 필요를 느꼈다.

그 덕에 페이스북은 아이비리그 전체로 확산되면서 하나씩 국지적 캐즘을 건넜다. 각 대학에서 새것 애호가들이 먼저 나섰다(먼저 나서는 것을 좋아하기 때문이다). 뒤이어 위상이라는 쉼 없이 돌아가는 톱니바퀴가 페이스북을 계속 확산시켰다. 페이스북에 친구가 많을수록 위상이 올라갔다. 이미 페이스북을 쓰는 다른 사람들(다른 아이비리그 학생들)은 주위에서 높이 평가하는 위상을 지녔다. 페이스북은 최선의 입지를 확보했다. 페이스북 주위로 모여든 사람들은 불안정하고, 높은 위상을 지녔고, 초고속 인터넷을 쓰고, 여유 시간이 많았다. 또한 눈에 띄고, 소통하고, 보이지 않는 위계를 올리려는 충족되지 않는 욕구를 갖고 있었다.

국지적 동류집단 사이로 확산된 다음에는 다른 대학들에 이어 대중 속으로 건너가는 일은 어렵지 않았다.

이 마지막 도약은 수십억 달러의 가치를 창출했다. 이번에도 위상 역할이 작용했다. 페이스북은 머리는 좋으나 약간 꺼벙한 '너드스러움(nerdiness)'과 위상을 연결시켰다. 그래서 시장의 중간 부분을 둘러싸고 저항할 수 없는 변화의 톱니바퀴를 창출해냈다. 가장 두려워하는 일, 바로 합류하지 않으면 사회적 고립을 당할 것이라고 말하면서.

대다수 마케터들은 이 마지막 도약을 이루고 싶어 한다. 그러나 그 가능성은 낮다. 시장은 너무 거대하고, 일반적인 네트워크 효과는 그렇게 강하지 않다.

국지적 캐즘 건너기

다행인 점은 굳이 세계적 규모의 캐즘을 건너려고 애쓸 필요가 없다는 것이다. 국지적 캐즘도 모든 것을 바꿀 수 있다.

초등학교가 좋은 사례다. 한 아이가 월요일에 요요를 갖고 등교한다. 그러나 그 아이는 요요를 확산시킬 적임자가 아니었으며, 때도 맞지 않았다.

몇 주가 지나고 나서 카리스마 있는 5학년 학생이 요요를 갖고 왔다. 그리고 누구나 가입할 수 있는 요요 동호회를 만들겠다고 선언한다. 그녀는 기술이 좋지만 따라 하기 부담스러울 만큼 뛰어난 수준은 아니다. 그녀는 친구들을 위해 3개의 요요를 더 가지고 온다.

곧 4명은 같이 놀이터에서 놀고, 개를 산책시키고, 잠을 잔다. 그녀는 같이 놀 친구들을 현명하게 골랐다. 이 얼리 어답터들은 각자 자기 집단의 리더다. 1주일 후, 30명의 아이들이 요요를 가지고 놀이터에서 논다. 진입 비용은 낮고, 보상은 빠르며, 유대감은 생생하다.

또다시 1주일이 지나고 나면 거의 모든 학생이 요요를 가지고 논다.

요요는 오래갈 만한 유행은 아니다. 그래서 확산되는 속도만큼 빨리 열기가 식는다. 물론 정체성과 끈기를 구축한다면 반드시 그렇게 되라는 법은 없다.

우리는 국지적 캐즘을 건넌 것들만 인지한다. 그러나 얼리어답터들은 항상 경계 부근에서 실험을 한다. 빠른 수용과 네트워크 효과가 어우러져 국지적 캐즘을 건너기에 충분한 긴장을 만들어내면 비로소 우리가 인지하게 된다.

마을의 깨끗한 물

특혜를 누리는 운 좋은 사람들에게 깨끗한 물은 당연한 것이다. 우리는 다른 형태의 물을 알지 못한다.

그러나 전 세계에 사는 10억 명에게는 기생충이 가득한 더러운 물이 보편적인 것이다. 종종 몇 시간씩 걸어가서 길어 오는 이 물은 살아가는 데 반드시 필요하다. 그러나 사람들을 아프게 만들기도 한다.

지역사회에 식수를 공급하는 일을 하는 다국적 기업 워터 헬스 인터내셔널(Water Health International, WHI)의 사례를 보자. 이 기업이 정수기를 들고 오지 마을을 찾아가면 그것이 어떤 영향을 미칠지 바로 이해하는 주민은 별로 없다. 그러다가 곧 일부 주민이 물통을 사고 매일 물을 채울 때마다 돈을 낸다. 깨끗한 물을 사는 데 드는 푼돈은 아낀 시간, 늘어난 생산성, 줄어든 의료비로 금세 메울 수 있다.

그렇다고 모두가 바로 물을 사지는 않는다. 대다수 사람들은 그렇게 하지 않는다. 실제로 그 과정은 장난감부터 컴퓨터까지 다른 모든 것에 대한 수용 곡선의 움직임과 같다. 일단 새것 애호가가 먼저 물을 산다. 그들은 깨끗한 물이 얼마나 강력한 영향력을 행사하는지 안다. 그러나 그냥 새로운 것을 사는 일이 좋아서 먼저 나섰을 가능성이 더 높다.

이 새것 애호가들은 먼저 나서고 싶어 할 뿐 아니라 그 경험에 대해 이야기하고 싶어 한다. 이 기업이 요구하는 밝은색 물통(그래야 오염된 물병인지 아닌지 확인할 수 있다)은 명예로운 배지이자 대화의 단초다. 초기에는 언제나 느리게 변화가 이뤄진다. 물처럼 생존과 밀접한 요소와 관련하여 오랜 세대에 걸쳐 형성된 습관을 바꾸는 일은 바로 이뤄지지 않는다.

하지만 새것 애호가들은 이야기를 멈추지 않는다. 이는 일시적 유행이 아니다. 깨끗한 물은 매일, 영원히 필요하다. 또한 물은 나누고 이야기하기 쉬운 대상이다.

이 기업은 변화를 촉진하기 위해 학교로 홍보요원들을 보낸다. 그들은 현미경이 부착된 영사기를 가지고 가서 교사와 함께 특별 수업을 진행한다. 교사는 사전에 학생들에게 집에서 마시는 물을 조금 가져오라고 말한다.

그 물의 일부를 현미경으로 확대하여 벽에 비추면 여덟 살짜리 아이들에게 생생하게 다가가는 이야기가 펼쳐진다. 세균과 기생충이 어떻게 생겼는지 고스란히 드러난다. 당연히 아이들은 집에 가서 부모에게 이야기한다.

이제 위상의 문제가 개입한다.

아이가 이웃들에게 깨끗한 물에 대한 이야기를 하는데 정작 자신의 집에서는 깨끗한 물을 마시지 못한다. 마을에서 존중받는 사람들이 눈에 띄는 물통을 들고 다닌다. 깨끗한 물을 대접할 수 없어서 손님 초대를 꺼린다.

이는 변화의 톱니바퀴이지만 인터넷처럼 소프트웨어를 통한 명백한 네트워크 효과에 토대를 둔 것이 아니다. 그보다 주위 사람들을 중심으로 구축된 원초적인 네트워크 효과에 토대를 둔다. 마을에서 깨끗한 물을 마시는 사람들이 늘어나면서 그렇지 못한 사람들은 사회적으로 고립되고 자신이 미련하다고 느낀다. 대다수 사람들은 (시간과 효과 측면을 고려하면) 물을 사 먹을 수 있다. 단지 마음을 바꾸기가 어려울 뿐이다.

결국 몇 달 안에 깨끗한 물은 국지적 캐즘을 건너 새것 애호가에서 전체 마을 사람들에게로 확산된다.

B2B 마케팅에 대한 여담

B2B는 기업과 기업 사이에 이뤄지는 거래, 즉 한 기업이 다른 기업을 상대로 판매하는 것을 말한다.

B2B는 많은 시장에서 3분의 1 이상을 차지한다. 그러나 B2B를 위한 마케팅도 다를 것이 없다.

B2B 마케팅은 복잡하고, 완전히 별개인 것처럼 보인다. 대규모 수치, 제안 요청서, 규격 충족의 중요성, 가격 전쟁, 판매 주기 같은 것들을 다루고 전혀 재미가 없다.

하지만 B2B 마케팅은 생각보다 단순하다.

미국에서 리드(LEED)라는 친환경 인증 제도가 성장한 과정을 보라. 친환경 건축물 위원회(Green Building Council)는 모든 건축물(세상에서 가장 비싼 물건 중 하나)이 충족해야 하는 일련의 효율성 기준을 만들었다. 처음 인증 제도를 만들었을 때는 하루 신청 건수가 2건에 불과했다.

초기 신청자들은 얼리 어답터, 이야기할 만한 새로운 것을 원하는 건축가와 건설업자들이었다.

이런 속도로는 실제로 12년 만에 달성한 수치에 도달하기까

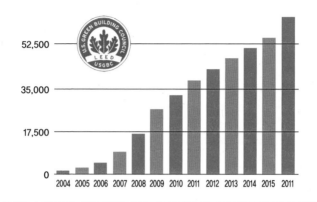

지 100년이 걸렸을 것이다.

그런데 12년 만이라니, 도대체 무슨 일이 일어난 것일까? 부동산 위기가 닥치기 직전에 인증 건수가 크게 늘어난 후 계속 급증세가 이어졌다. 이유가 무엇일까?

부동산 개발업자의 세계관을 바탕으로 생각해보자. 그들은 많은 대출을 받고 건물을 지었다. 그리고 다 지은 건물을 임대하거나 판매하려고 한다.

그런데 임차인이나 매수인 중에서 일부라도 그 친환경 인증 마크를 요구하면 어떻게 될까? 이 인증 제도는 이미 그것을 받은 사람에게 위상을 부여하기에 충분하다. 만약 당신이 건물을 지을 때 리드 인증을 생략한다면 어떤 사람들에게 하자가 있는 것으로 보일지 모른다는 불안과 후회에 시달려야 한다.

그래서 그때부터 위로 향하는 경주가 시작된다.

각 개발자에게는 내러티브, 인증을 받는다는 자기중심적인(그러나 궁극적으로는 긍정적인) 결정으로 이어지는 내러티브가 있다.

모든 구매 담당자가 자신에게 던져야 하는 질문은 "상사에게 뭐라고 말할까?"이다.

당신은 "이것을 선택하면 이사회 / 투자자 / 상사에게 ~라고 말할 수 있습니다."라는 대답을 마케팅해야 한다.

아이디어도 의욕도 없는 마케터는 "가장 싼 것을 샀다고 말할 수 있습니다."라고 말하고 끝낸다.

다른 마케터들은 이 문장을 위상, 불안, 연대, 소속, 지배, 안전, 헌신, 통찰 또는 우리가 논의한 다른 감정에 대한 내러티브로 끝낼 수 있다.

Chapter 20

동류집단을 조직하고 이끌기

당신의 동류집단이 아니다

나는 운 좋게도 한 집단과 협력하고 그들을 선도하게 된 사람들에게 이 말을 가장 먼저 한다.

동류집단은 당신에게 속한 것이 아니다. 그러니 구성원들에게 어떤 일을 하라고 말하거나 당신의 목적을 위해 그들을 이용해서는 안 된다.

당신이 운이 좋다면 동류집단이 당신에게 귀를 기울이고 당신이 한 말을 고려할 것이다.

당신이 운이 좋다면 그들은 동류집단의 사명을 이루는 데 도움이 되는 방향으로 당신의 말을 해석할 것이다. 또한 당신은 다시 말할 기회를 얻을 것이다.

당신이 그들에게 투자하면 그들은 자신이 무엇을 원하는지, 무엇이 필요한지 보여줄 것이다. 당신은 그들에게 공감하고,

그들의 내러티브를 이해하며, 다시 그들을 섬길 수 있다.

동류집단은 당신이 떠나도 아마 생존할 것이다. 그때 당신을 그리워하게 만들어야 한다.

나중이 아니라 지금의 힘

마샬 갠즈(Marshall Ganz)는 농장 노동 운동가인 세자르 차베스(Cesar Chavez), 버락 오바마와 협력한 적이 있는 명민한 하버드 대학(하버드 케네디 스쿨) 교수다. 그는 사람들의 행동을 이끌어내는 간단한 3단계 내러티브를 제시했다. 바로 '자신의 이야기(story of self)', '우리의 이야기(story of us)', '지금의 이야기(story of now)'다.

자신의 이야기는 당신이 딛고 서서 목소리를 낼 수 있는 플랫폼, 입지를 제공한다. 과거의 당신에서 지금의 당신으로 변한 과정을 들려주는 것은 관대한 행위다.

이는 당신의 상황을 극적으로 꾸미거나, 온라인의 취약성을 이용하여 가짜 공감을 유도하라는 것이 아니다. 자신의 이야기는 **당신이 우리 같은 사람임을 설명할 기회다.** 당신이 이런 일을 했음을, 당신의 행동이 우리가 듣고, 보고, 이해할 수 있는 변화로 이어졌음을 설명할 기회다.

우리의 이야기는 동류집단의 근간(핵심)이다. 왜 우리는 비슷한가? 왜 우리가 관심을 기울여야 하는가? 공감을 통해 당신의 입장을 헤아릴 수 있는가?

우리의 이야기는 '따로'가 아니라 '같이'에 대한 것이다. 당신이 말한 자신의 이야기가 우리에게 왜 의미가 있는지, 우리가 우리 같은 사람들의 일원일 때 어떤 혜택을 누릴 수 있는지 설명한다.

지금의 이야기는 중요한 중심축이다. 지금의 이야기는 당신의 여정에 동류집단을 끌어들인다. 동류집단에게 받은 기회와 압력이 우리 모두를 함께 앞으로 나아가게 만드는 긴장을 제공한다.

나는 당신과 같았다. 나는 사막에 있었다. 그러다가 어떤 배움을 얻어서 지금 여기에 있다.

물론 나는 혼자가 아니다. 나는 이 일을 혼자 하지 않았으며, 내게서 보았던 고통을 당신에게서 본다. 우리는 함께 이 일을 더 잘할 수 있다.

그러나 우리가 주저하거나 다른 사람들을 뒤에 남겨두면 성공할 수 없다. 지금의 위급함은 우리가 지체 없이, 후회 없이, 두려움에 굴복하지 않고 같이 나설 것을 요구한다.

자신의 이야기.

우리의 이야기.

지금의 이야기.

다음은 간단한 예다.

"나는 표준 체중보다 20kg이 더 나갔어. 건강이 나빠졌고, 대인 관계도 안 좋아졌지. 그때 스케이팅을 접하게 되었어. 처음에는 힘들었지만 아이스링크에서 사귄 친구들 덕분에 재미를 느끼는 경지까지 이르렀지. 몇 달 만에 몸무게가 많이 줄고, 나 자신을 긍정적으로 바라보게 되었어.

무엇보다 내가 정말 얻게 된 건 새로운 친구들과 쌓은 우정이야. 나는 아주 건강해졌다고 느낄 뿐 아니라 너희 같은 오랜 친구나 새로 사귄 친구와 같이 아이스링크에 있으면 살아 있는 기분이 들어.

오늘 나와 같이 아이스링크에 와줘서 너무 기뻐. 내가 미리 전화해서 너희가 신을 스케이트화를 예약해뒀어."

첫 문단은 우리의 친구가 들려주는 '자신'의 이야기, 화자가 여기서 저기로 나아간 내러티브다.

두 번째 문단은 스케이팅이 우리 같은 사람과의 관계를 비롯하여 자신의 대인 관계를 어떻게 바꿨는지 들려준다.

세 번째 문단은 행동에 대한 요청으로서 지금 어떤 일을 왜 해야 하는지, 그 이유를 제시한다.

조종은 동류집단을 죽인다

노조 운동가인 사울 D. 알린스키(Saul Alinsky)는 《급진주의자를 위한 규칙》에서 제로섬 게임이 벌어지는 정치적 환경에 처했을 때 적의 사기를 꺾고 적을 무찌르는 데 활용할 수 있는 13가지 원칙을 제시했다.

'당신이 실제로 가진 힘뿐 아니라 적이 봤을 때 당신이 가졌다고 생각하는 힘도 힘이다.'
'절대 우리 편의 전문 영역 밖으로 나가지 마라.'
'기회가 생길 때마다 적의 전문 영역 밖으로 나가라.'
'적이 자신의 규칙을 따르게 만들어라.'
'조롱은 사람이 가진 가장 강력한 무기다.'
'좋은 전술은 우리 편이 즐기는 전술이다.'
'너무 길게 끄는 전술은 도리어 발목을 잡는다.'
'계속 압박하라.'
'대개 공격 자체보다 위협이 더 두려움을 자아낸다.'

'전술의 주요 전제는 상대에게 지속적인 압박을 가하는 작전을 전개하는 것이다.'

'부정적인 전술을 충분히 강하고 깊이 밀어붙이면 반대편으로 뚫고 들어간다.'

'성공적인 공격의 대가는 건설적인 대안이다.'

'목표를 정하고, 고립시키고, 개인을 공격하고, 분열시켜라.'

안타깝게도 이제 이 접근법은 거의 모든 사안에서 양쪽 진영 모두가 활용할 수 있으며, 건전한 토론을 가로막고 있다. 당신이 하는 일이 옳다는 확신하에 기꺼이 불을 지르려 한다면 조만간 모두가 불타는 건물 안에 갇히게 된다.

위의 규칙을 뒤집으면 어떨까?

'사람들을 일하게 만들어라. 돈을 주는 것보다 더 효율적이다.'

'사람들이 탐구하고, 학습하며, 불확실성에 익숙해지도록 만들어라.'

'확실한 발판을 찾으려는 사람들을 도와라.'

'사람들이 목표를 이룰 수 있는 규칙을 정하도록 도와라.'

'당신이 대우받고자 하는 방식으로 다른 사람들을 대우하라.'

'재미로 비판하지 마라. 재미가 없더라도 교육에 도움이 될 때만 비판하라.'

'다른 사람들이 지겨워해도 오랫동안 전술을 고수하라. 더 이상 효과가 없을 때만 중단하라.'

'가끔 압박을 중단해도 괜찮다. 사람들은 계속 무시할 수 없을 때 당신과 당신이 추구하는 변화에 관심을 기울일 것이다.'

'위협하지 마라. 실제로 하거나 하지 마라.'

'필요한 일을 할 수 있는 역량과 끈기를 가진 팀을 구축하라.'

'긍정적인 아이디어를 거듭 제시하면 전반적인 기준이 높아진다.'

'다른 사람들의 문제를 찾느라 많은 시간을 들이기 전에 당신의 문제부터 해결하라.'

'당신의 사람들을 축복하고, 그들이 더 많은 일을 할 수 있게 자유를 부여하고, 결속력을 다지고, 모두를 당신의 여정에 초대하라. 사람이 아니라 제도에 문제를 제기하라.'

이 13가지 규칙은 모두 마케터의 사명에 해당한다. 그 사명은 사람들과 교류하며 그들이 이루고자 하는 변화를 만들도록 돕는 것이다. 그들의 세계관을 이해하고, 그들의 정체성과 욕구에 맞는 방식으로 말하고 행동하는 것이다. 무한한 가능성의 게임 안에서 사람들을 서로 이어주는 것이다.

공통의 이해관계, 공통의 목표, 공통의 언어

동류집단은 굳이 리더를 둘 필요가 없다. 그보다는 공통의 이해관계, 목표, 언어를 가진 사람들로 구성되는 경우가 많다.

마케터로서 당신에게 주어진 기회는 동류집단의 구성원을 이어주는 것이다. 그들은 외롭고, 단절되어 있으며, 눈에 띄지 않을까 두려워한다. 당신은 변화의 중개자로서 유대를 형성할 수 있다.

의도적으로 문화적 유물을 만들고, 위상의 역할을 활용하여 의상, 일련의 암호, 심지어 비밀 악수(secret handshake)°까지 부각시킬 수 있다. 또는 벳시 로스(Betsy Ross)°가 되어 국기를 만들 수도 있다(벳시 로스 자신, 벳시 로스라는 개념 자체가 하나의 상징이다).

모든 것을 말하지 말고, 너무 명백하게 드러내지도 마라. 비

⊙ 특정한 사람들끼리만 나누는 독특한 방식의 악수로 집단의 소속감을 높인다.
⊙ 최초로 미국 성조기를 디자인했다고 알려진 여성이지만 특별한 증거는 없다.

밀 악수, 이스터 에그◉, 알려지지 않은 기능이 있어도 괜찮다. 헌신과 오래된 것이 특별한 이점을 안겨도 괜찮다.

당신은 동류집단이 더 멀리 나아가도록 촉구하고, 목표를 받아들이도록 격려하고, 전진하도록 밀어붙이면 된다. 나이키는 2시간대 마라톤 달리기 기록을 깨기 위해 브레이킹2(Breaking2) 프로젝트를 기획했고, 여기에 수백만 달러를 투자했다. 이는 동류집단을 끌어들이고 북돋기 위한 것이었다. 설령 성공하지 못해도 그들(그리고 그들 주위에 모인 동류집단의 구성원들)은 앞서 나갈 수 있다.

무엇보다 동류집단은 당신이 헌신하기를 기다린다.

그들은 대다수 마케터들이 빠른 성과만을 바라며 문을 두드리고, 반응이 없으면 다음 집으로 향한다는 사실을 안다. 그러나 어떤 마케터들은 오래 버틸 자세를 갖추고 헌신한다. 그 보답으로 동류집단은 그들에게 헌신한다.

일단 당신이 동류집단의 일원이 되면 당신의 성공이 그들의 성공이 되기 때문이다.

◉ 달걀 껍질에 색을 칠해 꾸민 부활절 달걀에서 따온 말로, 미디어에서 이 말은 의도적으로 하는 내부의 농담, 숨겨진 메시지 등을 의미한다.

방치하면 사라진다

새로운 운동을 일으킨 다음 그 운동이 스스로 생명력을 갖추면 빠져나올 수 있을 것이라고 생각하는 사람들이 있다.

국지적 캐즘을 건너면 새로운 문화의 한 부분으로 계속 남아서 앞으로 나아가 다음 도전을 할 수 있을 것이라고 기대하는 사람들이 있다.

사실 이런 일은 거의 일어나지 않는다.

언제나 얼리 어답터들을 부르는 새로운 아이디어가 있다. 하지만 그들은 서성거리다가 가장 먼저 떠나고는 한다.

긴장이 사라지면 현재 상태에 만족하는 사람들도 떠날 것이다. 그들은 한동안 당신의 레스토랑이나 소프트웨어 또는 종교적 활동을 받아들일지 모른다. 끈질기고 지속적인 입력과 새로운 긴장이 없으면 그들은 덜 나타날 것이다.

일에도 반감기(쇠퇴가 시작되기 전 왕성한 시기)가 있다. 동류집단 안에서 활력을 유지하지 못하는 모든 행동은 약화되기 마련이다. 매일, 매달, 매년 이런 현상이 일어난다. 반감기가 얼마나 되는지는 모르지만 기세가 꺾이는 것은 분명하다.

그 대안은 재투자다. 다음 것을 좇느라 항상 한눈을 파는 것이 아니라 이미 가진 것을 과감하게 지키는 것이다.

최고의 마케터는 사냥꾼이 아니라 농부다. 심고, 가꾸고, 갈고, 비료를 주고, 잡초를 뽑아라. 이 일을 반복하라. 반짝이는 물건을 좇는 일은 다른 사람에게 맡겨라.

시내에 방을 잡아라

지그 지글러(Zig Ziglar)는 주방용품 방문 판매원이었다. 이는 1960년대에 흔한 직업이었다.

그의 회사에서 일하는 3,000명의 판매원 중 대다수는 같은 방식으로 일했다. 그들은 차에 견본을 가득 싣고 길을 나섰다. 그러다가 한 도시에 들러서 쉬운 판매 건들을 처리한 후 다음 도시로 떠났다.

앞서 살펴본 것처럼 얼리 어답터들만 상대하면 찾기도 쉽고, 팔기도 쉽다.

하지만 지그는 다른 전략을 따랐다.

그는 새로운 도시로 가면 아예 자리를 잡고 몇 주 동안 머물며 계속 그 도시를 돌아다녔다.

물론 그도 다른 판매원들처럼 얼리 어답터들을 통해 실적을 올렸다. 다만 사람들이 이전에 접한 판매원들과 달리 바로 떠나지 않았다. 그는 더 머물렀다.

그는 계속 시연회를 열면서 사람들과 안면을 텄다. 한 달 동안 5~6번에 걸쳐 곡선의 중간 부분에 속한 사람들과 교류했다.

이는 그 사람들이 결정을 내리기 전에 거치기를 원하는 과정이었다.

지그는 대다수 판매원들이 캐즘에 직면했을 때 바로 발길을 돌리지만 자신은 대인 관계를 통해 다리를 놓을 수 있다고 판단했다. 며칠 동안 실적이 전혀 없다고 해도 괜찮았다. 국지적 캐즘을 건넌 다음에는 투자한 시간을 벌충하고도 남을 만한 실적을 올릴 수 있었기 때문이다.

쉬운 판매가 항상 가장 중요한 판매는 아니다.

기법을 이용한 사례들

"어떻게 에이전트를 구하나요?"

이는 시나리오 작가, 감독, 배우들이 항상 받는 질문이다. 업계마다 문지기가 있다. 문을 여는 열쇠가 없을 때는 에이전트가 답이다.

그러나 브라이언 코펠만이 친절하게 알려준 대로 현실은 이렇게 직접적인 방식으로 돌아가지 않는다. 물론 에이전트는 당신을 위해 여기저기 연락을 해준다. 그렇다고 정규 영업직이 되어 밤낮으로 전화를 하고, 당신을 쉼 없이 홍보해주지는 않는다.

제대로 된 방법은 밖으로 나가서 에이전트를 찾는 것이 아니다. 당신이 너무나 마법 같은 일을 해내서 에이전트와 프로듀서들이 알아서 찾아오게 만드는 것이다.

모든 것을 걸 만큼 깊은 관심을 가졌고, 시청자와 작품을 사랑하며, 중요한 것을 만들어낸 당신을 말이다.

꼭 영화나 퓰리처상을 받은 연극이 아니라도 상관없다. 사실이 접근법은 전적으로 다듬어지고 완성된 작품이 아닐 때 가장효과가 좋다.

최고의 작품은 시청자들의 내면에 불균형을 초래한다. 이 불균형은 입소문을 퍼뜨리고, 다른 사람과 함께 경험해야만 바로잡을 수 있다. 그에 따른 긴장은 입소문이 퍼지도록 만든다. "혹시 그거 봤어요?"라는 질문은 묻는 사람의 위상을 높여준다. 결국 대변자는 계속 늘어난다.

중요한 것은 당신이 이루는 유대다. 모두에게 10명의 친구, 50명의 동료, 100명의 지인이 있다. 당신은 그들이 당신의 작품을 보도록 꼬드길 수 있다. 그러면 어떤 일이 일어날까?

작품이 감동을 준다면, 영향력이 있다면, 올바른 긴장을 만들어낸다면 그들은 다른 사람에게 말할 것이다.

다른 사람에게 말하는 것이 인간이 하는 일이기 때문이다. 아이디어를 다룰 때 특히 더 그렇다. 우리가 어떻게 변했는지 다른 사람에게 말하는 것은 긴장을 완화하는 유일한 방법이다.

이는 앞서 우리가 발견한 힘든 일이다. 이것이 당신의 소명을 결정하며, 당신이 바꾸고자 하는 사람들 앞에 나서도록 한다.

그 일부터 먼저 하라.

테슬라는 다른 차들부터 파괴했다

테슬라 모델 S가 출시되었을 때, 테슬라가 수많은 고급 차 애호가들에게 끊임없이 전한 메시지는 고급 차에 대한 상식을 파괴하겠다는 것이었다.

이는 그 차를 소유하는 것이 더 이상 즐겁지 않을 것이라는 의미에서의 파괴, 자랑할 가치가 없어질 것이라는 의미에서의 파괴, 그 차가 다른 사람보다 당신을 확실히 더 똑똑하고 부유한 사람으로서 위상을 높여주지 않을 것이라는 의미에서의 파괴였다.

고급 차를 가지고 있던 사람들은 전날 저녁만 해도 자신의 차고에 있던 차가 새롭고, 화려하고, 최첨단이라는 사실에 흐뭇해하며 잠자리에 들었다. 게다가 그 차는 안전하고, 효율적이며, 가치도 높았다.

그런데 다음 날 일어나서 이 이야기가 더 이상 유효하지 않다는 것을 알게 되었다.

테슬라는 첫 5만 대를 산 사람들 중 실제로 차가 필요한 사람이 없다는 사실을 파악했다. 그들은 이미 모두 좋은 차를 가지고 있었다.

그래서 일론 머스크는 특정한 집단이 자신에게 하는 이야기를 바꾸는 차, 얼리 어답터이자 기술 전문가이자 환경주의자이자 과감한 시도를 지지하는 사람으로서 그들의 위상을 무너뜨리는 이야기를 만들었다.

그것도 이 모두를 단번에.

기존 자동차 회사들은 언제나 콘셉트 카를 실제 차량으로 바꾸는 데 애를 먹었다. 그들은 일반화를 시도하고, 혁신을 사회화하고, 앞으로 나올 실제 차량이 실패하지 않도록 오토쇼에서 콘셉트 카를 선보였다.

그들은 테슬라 같은 차를 출시하지 못했다. 방법을 모르거나 (알았다), 자원이 없어서가 (있었다) 아니었다. 포드, GM, 토요타가 테슬라 같은 차를 출시하지 않은 이유는 '우리 같은 자동차 회사는 이런 위험을 감수하지 않기 때문'이다. 고객들도 같은 생각이었다.

테슬라가 기존의 고급 차에 대한 이야기에 영향을 미칠 만한 차를 만드는 것은 쉽지 않았다. 머스크는 자신의 팬들을 대표하여 시장에서 테슬라를 포지셔닝할 때 어려운 극단으로 나아갔다. 테슬라는 동급에서 역대 가장 빠르고, 가장 안전하고, 가장 효율적인 차였다. 이 3가지를 모두 갖춘 차였다.

기술이 '그 일을 할 수 있을까?'에서 '그럴 담력이 있을까?'로 옮겨가면서 갈수록 많은 조직들이 이런 과감성을 발휘할 수 있게 되었다.

모범으로서의 미국총기협회

미국총기협회(NRA)만큼 논쟁적인 단체는 드물다. 그러나 목표가 명확한 비영리단체나 정치적 마케터로서 보면 누구도 그들에게 견줄 수 없다.

미국총기협회의 회원 수는 미국 전체 인구의 2%에도 못 미치는 500만 명에 불과하다. 그러나 그들은 이를 기반으로 수많은 정치인들의 태도와 관점을 바꿨다. 그들은 대중에게 줄곧 비난받지만, 영향력, 수익, 외형 측면에서 계속 예상을 뒤엎는다.

만약 비영리단체가 생각과 정서를 바꾸고, '모든 사람'을 목표로 삼고, 규모를 키우려 한다면 미국총기협회로부터 중요한 전략적 교훈을 얻을 수 있다. 미국총기협회는 최소유효관중(단 500만 명)에게 초점을 맞추고 다른 사람들에게는 거리낌 없이 "당신을 위한 것이 아닙니다."라고 말한다.

그들은 회원들의 발언을 북돋고 지원함으로써 중요한 지렛대를 만들었다. 비영리 리서치 기관인 퓨(Pew)에서 조사한 바에 따르면 총기 보유자들이 관련 사안에 대해 정부 관계자를 접촉할 가능성이 비보유자들보다 2배나 높았다.

미국총기협회는 의도적으로 '우리 같은 사람들'을 만든다. 그들은 내부자와 외부자를 가르는 데 거리낌이 없으며, 심지어 악의적으로 여론을 분열시키는 발표도 자주 한다. 그들은 문화의 한 모서리를 크게 휘어놓았으며, 그 방법은 세계관을 바꾸는 것이 아니라 받아들이는 것이었다.

미국총기협회는 내가 보는 '더 나은 것'의 사례가 아니다. 그러나 그들이 섬기고자 하는 사람들과 공감대를 이루는 것은 분명하다.

이처럼 특정 사안에 대한 끈질기고 절제된 접근법은 우리 문화가 얼마나 많이 변했는지 말해준다.

상사가 수락하게 만드는 법

세상을 상대로 마케팅을 하는 것과 한 사람, 가령 상사를 상대로 마케팅을 하는 것은 크게 다른 것처럼 느껴진다.

하지만 그렇지 않다. 정말로.

당신의 상사는 세계관을 바꾸고 싶어 하지 않는다. 언제나 원하던 것을 원한다. 당신의 경험이 아니라 자신의 경험이라는 렌즈를 통해 세상을 바라본다. '우리 같은 사람들'이 누구인지, 그들이 어떤 생각을 하는지 안다. 위상, 안전, 존경을 포함하는 목표를 이루는 데 도움이 되는 일을 하고 싶어 한다.

당신이 원하는 것, 가격이나 기능의 초점, 가짜 긴급사항을 들고 상사를 찾아가면 원하는 대답을 듣기 어렵다.

책임을 지지 않고 권위를 요구하면 멀리 나아가기 어렵다.

반면 깊이 파고들어서 위상의 역할을 파악하면, 지배 대 연대의 암호를 해독하면, 신뢰를 주고 참여를 얻어내면 과정을 바꿀 수 있다.

당신이 마케팅의 대상으로 삼는 사람들을 섬기면 더 나은 것을 만들 수 있다. 단순한 고객에서 끈끈한 학생과 조언자 관계로 바꿀 수 있다. 참여를 이끌어낼 수 있다. 가르치고, 이어줄 수 있다. 한 단계씩, 한 방울씩.

Chapter 22

이제 당신 차례다

완벽한 것의 폭정

완벽한 것은 문을 닫는다. 우리는 할 만큼 했으며, 이것이 최선이라고 말한다.

심지어 노력조차 못하게 막는다. 완벽함을 추구하다가 거기에 도달하지 못하는 것은 실패다.

더 나은 것의 가능성

더 나은 것은 문을 연다. 무엇이 있는지 보도록 촉구하고 어떻게 개선할지 상상하도록 촉구한다.

더 나은 것은 우리를 초대하고, 우리가 섬기고자 하는 사람들을 대신하여 극적인 개선을 추구할 기회를 제공한다.

충분히 좋은 것의 마법

충분히 좋은 것은 핑계나 지름길이 아니다. 충분히 좋은 것은 교류로 이어진다.

교류는 신뢰로 이어진다.

신뢰는 (보고자 한다면) 볼 수 있는 기회를 제공한다.

보는 것은 배우도록 해준다.

배움은 약속을 할 수 있도록 해준다.

약속은 참여를 이끌어낸다.

참여는 우리가 더 나은 것을 이루기 위해 필요한 것이다.

결과물을 내보내라. 충분히 좋으니까.

그다음 더 낫게 만들어라.

도와라!

도움을 주는 것은 관대한 행동이다.

도움을 구하는 것은 그들이 우리가 보살피는 것을 신뢰한다는 것이다.

그러나 도움을 주려고도, 구하려고도 하지 않으면 모두가 폐쇄되고, 방어적인 태도를 취하고, 서로를 두려워하게 된다.

유대가 없으면 더 낫게 만들 수 없다.

Chapter 23

가장 중요한 사람에 대한 마케팅

마케팅은 사악한 것일까?

시간과 돈(그리고 능력)을 투자하면 확산되는 이야기, 사람들에게 영향을 미치는 이야기, 행동을 바꾸는 이야기를 할 수 있다. 마케팅은 사람들이 원래는 사지 않았을 물건을 사게 만들고, 고려하지 않았던 후보에게 투표하게 만들고, 알지 못했던 단체를 후원하게 만들 수 있다.

마케팅이 효과가 없다면 수많은 사람들은 엄청난 노력(과 돈)을 낭비하는 것이다. 하지만 마케팅은 효과가 있다.

이 사실이 마케팅을 사악한 것으로 만들까? 어떤 필자가 〈타임〉지에 내 블로그에 대한 글을 기고했는데, 그는 조롱하는 투로 이렇게 썼다. "당신이 결코 보지 못할 내용은 이것이다. 마케팅은 사악한 것일까? 업계에서 오랫동안 쌓은 경력을 토대로 대답하자면 '그렇다.'"

사실 이 말은 조금 고칠 필요가 있다. 나라면 이렇게 썼을 것이다. "마케팅은 사악한 것일까? 업계에서 오랫동안 쌓은 경력을 토대로 대답하자면 '일부는 그렇다.'"

나는 아이들이 흡연을 하도록 꼬드기는 것, 선거나 정치적 절차를 비꼬며 조작하는 것, 파괴적인 부작용이 일어나도록 사람들에게 거짓말을 하는 것은 사악하다고 생각한다. 효과 있는 약이 있는데 효과 없는 묘약을 파는 것은 사악하다고 생각한다. 돈을 조금 더 벌려고 흡연을 하게끔 새로운 방법을 고안하는 것은 사악하다고 생각한다.

마케팅은 사람들이 소아마비 백신을 맞도록 또는 수술 전에 손을 씻도록 설득할 때 아름답다. 마케팅은 구매자에게 더 많은 즐거움이나 생산성을 안기는 제품을 팔 때 강력하다. 마케팅은 공동체를 더 나은 방향으로 만드는 사람을 당선시킬 때 마법을 일으킨다. 마케팅은 영국의 도예가이자 사업가인 조지아 웨지우드(Josiah Wedgwood)가 수세기 전에 처음 도입한 이래로 생산성과 부를 증진하는 데 활용되었다.

당신이 하는 일이 비도덕적일지도 모른다고 말하려면 많은 담력이 필요하다. 다른 사람의 집을 털고 불태우는 것은 당연히 비도덕적이다. 하지만 과도한 마케팅으로 집을 압류당하게 만드는 것은 비도덕적일까? 마케팅이 효과가 있다면, 돈과 시간을 들일 가치가 있다면, '그저 할 일을 하는 것'은 조금도 중요하지 않다고 생각한다. 그것은 여전히 틀렸다.

모든 강력한 도구처럼 효력은 도구가 아니라 장인에게서 나온다. 현재 마케팅은 그 어느 때보다 빠른 속도로 멀리 전파된다. 더 적은 돈으로 10년 전에는 누구도 상상하지 못한 효력을 발휘할 수 있다. 결정적인 질문, 당신도 자문하기를 바라는 질문은 **'그 효력으로 무엇을 할 것인가?'**이다.

내가 보기에 마케터와 소비자가 모두 무슨 일이 일어나는지 알고, 궁극적 결과에 만족할 때 비로소 마케팅은 사회에 기여할 수 있다.

나는 사람들에게 화장품을 팔아서 그들을 행복하게 만드는 것은 사악하지 않다고 생각한다. 아름다움이 목표가 아니기 때문이다. 기쁨을 안기는 것은 그 과정이다. 반면 중개료를 벌려고 속임수로 집을 잃게 만드는 것은….

가능하다고 해서 무엇이든 마케팅해도 되는 것은 아니다. 당신에게는 힘이 있다. 따라서 상사가 어떤 일을 하라고 했든 그 일을 하는 당신에게 책임이 있다.

좋은 소식은 내가 사악한 것과 사악하지 않은 것을 판별하지 않는다는 것이다. 당신, 당신의 고객, 당신의 이웃들이 판별한다. 더 좋은 소식은 도덕적이고 공익적인 마케팅이 결국에는 어둠에 의존하는 마케팅을 이긴다는 것이다.

이제 무엇을 만들 것인가?

우리 머릿속의 소음을 어떻게 해야 할까?

우리의 **더 나은 것**을 세상에 선보일 힘을 어디서 찾아야 할까?

관점을 계발하기가 왜 그렇게 힘들까? 왜 우리는 세상에 "여기, 이런 걸 만들었어요."라고 말할 때 주저하는 것일까? 그 대안은 무엇일까?

이는 마케팅과 관련된 질문이 아닌 것처럼 보인다. 그러나 사실 그 답을 찾지 않고 그냥 놔두면 마케팅을 하는 데 방해가 된다. 당신만큼 재능 있거나 관대하지 않은 사람들이 전문가 행세를 하며 돌아다닌다. 그런데도 세상에 기여할 수 있는 수많은 사람들이 앞으로 나서지 않고 있다.

일을 잘하는 것, 어떤 대상을 잘 만드는 것, 마케팅을 잘하는 것 사이에는 차이가 있다. 분명 우리에게는 당신의 기술이 필요하지만 당신의 변화가 더 필요하다.

변화를 선택하는 것은 도약이다. 이 도약은 위험하게 느껴지고, 책임도 무겁다. 게다가 성공하지 못할 수도 있다.

최선을 다해 최고의 일을 세상에 선보였는데도 받아들여지지 않는다면 마케팅이 엉망이었을 수도 있다.

사람들이 느끼는 감정을 공감하지 못했을 수도 있다.

잘못된 도구를 골라서 경계까지 나아가지 못할 수도 있다.

적당한 날 아니면 잘못된 날에 잘못된 이야기를 잘못된 방식으로 잘못된 사람들에게 했을 수도 있다.

괜찮다. 문제는 당신이 아니다.

마케터로서 당신이 한 일이 문제일 뿐이다.

앞으로 더 잘할 수 있다.

수술이든, 조경이든, 마케팅이든 우리가 하는 일은 **우리 자체**가 아니라 일이다.

우리는 인간이다. 우리의 일은 우리가 아니다. 우리는 인간으로서 우리가 할 일을 선택할 수 있고 또 개선할 수 있다.

누가 링크를 클릭하지 않거나, 갱신하지 않을 때마다 자신에게 문제가 있는 것처럼 받아들이면 전문가로서 일을 할 수 없다. 자칫 완벽성을 추구하는 함정에 빠진다. 공감하지 못하는 함정에 빠진다. 구석에 몰려서 피 흘리며 고통스러워하게 된다. 마음의 상처를 입었기 때문이다.

이를 피하는 1가지 방법은 마케팅이 과정이자 기술임을 깨닫는 것이다.

당신이 빚은 그릇이 가마에서 깨졌다고 해서 당신이 좋은 사람이 아닌 것은 아니다. 단지 그릇이 깨졌고, 도예 수업을 받으면 실력이 나아질 것이라는 뜻일 뿐이다. 당신은 더 잘할 수 있다.

마케터로서 당신이 적절한 사람들에게 가르치거나 팔려는 **더 나은 것**이 당신이 매기는 가격보다 훨씬 가치 있다는 사실을 깨달아야 한다.

자선기금을 모으려 한다면, 100달러나 1,000달러 또는 100만 달러를 기부하는 사람들은 그 비용보다 더 많은 가치를 얻을 때만 기부할 것이다. 1,000달러에 기기를 팔려 한다면, 그 기기가 1,000달러보다 가치 있다고 믿는 사람들만 살 것이다.

마케팅은 세상에 가치를 제공하는 것이다. 사람들이 호응하는 이유가 거기에 있다.

당신이 일으키려는 변화를 마케팅하지 않는다면 당신은 훔치고 있는 것이다.

당신은 가격보다 더 많은 가치를 제공해야 한다. 그것은 저렴한 선물이 되어야 한다.

당신이 제공하고자 하는 것에 대해 적절하게 마케팅하기를 주저하는 것은 부끄러워하는 것이 아니다. 신중을 기하는 것도 아니다. 당신은 훔치고 있는 것이다. 당신에게서 배우고, 당신과 교류하며, 당신에게서 물건을 사야 하는 사람들이 있기 때문이다.

당신이 앞으로 나서서 마케팅을 하면 누군가는 당신의 더 나은 것에서 혜택을 볼 것이다.

수강할 준비가 된 학생들이 있다. 가이드를 원하는 사람들, 어딘가로 가고자 하는 사람들이 있다. 당신이 공감을 통해 그들에게 다가가 그들의 이야기를 듣기를 주저한다면 그들에게 잘못을 저지르는 것이다.

마케터의 기여는 보고자 하는, 보이고자 하는 의지에서 나온다.

그러기 위해서는 매일 우리 자신에게 마케팅하고, 우리 자신을 팔 수 있어야 한다. 관대하고 보살피는 마음으로 끈질기게 노력하면 우리가 만들 수 있는 차이를 내세워 우리 자신을 팔 수 있게 된다.

당신은 이미 자신에게 이야기를 하고 있다. 그것도 매일.

가령 자신이 허우적대고 있다는 사실을 자신에게 마케팅할 수도 있다. 때로는 자신이 알려지지 않았으며, 알려질 가치가 없다고 스스로에게 말할 수도 있다. 자신은 가짜, 사기꾼, 기만자라고 비하할 수도 있다. 그러다가 자신이 부당하게 무시당한다고 말할 수도 있다.

이런 말은 당신이 원하는 만큼 진실이 된다. 자신에게 충분히 많이 이야기하면 현실이 된다.

더 나은 변화를 일으켜라. 물론 당신이 마케팅하는 것이 실질적인 수요를 충족하지 못하고, 이면에 좋은 전략이 없으며, 당신이 만든 것이니 고수해야 한다는 자기중심적인 생각에 얼마든지 사로잡힐 수 있다.

떨쳐내라. 새로 시작하라. 자랑스럽게 여길 만한 것을 만들어라. 자랑스럽게 여길 만한 것을 마케팅하라. 일단 그렇게 했다면, 어떤 사람을 마주했을 때 그들이 "다시 해줄 수 있어요?"라고 물었다면, 학생들을 가르치고 다음 단계로 나아가도록 도움으로써 그들에게 가치를 제공했다면, 다시 하고, 또다시 하라. 우리에게는 당신의 기여가 필요하다. 기여를 하는 데 어려움이 있다면 당신이 자신에게 하는 이야기가 문제임을 깨달아라.

이는 우리가 자신을 위해, 자신에게, 자신에 의해 하는 마케팅이자 자신에게 하는 이야기로서 모든 것을 바꿀 수 있다. 이는 당신이 가치를 창출하도록 해주고 사라지면 아쉬워할 대상이 되도록 해준다.

당신이 앞으로 무엇을 만들지 너무나 기대된다.

마케팅할 때 읽어보면 좋을 권장도서

더글라스 애트킨, 《왜 그들은 할리와 애플에 열광하는가?》, 세종서적, 2005년(눈에 띄지 않은 보석 같은 책).

데이비드 오길비, 《광고 불변의 법칙》, 거름, 2004년.

말콤 글래드웰, 《티핑 포인트》, 21세기북스, 2016년.

사이먼 사이넥, 《나는 왜 이 일을 하는가?》, 타임비즈, 2013년.

세스 고딘, 《보랏빛 소가 온다》, 재인, 2004년.

세스 고딘, 《마케터는 새빨간 거짓말쟁이》, 재인, 2007년(내가 쓴 마케팅 관련 저서 중 가장 정확한 요점을 담고 있는 책).

세스 고딘, 《아이디어 바이러스》, 21세기북스, 2010년.

스콧 베드버리, 《브랜드 발전소》, 이레, 2005년.

스티브 크룩, 《스티브 크룩의 사용성 평가, 이렇게 하라》, 위키북스, 2010년 (사용성 평가에 대한 놀라운 책).

알렉산더 오스터왈더, 예스 피그누어, 《비즈니스 모델의 탄생》, 타임비즈, 2011년.

잭 트라우트, 알 리스, 《포지셔닝》, 을유문화사, 2006년.

제임스 H. 길모어, B. 조지프 파인 2세, 《체험의 경제학》, 21세기북스, 2010년.

제프리 A. 무어, 《제프리 무어의 캐즘 마케팅》, 세종서적, 2015년.

지그 지글러, 《세일즈 클로징》, 산수야, 2018년(이 책은 영업만큼 마케팅과 관련이 많음).

크리스 앤더슨, 《롱테일 경제학》, 알에이치코리아, 2006년.

크리스 앤더슨, 《프리》, 알에이치코리아, 2009년.
클로드 C. 홉킨스, 《못 파는 광고는 쓰레기다》, 인포머셜마케팅연구소, 2014년.

....

Bernadette Jiwa, *Marketing: A Love Story: How to Matter to Your Customers*, CreateSpace Independent Publishing Platform, 2014년(훌륭한 그녀의 모든 책을 추천한다).

David Meerman Scott, *The New Rules of Marketing and PR: How to Use Social Media, Online Video, Mobile Applications, Blogs, News Releases, and Viral Marketing to Reach Buyers Directly*, Wiley, 2015년.

Fred Reichheld and Rob Markey, *The Ultimate Question 2.0: How Net Promoter Companies Thrive in a Customer-Driven World*, Harvard Business Review Press, 2011년.

Giff Constable, *Talking to Humans: Success Starts with Understanding Your Customers*, 자가 출판, 2014년(고객과의 대화를 다룬 블로그 포스트를 정리한 책).

Guy Kawasaki, *Selling the Dream*, HarperBusiness, 1992년(그가 쓴 최고의 책).

Herschell Gordon Lewis, *Direct Mail Copy That Sells*, Prentice Hall Press, 1984년(카피라이팅에 대해 쓴 그의 여러 고전 중 하나).

Jackie Huba and Ben McConnell, *Creating Customer Evangelists: How Loyal Customers Become a Volunteer Salesforce*, Lewis Lane Press; Revised edition, 2012년.

Jay Levinson and Seth Godin, *The Guerrilla Marketing Handbook*, Mariner Books, 1994년.

Kevin Kelly, *New Rules for the New Economy*, Penguin Books, 1999년.

Mark Bartholomew, *Adcreep*, Stanford Law Books, 2017년.

Max Barry, *Syrup*, Penguin Books, 2000년(역대 최고의 마케팅 소설).

Michael Schrage, *Who Do You Want Your Customers to Become?*, Harvard Business Review Press, 2012년(짧은 현대의 고전).

Regis McKenna, *The Regis Touch*, Basic Books, 1985년.

Seth Godin, *Tribes: We Need You to Lead Us*, Portfolio, 2008년.

Steve Blank, *The Four Steps to the Epiphany*, K&S Ranch, 2013년(스타트업 마케팅과 관련하여 핵심적 통찰을 담은 책).

Steve Pressfield, *The War of Art: Break Through the Blocks and Win Your Inner Creative Battles*, Black Irish Entertainment LLC, 2012년.

Steve Pressfield, *Do the Work*, Black Irish Entertainment LLC, 2015년(위의 책 《The War of Art》와 함께 성공할 것이라고 확신하는 일을 하면서도 어려움을 겪는 이유를 다룬 책).

Tom Peters, *The Pursuit of Wow! Every Person's Guide to Topsy- Turvy Times*, Vintage Books, 1994년.

Tom Peters, *The Tom Peters Seminar: Crazy Times Call for Crazy Organizations*, Pan Macmillan, 1995년.

※본 도서 목록은 한국어판이 있는 경우와 없는 경우를 나누되 저자를 기준으로 배열했습니다(가나다순, ABC순). _편집자 주

마케팅하기 전, 우리가 생각해봐야 할 질문

- 누구를 위한 것인가?
- 무엇을 위한 것인가?
- 당신이 도달하고자 하는 청중들의 세계관은 무엇인가?
- 그들은 무엇을 두려워하는가?
- 어떤 이야기를 들려줄 것인가? 그 이야기는 진실인가?
- 어떤 변화를 이루고자 하는가?
- 이 변화는 그들의 위상을 어떻게 바꿀 것인가?
- 어떻게 얼리 어답터(새것 애호가들)에게 도달할 것인가?
- 왜 그들이 친구들에게 입소문을 퍼뜨리는가?
- 그들은 친구들에게 무엇을 말할 것인가?
- 추진력을 만들 네트워크 효과는 어디서 나오는가?
- 어떤 자산을 구축할 것인가?
- 당신은 지금 하려는 마케팅이 자랑스러운가?

지은이 **세스 고딘**

세계에서 가장 영향력 있는 마케팅 구루. 스탠퍼드 경영대학원에서 MBA 과정을 마치고, 다양한 글로벌 기업의 CEO를 역임했다. 온라인 마케팅 기업 요요다인 설립 이후 온라인 다이렉트 마케팅 방법을 창안해 수백 개 기업을 지도했고, 야후의 마케팅 담당 부사장, 온라인 커뮤니티 서비스 스퀴두 CEO로 활약했다.

2018년 미국마케팅협회(AMA) 명예의 전당에 헌액되었다. 30여 년간 글로벌 마케팅의 개념을 새롭게 정의하고, 기업 중심의 마케팅에서 고객 중심의 마케팅으로 바꿔낸 위대한 공로의 결과였다. 그는 보석 같은 통찰력으로 변화하는 시대를 읽고 누구보다 앞서 새로운 마케팅 방법을 고안해내는 사람이다. 이런 까닭에 톰 피터스, 스티브 워즈니악, 레스터 운더맨 등 전 세계적 비즈니스 판도를 좌우했던 수많은 리더들과 함께 일했다.

마케팅에 관한 그의 깊은 통찰은 전 세계 수백만 명에게 영감을 불러일으켰다. 저서로는 《보랏빛 소가 온다》, 《이카루스 이야기》, 《퍼미션 마케팅》, 《더 딥》 등 19권이 있으며, 이는 전 세계 35개 이상의 외국어로 번역되어 글로벌 베스트셀러로 자리매김했다.

CHARITY: WATER RAISED A QUARTER OF A BIL

MILLION LIVES. ANDY LEVITT AND THE PURPLE (

MEAL KITS. HUGH MACLEOD MAKES A LIVING (A

ON THE BACK OF BUSINESS CARDS. MICHELLE I

HOLLYWOOD AND HOW WE TREAT FARM WO

$29,000,000 WORTH OF LASER CUTTERS

TINY ISLAND OF SABA, FOUND THE RIGHT PEOF

SELLERS. TETA ISIBO AND MUHIRE PATRICK BO

THEIR BRANDS IN THE U.S. AND AROUND THI

PROTECTS THE PRIVACY OF ITS USERS, SETS

SOLD MORE THAN 2,000 PAINTINGS. ROOM T

HAD NONE. SCOTT PERRY UNLOCKED THE POTE

HE'D MET BEFORE OPENING HIS PRACTICE. T

INTO A WORLDWIDE PHENOMENON IN MORE

THE LIVES OF THOUSANDS OF CHOCOLATE I

WAGE. DANNY MEYER BUILT A BILLION-DOLL

WAY RESTAURANT SERVICE WAS DONE. MIC

OF HIS SELF-PUBLISHED BOOK ON COACHING.

PATRONS. THE ALTMBA HAS MORE THAN 2

마케팅이다

2019년 4월 5일 초판 1쇄 | 2024년 2월 14일 56쇄 발행

지은이 세스 고딘 **옮긴이** 김태훈
펴낸이 박시형, 최세현

책임편집 조아라 **교정** 박지혜
마케팅 양봉호, 양근모, 권금숙 **온라인홍보팀** 신하은, 현나래, 최혜빈
디지털콘텐츠 김명래, 최은정, 김혜정 **해외기획** 우정민, 배혜림
경영지원 홍성택, 강신우, 이윤재 **제작** 이진영
펴낸곳 (주)쌤앤파커스 **출판신고** 2006년 9월 25일 제406-2006-000210호
주소 서울시 마포구 월드컵북로 396 누리꿈스퀘어 비즈니스타워 18층
전화 02-6712-9800 **팩스** 02-6712-9810 **이메일** info@smpk.kr

ⓒ 세스 고딘 (저작권자와 맺은 특약에 따라 검인을 생략합니다)
ISBN 978-89-6570-782-0 (03320)

쌤앤파커스(Sam&Parkers)는 독자 여러분의 책에 관한 아이디어와 원고 투고를 설레는 마음으로 기다리고
있습니다. 책으로 엮기를 원하는 아이디어가 있으신 분은 이메일 book@smpk.kr로 간단한 개요와 취지,
연락처 등을 보내주세요. 머뭇거리지 말고 문을 두드리세요. 길이 열립니다.

옮긴이 **김태훈**

중앙대학교 문예창작과를 졸업하고 현재 번역 에이전시 엔터스코리아에
서 전문 번역가로 활동하고 있다. 주요 역서로는《어떻게 원하는 것을 얻는
가》,《딥 워크》,《그 개는 무엇을 보았나》,《야성적 충동》,《최고의 설득》,
《센스메이킹》,《스티브 잡스 프레젠테이션의 비밀》,《리씽크》,《프리덤 라
이터스 다이어리》외 다수가 있다.